स्वरोदय तंत्र, जैसा कि नाम से प्रतीत होता है 'स्वरोदय' शब्द की उत्पत्ति "स्वर + उदय" शब्दों से मिलकर हुई, जिसका अर्थ है स्वर से उदय होने वाला तंत्र। स्वर विज्ञान एक अति प्राचीन गूढ़, अद्‌भुत और रहस्यमय विज्ञान है जिसका मुख्य आधार हमारी नासिका के स्वरों, अर्थात् हमारी श्वास प्रक्रिया से है। स्वर विज्ञान की क्रियाएं कुंभक, रेचक और पूरक के माध्यम से की जाती हैं।

स्वरोदय तंत्र भगवान शिव ने मां पार्वती को सुनाया था, जिसे हमारे ऋषि–मुनियों ने अपनी श्रुतेन्द्रियों के माध्यम से ग्रहण कर जनसाधारण हेतु उपलब्ध कराया और शास्त्रोक्त रीति से लिखा। इसलिए मैंने भी इसे शिव–पार्वती उवाच के रूप में लिखने का प्रयास किया है ताकि पाठक इसके माध्यम से भाग्योदय, साधना–सिद्धि, स्वास्थ्य लाभ, संतानोत्पत्ति के साथ–साथ भविष्य संबंधी प्रश्नों के उत्तर भी सहजता से जान सकते हैं और ज्ञानार्जन कर लाभान्वित हो सकते हैं।

स्वरोदय तंत्र

(स्वर विज्ञान के अद्‌भुत व अमूल्य रहस्यों से परिपूर्ण)

कौलाचार्य जगदीश शर्मा

डायमंड बुक्स

प्रकाशक : **डायमंड पॉकेट बुक्स (प्रा.) लि.**
X-30 ओखला इंडस्ट्रियल एरिया, फेज-II
नई दिल्ली-110020
फोन : 011-40712200
ई-मेल : sales@dpb.in
वेबसाइट : www.diamondbook.in
मुद्रक : रेप्रो (इंडिया)

Swarodaya Tantra
By : Kaulacharya Jagdish Sharma

समर्पण

गुरुदेव श्री श्री 1008
कौलेश्वर प्रकाशानन्द तीर्थ जी के
श्री चरणों में जिन्होंने मुझे इस विज्ञान के
योग्य समझा और अद्भुत रहस्यों का
ज्ञान देकर कृतार्थ किया।

– **कौलाचार्य जगदीश शर्मा**

प्रस्तावना

स्वरोदय तंत्र, जैसा कि नाम से प्रतीत होता है 'स्वरोदय' शब्द की उत्पत्ति स्वर + उदय से मिलकर हुई जिसका अर्थ है स्वर से उदय होने वाला तंत्र। स्वर विज्ञान एक अति प्राचीन गूढ़, अद्‌भुत और रहस्यमय विज्ञान है जिसका मुख्य आधार हमारी नासिका के स्वरों से है अर्थात् हमारी श्वास प्रक्रिया से है।

यह विज्ञान पूर्ण रूप से गुप्त विज्ञान है क्योंकि इसका ज्ञाता अपनी संपूर्ण क्रियाएं इतनी गुप्त रूप से करता है कि सामने कुछ नजर नहीं आता और वह भूत, भविष्य व वर्तमान सब कुछ देख पाने में सक्षम होता है।

वर्तमान समय में इस विज्ञान के जानकार मात्र उंगलियों पर गिने जा सकने लायक ही हैं। और जो वास्तव में इसके पूर्ण ज्ञाता हैं वे न तो प्रसिद्धि चाहते हैं और न ही धन क्योंकि वे उससे कहीं ऊपर हैं।

स्वरोदय तंत्र भगवान शिव ने पार्वती को सुनाया था जिसे हमारे ऋषि–मुनियों ने अपनी श्रुतेन्द्रियों के माध्यम से ग्रहण कर जनसाधारण हेतु उपलब्ध कराया और शास्त्रोक्त रीति से लिखा। इसलिए मैंने भी इसे शिव–पार्वती उवाच के रूप में लिखने का प्रयास किया है ताकि पाठक शीघ्रता से इसे आत्मसात कर सकें और ज्ञानार्जन कर लाभान्वित हों।

स्वर विज्ञान के अद्‌भुत रहस्यों को जानने के लिए पृष्ठ दर पृष्ठ पुस्तक का एक–एक शब्द ध्यानपूर्वक पढ़िए और रोमांचित अनुभव कीजिए।

– कौलाचार्य जगदीश शर्मा

अनुक्रमणिका

अध्याय : 1

स्वरोदय तंत्र : उत्पत्ति, इतिहास एवं विकास 11

अध्याय : 2

श्वास–प्रश्वास क्रियाओं की गतियों के गुप्त भेद 35

अध्याय : 3

स्वरोदय तंत्र और नाड़ी चक्र में पंचतत्त्वों की भूमिका 51

अध्याय : 4

स्वरोदय तंत्र की गुप्त क्रियाएं और सिद्धियां 60

अध्याय : 5

स्वरोदय तंत्र द्वारा कार्य सिद्धि के अचूक उपाय 82

अध्याय : 6

स्वरोदय तंत्र के उपयोग द्वारा रोगों का उपचार 110

अध्याय : 7

स्वरोदय तंत्र द्वारा इच्छित संतानोत्पत्ति 129

अध्याय : 8

स्वरोदय तंत्र द्वारा भाग्योदय 138

अध्याय : 9

स्वरोदय तंत्र द्वारा साधना और सिद्धि 145

अध्याय 1

स्वरोदय तंत्र
उत्पत्ति, इतिहास एवं विकास

मूक स्तब्धता को बींधती हुई एक अति मधुर वाणी हिम खण्डों में शनैः–शनैः गुन्जारित होने लगी। सांय–सांय के स्वर मूक स्तब्ध होकर उस वाणी की तरंगों को प्रवाहित करते हुए इस प्रकार चलने लगे, मानो कोई नवीन आगंतुक अज्ञात दिशा की ओर बढ़ता चला जा रहा हो। क्षितिज मंडल पर उदित सूर्य के समान गुंजारित शब्द अपनी तंरगों को इस प्रकार बिखेरने लगे, जैसे सूर्य की प्रथम किरण सोती हुई वसुन्धरा का आलिंगन कर मधुर चुम्बन ले रही हो। इस प्रफुल्लित वातावरण में **"ऊँ नमः शिवाय"** और यह ध्वनि सैंकड़ों गंधर्वों, यक्षों, देवताओं को पुलकित करने वाली और वातावरण को सुगंध देने वाली एवं मन मयूर को नृत्य के लिए उत्साहित करने वाली थी। हिमालय अपनी ही शीतलोत्पन्न शीतलता से हिम खंडों से पूछ रहा था कि यह सब क्या हो रहा है, कौन भगवान शिव की तंद्रा को भंग करने का मधुर प्रयास कर रहा है। हे प्रकृति, क्या कोई नवीन मंगल मिलन का संकेत है, या किसी नवीन रचना का उदयकाल? ऐसे अनेकों प्रश्न हिमालय ने अनेकों बार अपने हिम खंडों से किए।

अपनी इस तंरगित ताल को भंग करना हिमखण्ड नहीं चाहते थे, वह तो केवल मात्र गुंजारित शब्दों में आनन्दित हो, ताल से ताल मिलाकर गा रहे थे **"ऊँ नमः शिवाय, ऊँ नमः शिवाय"**।

यही गुंजारित स्वर लहरी धीरे–धीरे वातावरण को मुग्ध करने लगी और हिमखण्डों ने देखा कि माँ जगतजननी पार्वती जी अपने कोमल कर कमलों द्वारा, समाधिस्थ शिव

के चरणों में कोमल–कोमल पुष्पों की पुष्पांजलि समर्पित करती हुईं अपने आराध्य इष्ट देवता पति–परमेश्वर की पूजा अर्चना कर रही हैं।

असहनीय धैर्य, दीर्घ प्रतीक्षारत सुन्दर कोमल नैन ऐसे लग रहे थे, मानों धैर्यहीन होकर या तो अभी ही गंगा–जमुना का निर्मल जल बरसा देंगे जो महाकालेश्वर की उस तंद्रा से, जो सदियों से सुकोमलांगी ममतामयी पारो के वियोग को प्रश्नचिह्नित कर रहा हो। दीर्घ प्रतीक्षाएं भी सीमा तोड़ने को आकुल हो उठीं और हृदय की व्याकुलता इस प्रकार चंचल हो उठी, मानो मरुभूमि में कोई प्यासा हिरण जल की इच्छा से कुलांचे भर–भरकर भटक रहा हो। इस स्नेहिल बंधन की पीड़ा व्याकुल तन से स्पष्ट प्रतीत हो रही थी। धवलगौरा अपने चंद्रमुखी मुख से निरंतर **" ॐ नमः शिवाय "** का जाप किए जा रही थीं।

शनैः–शनैः इस करुणा नाद को, जो अर्चना के भाव से किया जा रहा था, मूक प्रेमी के पाषाण हृदय को छूने लगा। आलौकिक करुणा के सागर मानों एक छोटे बालक की भांति मधुर अंगड़ाई लेते हुए जगने का प्रयास करने लगा। सहस्त्रों वर्षों की समाधि प्रेम की पुकार को सुनने लगी और प्राणों के प्राणनाथ अपनी तंद्रा भंग कर इस प्रकार अपनी पलकों को खोलने लगे कि मानों रात्रि का अंतिम प्रहर समाप्त हो रहा है और पौ फट रही है, गगन मंडल के वक्षस्थल पर श्री सूर्यनारायण अपने सात घोड़ों के रथ पर बैठकर वसुन्धरा की ओर प्रस्थान कर रहे हों। मोहिनी मुस्कान चहुं दिशाओं में फैल गई, मानों दिशाएं पुलकित होकर शिव का धन्यवाद कर रही हों और शिव अपने दोनों नेत्र खोलकर अपनी समाधि को विश्राम देने लगे। एक प्रसन्नता की मधुर लहर कालजयी के रस भरे होंठों पर प्रवाहित होने लगी। दोनों कर जोड़कर महांकालेश्वरनी सहज ही कह उठीं, हे प्राण प्यारे तुम्हें शत–शत प्रणाम। अभिवादन का यह सुन्दर मिलन मूकता को भंग करते हुए पूछने लगा कि प्रिय तुम कब से मेरी पूजा कर रही हो? जन्म–जन्मांतरों से प्राण प्रिय, एक भोला सा उत्तर कालजयी ने अपने प्राण नाथ को दिया। आत्मविभोर होकर शिव अपने आसन से खड़े हुए और अपनी अंकशयनी को अपनी प्रचण्ड भुजाओं में आलिंगनबद्ध कर लिया। तुम जीत गई हो जितेन्द्रिया, हम तुम्हारी साधना से अति प्रसन्न हुए, तुम्हारे धैर्य के तीक्ष्ण प्रहारों ने समय को बेंधते हुए मेरा ध्यान भंग कर दिया। हे सृष्टिनी, आओ हम थोड़ा किल्लोल करें। तड़पती हुई मछली की भांति अठरवेली करती हुई पारो अपने प्रियतम के भुजदण्डों से निकल गई और हुंकार भरती हुई बोली, हूं, हे प्राणेश्वर! कुछ जलपान तो कर लीजिए, समाधिस्थ अवस्था में आप कितने ओजमय लग रहे थे। हे तेजोमय, मेरे हृदय सम्राट, तनिक सा तो मेरा आग्रह

स्वीकार कर लीजिए, आओ मेरे प्राण कुछ आहार जो आपको भोग लगाने के लिए मैंने तैयार किया है, उसे स्वीकार कर मेरे सौभाग्य में चार चांद लगाइए। प्रेयसी की हठ प्रेमी नहीं टाल सके और कह उठे, हे प्राणवल्लभा, आप ही तो मेरी नियति हैं और आप ही मेरी प्रकृति हैं। और आप ही मेरा चिन्तन और मनन हैं, भला मैं तुम्हारे आग्रह को कैसे अस्वीकार कर सकता हूं और ———— दोनों मिलकर भोजन का आनंद लेने लगे मानों मां अन्नपूर्णा आज बहुत आनंदित हो उठी हों। यह मनोहर दृश्यावली हिमालय को सदियों प्रतीक्षारत रहने के पश्चात् मिली हो।

भोजनोपरान्त भगवती ने अपने प्राणवल्लभ के हाथ में शीतल जल का कमंडल थमाते हुए कहा, हे प्राणेश्वर! कृपया आप मुखारविंद को स्वच्छ कर लें एवं हस्त प्रक्षालण कर लें। ममतामयी ने अपनी चुनरी का पल्लू इस प्रकार उनके हाथों की ओर कर दिया कि भोले भंडारी अपने गीले हाथ उससे पोंछ लें। प्राणेश्वर शिव ने अपने हाथ पोंछकर अपनी प्राणवल्लभा से आनंदित होते हुए कहा, हे मेरी वियोगिनी, जब मैं चैतन्य अवस्था में होता हूं तो तू मेरी गति के साथ मिलकर तुम योगिनी हो जाती है। हे योगिनी, कितनी लंबी प्रतीक्षा के पश्चात् मैं इस योग का आनंद ले पाता हूं।

अभी त्रिनेत्रधारी का वाक्य भी पूरा नहीं हुआ था कि ममतामयी ने एक सरल प्रश्न निश्चल भाव से अपने प्रियतम से किया, हे प्रियतम निरंतर प्रतीक्षारत रहने के पश्चात् भी आप पहेलियां बुझा रहे हैं, भला मैं योगिनी कैसे हो गई। तुरन्त भोले ने उत्तर दिया, मेरी भोली, मैं शिव चैतन्यस्वरूप जब तेरे सम्मुख होता हूं तब तू मेरे साथ मिलकर इस सृष्टि के निर्माण में सहयोग देती है। एक तू है, एक मैं हूं, तेरा मेरा सहयोग जब आपस में मिल जाते हैं, तो उस सहयोग से यह सृष्टि चलती है, अतः अब तू ही बता ? तू मेरी योगिनी हुई अथवा नहीं। भगवती यह सुनकर लजा गईं और लजाते हुए धीमें स्वरों में पूछा? हे प्राणवल्लभ, हे मेरे योगेश्वर, कृपा करके एक बात तो बताइए कि आप इतनी दीर्घ समाधि में किस प्रकार स्थित हो जाते हैं और मैं तुम्हारी वियोगिनी अनंत–अनंत काल तक इसी प्रतीक्षा में रहती हूं कि कब आप समाधि से उठें और अपनी कृपा दृष्टि मुझ किंकरी पर करें। हे मेरे हृदयमोहित, क्या आपकी नियति में मुझे विरह–वेदना में आत्मसात का आनंद इस प्रणय की परिणति के स्वरूप काल के अजय हाथों द्वारा रचा गया है। हे नाथ, आप तो महाकाल हैं और आपकी कृपा के अनुसार मैं आपके चरणों की रज महाकाली हूं अतः इस काल के कराल पदचिह्नों का यह भी बोध नहीं हो पाता कि आगामी चरण किस ओर, किस दिशा में अग्रसर हो रहा है। कृपया इस रहस्य को तो हे मेरे आनन्दोल्लःसित, मुझ पर कृपा करके प्रकट करें।

भगवान ने एक सुखद अंगड़ाई ली और अपने विशाल नेत्रों में लालिमा लिए हुए बोले। हे अनंतप्रतीक्षणी, पहले तू मेरे को भोजन की ऊर्जा को संचारित करने के लिए, हे मेरी प्राणवल्लभे, थोड़ी सी हरीरज (गांजा) और गोविन्द सुरती (चरस) मिलाकर एक चिलम बना दे। पहले मैं अपने श्री ध्यान को आनन्दित करता हूं तदोपरान्त तुझे यह रहस्य बताना प्रांरभ करूंगा। आनन्द लहरा उठीं और पलक झपकते ही अपने हृदय स्पंदन के लिए उनकी चहेती चिलम तैयार कर लाई। हे मेरे रसिया, मेरी इस सौतन का रसानंद लीजिए। भगवान विचित्र रूप से मुस्करा उठे। हाय–हाय मेरी पारो तू भी कटाक्ष करने से बाज नहीं आती। यह कहकर प्रभु ने चिलम में एक लम्बा कश मारा और अलख बम से सारा हिमालय गुंजारित होने लगा और प्रभु हरीरज और गोविन्द सुरती के आनंद में विभोर होकर झूमने लगे। नशे की तरंग अपना रंग दिखाने लगी और शिव कहने लगे हे मेरी कामरत्ना, हे कामकेलिका, हे कामेश्वरी, हे मेरी कामाख्या, ले सुन मैं उस रहस्य को आज तेरे सम्मुख प्रकट करता हूं, जिसकी तुझे सदियों से प्रतीक्षा थी।

आत्मा को संचालित करने वाली प्राणवायु की अपरम्पार गति, काल की गति के अनुसार गतिमय होती हुई अपना कार्यक्रम सुनियोजित ढंग से प्रस्तुत करते जाती है। निरंतर–निरंतर इस प्रवाहित होती हुई ऊर्जा को वायुतत्त्व अपने सुदृढ़ बंधनों में बांधकर सुचारु रूप से गतिमान करता रहता है। हर प्राणी को मैंने श्वास लेने की गति से बांधा है, जिसे ऋषि मुनियों ने अपनी ऋचाओं में, योगियों ने अपने योग में, विद्वानों नें अपनी संस्कृति में इसे **अनाहत** का नाम दिया है। यह अनाहत प्राणवायु रूपी श्वास–प्रश्वास का आवागमन, जो कि नासिका छिद्र से होता है, निरंतर–निरंतर बिना किसी अवरोध के सुसंचालित होती है। इसका एक संपूर्ण नियम है। यह नियम सदैव अपने मापदण्डों पर स्थिर रहते हुए जीवन को संचालित करता है। यह एक ही समय में दोनों नासिका छिद्रों से कदापि नहीं चलता, अपितु एक निश्चित समय और नियम के अनुसार क्रमशः दोनों अलग–अलग नासा छिद्रों से चलते हैं। जब एक नासा छिद्र का आवागमन उसी समय दूसरे नासा छिद्र से प्रांरभ हो जाता है। इस प्रकार समय अनुसार नासा छिद्रों से प्राणवायु का प्रवाहित होना और उनका निरंतर बदलते रहना, इसी बदलाव को स्वर कहा गया है। इस गति में एक नासा छिद्र से दूसरी नासा छिद्र तक जाने को उदय कहा जाता है। स्वर का जब उदय होता है और उसकी समझ आने लगती है, तब इस ज्ञान को स्वर + उदय = स्वरोदय कहते हैं। शरीरस्थ नाड़ियां, कुंडलिनी तथा भाटचक्रों का यह विषय और जानकारी एवम् इसके विषय में पूर्ण ज्ञान, हे मेरी लाड़ली, कामिनी पारो, होना परम आवश्यक है।

मनुष्य का यह शरीर जिसे पिंडाड़ कहते हैं जो इस विराट ब्रह्मांड की प्रतिमूर्ति है। जितनी शक्तियां इस ब्रह्मांड को संचालित करती हैं, वह सबकी सब अति सूक्ष्म स्वरूप में मनुष्य के शरीर में विद्यमान रहती हैं। यही कारण है कि नर को " **नारायण** " की उपाधि से भी मंडित किया गया है। आकाशमंडल में जितने भी ऊर्जा स्रोत और नक्षत्रादि हैं एवम् जिनके अंतर्गत उनके मिश्रण–सम्मिश्रण से राशियां बनती हैं, वह सब सूक्ष्म स्वरूप रश्मियां मानव पिंड को प्राप्त होती हैं। उस आकाश मंडल से उत्प्रेरित ये रश्मियां सभी प्राणियों में विभिन्न प्रकार से अपना संचालन करती हुई उन्हें संचालित करती हैं।

जीवात्मा जब प्राणी के रूप में इस संसार में प्रकट होता है, उसी समय यह उसके बाल शरीर में प्रवेश कर अपना अस्तित्व सम्पूर्ण जीवन काल के लिए स्थापित कर देता है। आचरण, व्यवहार, खान–पान, रुचियां–अभिरुचियां एवम् उन्नति–अवनति, भौतिक–जगत के सुख एवम् दुःख, लौकिक–अलौकिक ज्ञान, शिक्षा–दीक्षा, दैनिक कर्म एवम् आचरण इन्हीं के द्वारा संचालित होने लगते हैं। ज्ञानी प्राणी इस ओर सचेत रहते

हैं और इनके मिश्रित वातावरण में जीते हुए भी इन्हें अपने प्रयासों द्वारा और संयम द्वारा शनैः-शनैः विजित भाव से इन पर विजय प्राप्त करने लगते हैं। यह क्रियाएं बोध होने के पश्चात् अभ्यास द्वारा नियति की इस लीला को इच्छाशक्ति में परिणित करते हुए अपने मनोभावों के अनुसार फल की प्राप्ति जीव कर लेता है। इस जीवात्मा में हे सुन्दरे, अनेकों प्रकार के खनिज, वन औषधियां, जल, फल, रत्न और नाना प्रकार के दैनिक जीवन में कार्य आने वाले रसायन हैं।

पूरा संसार मुझे योगिराज कहता है। यह उपाधि मुझे मेरे किसी पुजारी द्वारा या किसी आचार्य, प्राचार्य द्वारा नहीं मिली, मेरे साधक जब मेरे रूप स्वरूप का दर्शन प्राप्त करते हैं और शिव का अर्थ समझते हैं, तब मुझे अनन्य भाव से योगिराज कह उठते हैं। हे मेरे नेत्रों की ज्योति, तू यदि मेरे साथ न हो तो मैं शिव-शिव न रहकर केवल मात्र एक शव ही रह जाता हूं, वह शव इस प्रकार " ि " की यह मात्रा जो कि तू है और

तेरी गति है, जो कि शक्ति है, इस शक्ति को यदि मुझसे छीन लिया जाए तो मैं शव हो जाता हूं। ये शक्ति ही मृत को जीवन प्रदान करने वाली " ि " की मात्रा देखने में छोटी है, परन्तु पूरे संसार को गतिमान करती है। इसी प्रकार हे जगतप्रसूते, हे गौरा, यदि मैं तेरी " ी " की मात्रा हटा दूं, तो तू दिशाहीन होकर केवल मात्र " **काल** " ही रह जाएगी।

तेरी भी " ी " की मात्रा मुझसे कुछ कम नहीं है, ये दोनों मात्राएं जब मिलती हैं तब दोनों नासा छिद्रों से श्वास प्रारम्भ होता है। यदि तू काल है तो मैं महाकाल हूं यदि तू काली है तो मैं शिव हूं, हम दोनों ही तो एक दूसरे के पूरक हैं। इस गूढ़तम रहस्य को क्या तू ध्यानपूर्वक समझ पाई ? हे प्राण आनन्द, हे गति आनन्द, हे गणेश पिता, इस सूक्ष्म बोध को मैं भला कैसे समझ पाती भगवती ने प्रसन्नचित्त होकर उत्तर दिया। तब भगवान शिव आनंदविभोर होकर अपनी तर्जनी उंगली से हिम खंडों पर ये चित्र अंकित करने लगे।

शिव = ि = शव

काली = ी = काल

(छोटी ई की मात्रा) ई की मात्रा = ि ी = ई की मात्रा (बड़ी ई की मात्रा)

नासिका इस प्रकार बनी

विपरीत योग करने से शिव लिंग बना

इस प्रकार भगवान श्री शिव ने अपनी शिवा को समझाया और श्री भगवती जगदम्बे को आनंद की लहरों से मंत्रमुग्ध कर दिया और भगवती ठोड़ी पर हाथ रखकर दूर किसी क्षितिज के अज्ञात बिंदु की ओर निहारने लगीं, मानों जगत को चलाने वाली भवानी अनेकों प्रश्न अपने ही मन से कर रही हों और अनेकों उत्तर अपने ही चिंतन द्वारा दे रही हों। संपूर्ण हिमालय पर एक अनोखी स्तब्धता छा गई, मानों नियति अपना मार्ग भटककर मूक खड़ी शिव और शिव के ये मनोरम दृश्य को देखने के लिए ठगी सी रह गई हों। हवाएं रूक गई, दिशाएं रूक गई, चांद और सूर्य रूक गए, पृथ्वी की गति रूक गई। इस मूक वातावरण में मानों सभी देवतागण एकत्रित होकर भवानी और भगवान की आराधना कर रहे हों। सारा चैतन्य जड़ में परिणित होने लगा। एक हल्की सी मधुरमय वाणी गूंजी और वातावरण कंपित हो उठा " **अलख बम** " क्या सोच रही हो पारो? भगवान शिव नियति की रचयिता के केशों से अपने कोमल हस्त द्वारा किल्लोल करने लगे।

अनायास ही भावविह्वल भवानी मानों ठगी सी रह गई हों और एकदम अपने प्राणनाथ को अपनी आतुर कोमल भुजाओं में भरकर उनके हृदय से इस प्रकार लिपट गई, जैसे किसी विशाल वृक्ष पर कोई सुंदर लता लिपटकर प्रकृति की मधुर दृश्यावली को सुशोभित कर रही हो।

शनैः–शनैः यह बंधन का पारा शिथिल होने लगा, मानों आनंदरूपी समुद्र की चंचल तरंगें समुद्र में ज्वारभाटा ले आई हों और ये ज्वारभाटा इस प्रकार की शब्दावली करता हुआ उठा कि हिमालय मानों हतप्रभ होकर मूक दर्शक की भांति प्रकृति की इस लीला को ठगी–ठगी आंखों से देख रहा हो। श्वास–प्रश्वास वातावरण को ग्रीष्म ऋतु का आनंद देने लगे और मनोहारी मनभावन भगवान शंकर के अंग से छिटक कर दूर हो गए, जैसे चंचल बालक ममतामयी मां की गोद से उतरने के लिए एकदम छलांग लगा दे और मां ठगी सी रह जाए। उमा की इस प्रतिक्रिया को देखकर सदाशिव मुस्करा उठे और बोले हे हेमशैलनी, अभी भी तू अपने बाल स्वभाव से प्रौढ़ा अवस्था की ओर नहीं आ पाईं, तब भी आपका स्वभाव मुझे अति उत्तम लगता है। आदरणीय मां भगवती लजाते हुए मुस्कराकर बोलीं, हे मेरे प्राण नाथ कृपा करके अपने विषय वस्तु पर आइए और मेरे ज्ञान चक्षुओं को अपने ज्ञान द्वारा प्रकाशित कर मेरा मार्ग प्रशस्त करें।

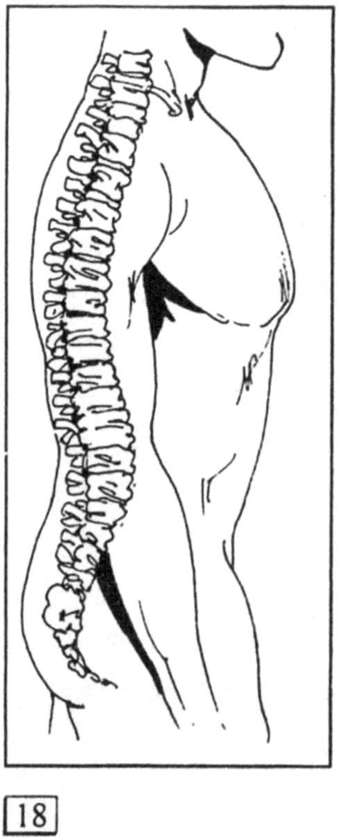

शिव कहने लगे महिषासुर मर्दने, ये तो तुझे मालूम ही है कि जिस प्रकार सभी विद्वानजन भूमंडल का आधार मेरु पर्वत को मानते हैं, उसी प्रकार इस मनुष्य शरीर का आधार भी मेरुदण्ड ही है। यह मेरुदण्ड 33 अस्थिखंडों से बना है, अर्थात् इसे रीढ़ की हड्डी भी कहा जाता है। इस 33 की संख्या का संबंध मेरे 33 करोड़ देवताओं एवं प्रजापतियों से है जो इस प्रकार हैं –

1	प्रजापति
1	इन्द्र
8	अटवसु
12	द्वादश आदित्य
11	एकादश रूद्र

इस प्रकार संख्या 33 होती है।

ये मेरुदण्ड भीतर से खोखला है, इसका निचला भाग भीतर से खोखला है तथा इसका निचला भाग नोकिला और छोटा होता है। इस नुकीले स्थान के समीपवर्ती भाग को कन्द कहा जाता है। इसी कन्द में तुम मां शक्ति प्रतिमूर्ति बनकर कुण्डलिनी में निवास करती हो।

इसी प्रकार मनुष्य के शरीर में नाभि से ऊपर अंकुर की भांति 73 हजार नाड़ियां फैली हुई हैं। यह शक्ति इन नाड़ियों में सर्प के समान सोई रहती है। इस शक्ति केंद्र से दस नाड़ियां ऊपर की ओर, 10 नाड़ियां नीचे की ओर, 2 नाड़ियां दाईं ओर व 2 नाड़ियां बाईं ओर जाती हैं। इस प्रकार मुख्य नाड़ियां जो कि संख्या में 24 हैं, इन्हें ही नाड़ियां कहा जाता है, जो कि मुख्य हैं। ये सभी नाड़ियां अपनी सहायक नाड़ियों के साथ श्वास के आदान–प्रदान को मुख्य रूप से संचारित करते हुए रक्त को संचालित करने का कार्य करती हैं। इन 24 नाड़ियों में 10 नाड़ियां प्रमुख मानी गई हैं।

जो कि शरीर के विभिन्न अंगों में वास करती हैं। इनके नाम इस प्रकार हैं –

1. **इड़ा** : इड़ा नाड़ी शरीर के वाम अंग में स्थापित होती है।
2. **पिंगला** : पिंगला नाड़ी शरीर के दक्षिण भाग में स्थापित होती है।
3. **सुष्मना** : सुष्मना नाड़ी शरीर के मध्य भाग में स्थापित होती है।
4. **गांधारी** : गांधारी नाड़ी वाम नेत्र में निवास करती है।
5. **हस्तिजिह्वा**: हस्तिजिह्वा नाड़ी दायें नेत्र में निवास करती है।
6. **पूषा** : पूषा नाड़ी दायें कान में निवास करती है।
7. **यषा** : यषा नाड़ी बायें कान में निवास करती है।
8. **व्यूषा** : यह मुख में निवास करती है।
9. **कुहू** : कुहू नाड़ी लिंग प्रदेश में निवास करती है।
10. **शंकनी** : शंकनी नाड़ी गुदा प्रदेश में निवास करती है।

इस प्रकार इन सभी दसों नाड़ियों में केवल मात्र प्रथम इड़ा, दूसरी पिंगला एवं तृतीय सुष्मना को ही प्रधान पद प्राप्त है। यह तीनों नाड़ियां प्राण मार्ग में स्थापित रहती हैं। हे कमलनेत्रे, इड़ा नाड़ी में तू चन्द्रमा बनकर निवास करती है और पिंगला नाड़ी में तू सूर्य बनकर निवास करती है और सुष्मना में मैं स्वयं शंभु अपनी सभी कलाओं के साथ हंस स्वरूप धारण करते हुए निवास करता हूं इसलिए इस जगत में इड़ा नाड़ी को चंद्र

नाड़ी और पिंगला नाड़ी को सूर्य नाड़ी कहा जाता है और सुष्मना नाड़ी को शुभ नाड़ी के रूप में जगत् में प्रख्यात किया जाता है इड़ा नाड़ी मेरुदण्ड के बाहर बायीं ओर से एवं पिंगला नाड़ी मेरुदण्ड के भीतर जो गुफानुमा खोखला खोल होता है, जो कन्द से प्रारंभ होकर कपाल में सहस्र रध्रं से सहस्रदल कमल तक जाती है, उसी मेरुदण्ड के कन्द भाग में मेरा निवास है।

हे जगतजया, हे जगतजननी, हे वज्र रेखा, सुष्मना नाड़ी के भीतर इसके 3 स्वरूप होते हैं पहला वज्रा, दूसरा चित्रणी, तीसरी ब्रह्म नाड़ी। जो कि यौगिक क्रियाओं के द्वारा जागृत कुण्डलिनी शक्ति इस ब्रह्मनाड़ी के द्वारा कपाल स्थित ब्रह्मरंध्र तक जाकर पुनः लौट आती है और इसके विभिन्न स्थापत्य स्थानों को जो कि छः प्रकार के होते हैं, जिनकी स्थिति परिस्थिति भिन्न प्रकार की होती है उन्हें अलग–अलग नामों से पुकारा जाता है। मेरुदण्ड के अंदर ब्रह्म नाड़ी में पिरोए हुए 6 कमलों की कल्पना की गई है। इन्हीं कमलों को इनके दलों के अनुसार भाटचक्र भी कहा जाता है। इनके विभिन्न संख्या में दल हैं तथा प्रत्येक का रंग भी एक दूसरे से भिन्न है और इनका चक्र स्थान दल, वर्ण, लोक, अक्षर, तत्त्व, तत्त्वबीज, ज्ञानेन्द्रियां और ध्यान का फल यह सब कुछ नाम के साथ–साथ अलग–अलग है। इनके नाम इस प्रकार हैं –

प्रथम – मूलाधार चक्र
द्वितीय – स्वाधिष्ठान चक्र
तृतीय – मणिपूरक चक्र
चतुर्थ – अनाहत चक्र
पंचम – विशुद्धारव्य चक्र
षष्टम – आज्ञा चक्र

प्रथम चक्र

मूलाधार चक्र : रीढ़ की हड्डी के सबसे निचले हिस्से में जिसे हम केन्द्र प्रदेश कहते हैं जो कि गुदा तथा लिंग के मध्य भाग में स्थित है। इस चक्र का कमल रक्त वर्ण का है और इसमें चार–चार दल हैं। इन दल रूपी पत्तियों पर यं, शं, भां, सं अक्षरों की स्थिति मानी गयी हैं। यह पृथ्वी तत्त्व का द्योतक है तथा चतुष्कोण है। यंत्र का रंग पीला है, इसका बीज **लं** है तथा वाहन ऐरावत श्वेत हाथी है। यंत्र के देवता तथा शक्ति ब्रह्म और डाकिनी है। यंत्र के मध्य में स्वयंभू लिंग है। जिसके चारों ओर साढ़े तीन फेरों में लिपटी हुई सर्पाकार सुप्त कुण्डलिनी शक्ति अपनी पूंछ को अपने मुंह में दबाए हुए विद्यमान है। प्राणायाम द्वारा शक्ति जागृत होकर विधुल्लता के रूप में मेरुदण्ड के भीतर ब्रह्मनाड़ी में प्रविष्ट होकर ऊपर की ओर चलती है।

मूलाधार चक्र की जानकारी :

1. चक्र का नाम : मूलाधार चक्र
2. चक्र का निवास स्थान : योनि अथवा लिंग एवं गुदा का मध्य भाग
3. चक्र का दल : चतुर्दल
4. चक्र का वर्ण अथवा रंग : रक्त

5. चक्र का लोक	: भू
6. चक्र का दलों के अक्षर	: यं शं भां सं
7. चक्र का तत्त्व	: पृथ्वी
8. चक्र का तत्त्व बीज	: लं
9. चक्र का यंत्र	: चतुष्कोण
10. चक्र की ज्ञानेन्द्रियां	: नासिका
11. चक्र की कर्मेन्द्रियां	: गुदा
12. चक्र का ध्यान	: गुदा
13. चक्र के ध्यान का फल	: वक्ता, मनुष्यों में श्रेष्ठ, सर्व विद्याओं का ज्ञाता, आरोग्य आनंदचित्त वाला, काव्यशक्ति संपन्न।

द्वितीय चक्र

स्वाधिष्ठान चक्र : स्वाधिष्ठान चक्र का वास लिंग प्रदेश के सामने होता है जो छह कमल दलों से सुशोभित है एवं इसका रंग सिंदूरी है। इन छः कमल दलों पर भिन्न–भिन्न अक्षरों का निवास है, जो इस प्रकार हैं –

वं भं यं रं लं।

इसका यन्त्र जल तत्त्व है और इसका आकार अर्धचन्द्राकार है, जिसका रंग चंद्रमा की भांति ही शुभ व शीतल है। इस चक्र का तत्त्व बीज अक्षर **वं** है, जिसका वाहन मगरमच्छ अर्थात् मकर है। इस यन्त्र की देव शक्ति एवं देवता भगवान विष्णु हैं।

स्वाधिष्ठान चक्र की जानकारी :

1. चक्र का नाम : स्वाधिष्ठान चक्र
2. चक्र का निवास स्थान : लिंग के सामने अथवा पेडू
3. चक्र का दल : भाट् अर्थात् 6
4. चक्र का वर्ण अथवा रंग : सिंदूरी
5. चक्र का लोक : भुव अथवा भूमि
6. चक्र कमलदलों के अक्षर : वं भं यं रं लं।
7. चक्र का तत्त्व : जल
8. चक्र का तत्त्व बीज : वं
9. चक्र का वाहन : मकर अथवा मगरमच्छ
10. चक्र का गुण : रस
11. चक्र के अधिष्ठाता देवता : भगवान विष्णु
12. चक्र की देव शक्ति : डाकिनी
13. चक्र का यन्त्र : अर्धचन्द्राकार अर्थात् आधे चन्द्रमा के समान
14. चक्र की ज्ञानेन्द्रियां : जीभ (रस व स्वाद का बोध कराती है)
15. चक्र की कर्मेन्द्रियां : लिंग
16. चक्र के ध्यान का फल : ऐसा मनुष्य श्रेष्ठ योगी, काव्य रचना करने वाला एवं अहंकार से परे होता है।

तृतीय चक्र

मणिपूरक चक्र : मणिपूरक चक्र रीढ़ की हड्डी अर्थात् मेरुदण्ड के अन्दर खोखले स्थान में नाभि प्रदेश के सामने निवास करता है। इस चक्र के कमल दलों की संख्या 10 है एवं इसका वर्ण अर्थात् रंग नीला है। इन 10 कमल दलों पर 10 भिन्न–भिन्न अक्षरों का निवास है जो इस प्रकार हैं :– डं, ढं, णं, तं, थं, दं, घं, नं, पं, फं। चक्र का आधार त्रिकोणाकार है एवं यह अग्नि तत्त्व का द्योतक है। इस यन्त्र का रंग बाल रवि के समान अरुण जैसा है, जिसका तत्त्व बीज **रं** है एवं तत्त्व बीज का वाहन मेष है। इस यन्त्र के अधिष्ठाता देवता वृद्ध रुद्र हैं एवं इसकी देव शक्ति लाकिनी है।

इस चक्र की संपूर्ण जानकारी इस प्रकार है –

1. चक्र का नाम : मणिपूरक चक्र
2. चक्र का निवास स्थान : नाभि अथवा नाभि के सामने
3. चक्र के कमल दलों की संख्या : 10 (दस)
4. चक्र का रंग अथवा वर्ण : नीलवर्णी अर्थात् नीला
5. चक्र का लोक : स्वः
6. चक्र कमल दलों के अक्षर : डं, ढं, णं, तं, थं, दं, घं, नं, पं, फं।

7. चक्र का तत्त्व : अग्नि

8. चक्र का तत्त्व बीज : रं

9. चक्र का यन्त्र : त्रिकोणाकार

10. चक्र की ज्ञानेन्द्रियां : चक्षु अथवा नेत्र या आंख

11. चक्र का वाहन : मेष अथवा मेढ़ा

12. चक्र का गुण : रूप

13. चक्र के अधिष्ठाता देवता : वृद्ध रुद्र

14. चक्र की देव शक्ति : लाकिनी

15. चक्र की कर्मेन्द्रियां : चरण अथवा पांव या पैर

16. चक्र के ध्यान का फ़ल : ऐसा मनुष्य वाक्य रचना में निपुण होता है जिसकी जिह्वा पर साक्षात् सरस्वती निवास करती है। वह संसार पालन में समर्थ होता है।

चतुर्थ चक्र

अनाहत चक्र : अनाहत चक्र सभी चक्रों में सर्वाधिक महत्त्वपूर्ण है क्योंकि हृदय

मानव को जीवित रखता है। इस चक्र के द्वादश कमल दल हैं जिनका वर्ण अथवा रंग अरुण वर्णीय है। इन द्वादश कमलदलों पर भिन्न–भिन्न द्वादश अक्षरों का निवास है जो इस प्रकार हैं :

कं, खं, गं, घं, ङ़ं, चं, छं, जं, झं, ञं, टं, ठं।

इसका यन्त्र धूम्रवर्णी है जिसका आकार भाटकोण की भांति है एवं यह यन्त्र वायुतत्त्व का प्रतीक है। इस यन्त्र का तत्त्व बीज यं है जिसका वाहन मृग अर्थात् हिरण है। इस यंत्र के देवता ईशान रुद्र है एवं इसकी देवशक्ति काकिनी है। इस चक्र के बीचोंबीच त्रिकोण शक्ति विद्यमान है जिसमें निरंतर विद्युत की भाँति प्रकाश व्याप्त रहता है। इस त्रिकोण शक्ति में वाण नामक स्वर्णकान्ति युक्त शिवलिंग स्थापित है जिसके ऊपरी भाग में छिद्र है जिसमें अष्टदल कमल वाला एक कमल विराजमान है जिसका नाम हृत्पुण्डरीक है, जिसमें देव की उपासना एवं ध्यान किया जाता है।

अनाहत चक्र की जानकारी :

1. चक्र का नाम : अनाहत चक्र
2. चक्र का निवास स्थान : हृदय प्रदेश
3. चक्र का वर्ण अथवा रंग : अरुणवर्णीय
4. चक्र का लोक : महः
5. चक्र कमलदलों में स्थापित अक्षर : कं खं गं घं ङ़ं चं छं जं झं ञं टं ठं।
6. चक्र का तत्त्व बीज : यं
7. चक्र का तत्त्व : वायु
8. चक्र के तत्त्वबीज का वाहन : मृग अथवा हिरण
9. चक्र का गुण : स्पर्श
10. चक्र के अधिष्ठाता देवता : ईशानरुद्र
11. चक्र की देव शक्ति : काकिनी
12. चक्र का यन्त्र : भाटकोणाकार
13. चक्र का कमलदल : द्वादश अर्थात् 12
14. चक्र की ज्ञानेन्द्रियां : त्वचा
15. चक्र की कर्मेन्द्रियां : हाथ
16. चक्र के ध्यान का फल : ऐसा मनुष्य योगीश्वर होता है। वाक्य रचना में सामर्थ्यवान, इन्द्र के समान विजयी एवं परकाया प्रवेश में समर्थ होता है।

पंचम चक्र

विशुद्धारव्य चक्र : विशुद्धारव्य चक्र कण्ठ प्रदेश अथवा कण्ठ के सामने चक्र स्थित है। यह चक्र सोलह कमलदलों से सुशोभित है। इसके सभी दलों पर अ से अः तक सोलह स्वर विराजमान हैं।

इसका यन्त्र पूर्णचन्द्राकार है और चन्द्रमा की भांति दैदीप्यमान है। यह चक्र आकाश तत्त्व का द्योतक है जिसे शून्य भी कहा जाता है। इसका तत्त्व बीज " **हं** " है एवं इसका वाहन हस्ती है। इस यंत्र के अधिष्ठाता देवता पंचवक्त्र सदाशिव है एवं इसकी देवशक्ति शाकिनी हैं।

विशुद्धारव्य चक्र की जानकारी :

1. चक्र का नाम : विशुद्धारव्य चक्र
2. चक्र. का निवास स्थान : कण्ठ अथवा कण्ठ प्रदेश
3. चक्र का कमलदलों की संख्या : षोडश अथवा सोलह
4. चक्र का लोक : धूम्र
5. चक्र का लोक : जनः
6. चक्र कमलदलों के अक्षर· : अ, आ, इ, ई, उ, ऊ, ऋ, ॠ, लृ, ल, ए, ऐ, ओ, औ, अं, अः

7. चक्र का तत्त्व	: आकाश
8. चक्र का तत्त्व बीज	: हं
9. चक्र बीज तत्त्व का वाहन	: हस्ती अथवा हाथी
10. चक्र का गुण	: शब्द
11. चक्र के अधिष्ठाता देवता	: पंचवक्त्र सदा शिव
12. चक्र की देव–शक्ति	: शाकिनी
13. चक्र का यन्त्र	: शून्य (गोलाकार) चक्र
14. चक्र की ज्ञानेन्द्रियां	: कान
15. चक्र की कर्मेन्द्रियां	: वाक्
16. चक्र के ध्यान का फल	: ऐसा मनुष्य ज्ञानी, शांतचित्त, आरोग्य, दीर्घायु, तेजस्वी एवं त्रिकालदर्शी होता है। वह काव्य रचना में समर्थ एवं श्रेष्ठ वक्ता होता है।

षष्ठम चक्र

आज्ञा चक्र : आज्ञा चक्र रीढ़ की हड्डी अर्थात् मेरुदण्ड के खोखले आवरण के भीतर भ्रू–मध्य (भौहों के बीच) में स्थापित है। इस चक्र में दो कमलदल हैं जिन

दलों पर हं और क्षं अक्षरों की स्थिति विराजमान है। यह चक्र अर्धनारीश्वर का लिंग है, इसका यंत्र विद्युत के प्रकाश की भांति उज्ज्वल है। इसे ही महत् तत्त्व का स्थान कहा गया है। इसका तत्त्व बीज प्रणव है जिसका वाहन नाद है तथा इसके ऊपरी क्षेत्र में एक बिन्दु भी स्थित है। इस यंत्र के अधिष्ठाता देवता इतरलिंग हैं तथा इसकी देवशक्ति हाकिनी है।

आज्ञा चक्र की जानकारी :

1.	चक्र का नाम	: आज्ञा चक्र
2.	चक्र का निवास स्थान	: भ्रू–मध्य (भौहों के बीच)
3.	चक्र के कमलदल	: द्वि दल अर्थात् दो दल
4.	चक्र का वर्ण	: श्वेत
5.	चक्र कमलदलों के अक्षर	: हं, क्षं
6.	चक्र का तत्त्व	: महः तत्त्व
7.	चक्र का तत्त्व बीज	: ऊँ
8.	चक्र का लोक	: तपः
9.	चक्र का यंत्र	: इतर लिंगाकार
10.	चक्र का वाहन	: नाद
11.	चक्र के अधिष्ठाता देवता	: इतरलिंग (अर्धनारीश्वर)
12.	चक्र की देव–शक्ति	: हाकिनी
13.	चक्र का ध्यान का फल	: ऐसा मनुष्य वाक् सिद्ध हो जाता है।

सहस्रार चक्र : सहस्रार चक्र भंवर गुफा (आज्ञा चक्र को भंवर गुफा कहते हैं) में जाने के पश्चात् " मैं " सहस्र कमलदल में समाधिस्थ होकर निवास करता हूं जिसे सहस्ररंध्र भी कहते हैं।

हे मेरी पारो, भाटचक्रों का वृतांत तो तूने सुन लिया, हे आनन्दलहरा, हे कमलिनी, अब मैं तुझे बताता हूं कि मेरुदण्ड जिसे कि मनुष्य शरीर में रीढ़ की हड्डी कहा जाता है, इसके ऊपरी सिरे पर मैं स्वयं सहस्र कमल दलों सहित विराजमान रहता हूं। हे मेरी नेत्रज्योति, इस कमल के सहस्रों दलों पर प्रत्येक स्वर एवं व्यंजन बीस–बीस बार अवस्थित होते रहते हैं।

लययोग का उद्देश्य ही परम शक्ति से कुण्डलिनी शक्ति का संयोग है। पारो का प्रश्नचिह्नित मुखड़ा देख प्रभु मुसकुरा उठे और बोले हे मेरी कमला, इसका सारांश भी सुन। यह इस प्रकार है – पंचम महाभूतों अर्थात् नश्वर पृथ्वी, जल, अग्नि, वायु व आकाश एवं बुद्धि नामक तत्त्वों को एक दूसरे में पिरोते हुए लीन करके अमर अद्वैत रूप का अनुभव ही मनुष्य का लक्ष्य होना चाहिए। प्रभु के श्री मुख से वृतांत सुनकर पारो का प्रश्नचिह्नित मुखड़ा कमल की भांति खिल उठा और वे बोली हे मेरे प्राणेश्वर, यह तो अत्यंत गूढ़ एवं गहन विषय है। इसकी संपूर्ण जानकारी दीजिए, तब भोले भंडारी ने सहस्रार चक्र की जानकारी इस प्रकार कही–

1. चक्र का नाम : शून्य चक्र, सहस्रार चक्र
2. चक्र का निवास स्थान : मस्तक
3. चक्र के कमलदल : सहस्र
4. चक्र के कमलदलों के अक्षर : अं से क्षं तक
5. चक्र का लोक : सत्यः
6. चक्र का तत्त्व : तत्त्वातीत
7. चक्र का तत्त्व बीज : विसर्ग

8. चक्र का यन्त्र	:	पूर्ण चन्द्र निराकार
9. चक्र के यन्त्र का वाहन	:	बिन्दु
10. चक्र के अधिष्ठाता देवता	:	परब्रह्म
11. चक्र की देव शक्ति	:	महाशक्ति
12. चक्र के ध्यान का फल	:	ऐसा मनुष्य अमरत्व को प्राप्त होता है। वह आकाशगामी हो जाता है व समाधियुक्त होता है।

करबद्ध निवेदन कर भगवती हर्षित स्वरों में अपने प्राणनाथ का गुणगान करने लगीं और भूरि–भूरि प्रशंसा करते हुए बोलीं हे मेरे योगेन्द्र, यह तो योग का विषय है, बड़ा ही जटिल एवं रहस्यमयी है जिसका आपने ज्ञान देकर मुझ किंकरी को धन्य–धन्य कर कृतार्थ कर दिया। हे मेरे मन मयूर, कृपा करके आप आगे का वृतांत कहें, मैं उसके लिए अत्यधिक लालायित हो उठी हूं। तत्पश्चात् श्री प्रभु ने अपना कथन पुनः प्रारम्भ किया।

हे कामपुष्पा, हे कामिनी, हे काम मनोहरी यदि तुने मुझे सिद्धासन में बैठे हुए ध्यान योग में अवलोकित किया हो तो मेरी उस छवि की कल्पना कर और उसे कल्पना के पटल पर बिठा ले। हे वाम अंगिनी मेरा वाम अंग दूर से यदि तू अवलोकन करे तो वह तुझे परिपूर्ण ॐ के रूप में नजर आएगा। इसी ॐ से संपूर्ण सृष्टि के स्वरों का व नादों का प्रारम्भ होता है। जब यह ॐ स्वरूप लोम और विलोम आपस में संयुक्त हो जाते हैं तब साधक सिद्धासन में बैठा सा प्रतीत होता है। ऊपर का हिस्सा जिसको सिर कहते हैं वह ॐ का प्रथम चरण है। गर्दन से लेकर मुड़े हुए पैर तक ॐ का द्वितीय चरण है, घुटने पर रखा हुआ हाथ गतिमान ॐ का पुच्छ स्थान है। इस प्रकार ॐ की संरचना होती है। यहीं से प्रारंभ हो जाता है पदम् दलों का स्थापत्य, जिन्हें नाड़ी पुंज भी कहा जाता है। मेरुदण्ड के विभिन्न भागों में यह चक्र नाड़ी पुंज के रूप में अवस्थित रहते हैं, इन्हें अलंकारित भाषा में कमल दल भी कहा जाता है व परमदल भी कहा जाता है। यह सत्य है कि रुधिर के लाल रंग पर विभिन्न तत्त्वों के प्रतिबिम्ब गिरने के कारण रूधिर के रंग में जिन–जिन स्थानों में जो विकृतियां प्रतीत होंती हैं, उन्हीं का नाड़ी पुंजों के रंगों के रूप में मैं तुझे बता रहा हूं।

हे उमा, तू कल्पना कर यदि रुधिर में मिट्टी मिला दी जाए तो उसका रंग हल्का अथवा मटमैला पीला हो जाएगा और यदि जल मिला दिया जाए तो उसका रंग गुलाबी अथवा हल्का गुलाबी हो जाएगा। इसी रक्त को यदि अग्नि पर हम हल्का-हल्का गर्म

करें तो यह नीले रंग का हो जाएगा। शुद्ध वायु में यह रुधिर अपना रंग गहरा-लाल प्रतिबिम्बित करेगा और सघन आकाश में देखने पर यह रुधिर धूम्रवर्ण सा प्रतीत होगा। इसलिए हे कमलाक्षिणी, पांचों तत्त्वों का इस रक्त पर पृथक-पृथक प्रभाव पड़ता है। जैसे पृथ्वी, जल, अग्नि, वायु, आकाश, उन्हीं के आधार पर इन पदमदलों की और उनके विभिन्न वर्णों की कल्पना की गई है। किसी भी नाड़ी पुंज पर कोई भी अक्षर लिखे नहीं होते। जब हम भाषा का प्रयोग करते हैं तो बोलते समय वायु का आघात जिस दल से टकराकर जिस अक्षर की ध्वनि को उत्पन्न करता है वही उस दल का अक्षर माना जाता है। इसे ब्रह्मनाद भी कहा जाता है।

इन्हीं सब चक्रों के चतुष्कोण, अर्धचन्द्राकार, त्रिकोण, भाटकोण गोलाकार, लिंगाकार तथा पूर्णचन्द्राकार स्वरूप में वर्णित होते हैं इसका तात्पर्य यह है कि शरीर की विभिन्न नाड़ियां वायु के आघात के कारण विभिन्न तत्त्वों के सामने एक विशेष प्रकार की रूप आकृति ग्रहण कर लेती हैं। यदि हम जलती हुई अग्नि को देखें तो उसकी आकृति त्रिकोणाकार दिखाई देती है। इसी प्रकार अन्य तत्त्वों की पृथक-पृथक शैलियां हैं। ये वायुतत्त्व अनेकों प्रकार के शब्दों को उत्पन्न करता है। यह शरीर संपूर्ण वायुतत्त्व से संचारित होता रहता है। पृथ्वी तत्त्व की अधिकता जब होती है तब मल त्यागने की इच्छा होती है। उस समय वायुतत्त्व **लं लं लं लं** करता प्रतीत होता है और मूत्राशय से जब मूत्र त्याग करने का समय आता है, जो कि जल तत्त्व होता है उसके कारण **बं बं बं बं** का शब्द उत्पन्न होता है। अन्नादि पाचन के समय नाभि के अग्नि तत्त्व से वायु **रं रं रं रं** करती हुई चलती है। इस प्रकार सभी तत्त्वों से जब वायुतत्त्व अपना मेल करता है तब उसकी ध्वनि संपूर्ण रूप से परिवर्तित हो जाती है। उसी से यह ध्वनियां समझ में आती हैं और यह संपूर्ण बात सिद्ध हो जाती है कि वायुतत्त्वों ने किन-किन तत्त्वों को भेदित किया इसी कारण हे मेरी प्रिया, अनेकों बीज मंत्रों का भी उद्गम स्थान ये प्रकृति का वातावरण एवं शरीर का वातावरण रहा।

जिस प्रकार कि पृथ्वी तत्त्व के बोझ के कारण वायु की गति हाथी की भांति मंद हो जाती है और जल तत्त्व के कारण वायु की गति मकर की भांति डूबती उतरती चलती है इसलिए इनको इसी प्रकार की आकृतियों से संबोधित किया गया। इसी प्रकार इनके अधिष्ठाता देवता और देव शक्ति का भी बोध करते हुए इनको शक्तिस्वरूपा मान लिया गया। हे उमा, अब तुझे अनाहत चक्रों के विषय में जानकारी प्राप्त हो गई होगी और इसकी जानकारी हेतु मैं तुझे वायु के दस प्रकार और ऐसे बता रहा हूं जो नाड़ियों के आश्रित ही रहते हैं। इसमें 34 प्राण वायु का भी वर्णन करता चलूं तो अधिक सुन्दर होगा।

इनमें सर्वप्रथम पांच वायु को प्राणवायु कहा जाता है तथा अंतिम पांच वायु को उपप्राण कहा जाता है। जो शरीर में इस प्रकार निवास करती हैं –

1. प्राण वायु : इसका निवास हृदय में रहता है।
2. अपान वायु : इसका निवास गुदा में रहता है।
3. समान वायु : इसका निवास नाभि प्रदेश में रहता है।
4. उदान वायु : इसका निवास कंठ के मध्य मार्ग में रहता है।
5. व्यान वायु : इसका निवास संपूर्ण शरीर में रहता है।

अब उपप्राण वायु के विषय में बताता हूं –

1. नाग वायु : डकार के समय निकलने वाली वायु को नाग वायु कहते हैं। इसका निवास उद्‌गार में माना गया है।

2. कूर्म वायु : इस वायु के निकलने के दौरान आंखों की पलकें खुलती व बंद होती हैं इसका निवास उन्मीलन अर्थात् आंखों की पलकों में माना गया है।

3. कृकल वायु : छींकते समय निकलने वाली वायु को कृकल वायु कहते हैं। इसका निवास क्षुतक्रद नासिका के नथुनों में माना गया है।

4. देवदत्त वायु : जम्हाई के साथ जो वायु शरीर के भीतर प्रवेश करती है उसे देवदत्त वायु माना गया है। इसका निवास वृजंभण में माना गया है।

5. धनंजय वायु : यह वायु इस प्रकार की है कि संपूर्ण शरीर में व्याप्त तो रहती है। यह जीवित अवस्था में भी और मृत अवस्था में भी शरीर को छोड़कर नहीं जाती। यह शरीर में सर्वव्याप्त है। यही वायु संजीवनी शक्ति से ओतप्रोत होती है और जीवनी शक्ति को संचालित करती है। यदि इस वायु की गति में विकृति हो जाए तो समस्त स्वास्थ्य जीर्ण–शीर्ण होने लगता है।

अध्याय 2

श्वास–प्रश्वास क्रियाओं की गतियों के गुप्त भेद

प्राणों को स्पंदित कर देने वाली एक लंबी उश्वास मनोहारी देवी ने अपने आनन्दकंद श्री भगवान को निहारते हुए उन्मादी गति से छोड़ी। मानों हिमालय की व्याप्त स्तब्धता गुंजारित होने के लिए लालायित हो उठी हो। हे प्राणेश्वरी, हे मेरी प्राण प्यारी, हे मधुरंगा रसारसनिपूर्णी, हे परिपूर्णा, हे काम परंगणा, तुम्हारी इस **ग्रीष्म मोहक इस श्वास** ने मानो मेरे हृदय पटल पर लाखों–लाखों धूने प्रज्ज्वलित कर दिए हों और मैं बैठा इस अग्नि में तप रहा हूं। कितनी कमनीय तेरी ये सांसें हैं ! मैं तो इनके स्पर्श मात्र से ही पागल हुआ जा रहा हूं। आदरणीय भगवान शिव ने सहज भाव से अपने विशाल वक्ष से श्री भगवती को इस प्रकार सटा लिया मानो गगन पृथ्वी का चुंबन लेने को आतुर हो और सहज भाव से मां प्रियदर्शनी ने अपने दोनों कोमल हस्त इस प्रकार खोलकर प्रभु को आलिंगनरत कर लिया जिस प्रकार मानों धवल हंस अपने दोनों सुंदर पंखों से किसी विशाल बादल को अपने अंक में लेकर उड़ रहा हो और प्रभु ने अपने स्नेहित आशीर्वाद से अपनी अर्धांगिनी को मानो आशीर्वाद स्वरूप समस्त ब्रह्माड़ों की निधि उनके प्रेम भाव में विह्वल होकर समर्पित कर दी हो। युगल का यह मंगल मिलन देखकर मूक हिमालय मुस्करा उठा। गगनचुंबिका गौरी शंकर बोलीं, हाय दईया मुझपर आसनारूढ़ मेरे प्रभु आनंद की वर्षा करते हुए संपूर्ण वातावरण को सगुंधित कर रहे हैं, मेरा बड़ा सौभाग्य है जो ऐसी दृश्यावली शताब्दियों के पश्चात् अवलोकित हो रही है और हिमालय का अक्ष तीव्र स्पंदन युक्त होकर प्रभु की आराधना करने लगा मानो पृथ्वी पर विशाल

भूकंप आने का वातावरण बन गया हो। इसी मुग्ध वातावरण में श्वास उश्वास उत्तर प्रत्युतर में चलती रही। स्तब्धता भंग होने का नाम नहीं ले रही थी। सांय–सांय करती हुई पवनवेग भी चुपचाप दबे पांव से हिम शिखा की चोटी से गुपचुप निहारती रही और यह क्रम आनंदपूर्वक इस प्रकार चलता रहा मानों काल की गति रूक गई हो, अनायास ही एक मधुर शब्द निकला हे नाथ, हे मेरे प्राण, मैं धन्य हो गई, मेरे प्रभु आपने मेरा पूरा जीवन धन्य कर दिया। मुस्कराकर प्रभु ने उत्तर दिया, हे महेश्वरी तूने ही तो इस तरह का वातावरण उत्पन्न किया था, तभी तो तू जगत प्रसूता है। मां ने हठात् प्रत्युत्तर दिया प्रभु मैं समझी नहीं। आनन्दकंद श्री प्रभु बोले हे मेरी भोली तेरी नासिका के श्वासों ने ही तो यह सब गुल गपाड़ा किया है। भोले भाव से आदरणीय माताजी ने जिज्ञासु हो कर अपने प्रियतम से पूछा वह कैसे ? मेरे नाथ। तब मुस्कराते हुए प्रभु कहने लगे हे निश्चला, इस रहस्य को भी मैं तेरे सम्मुख प्रकट करता हूं, ध्यानपूर्वक सुन। तब भगवती ने उदारचित्त होकर हाथ जोड़कर कहा हे प्रभु, यह तो मेरे ऊपर आपका परम उपकार होगा, कृपया इस ज्ञान से मुझे उपकृत करें।

तब दीनानाथ ने हर्षोल्लासित होते हुए कहा, हे मेरी चित्तांगिनी, हे मेरी आकर्षिणी कालिके, तेरे ही रूप–स्वरूप को संपूर्ण ब्रह्मांड में मैंने चरणों के हिसाब से विभक्त किया है। मेरे तेरे बीज मंत्र बड़े–बड़े ऋषि, बड़े–बड़े साधु, सद्गृहस्थी जन और मोक्ष की चाह रखने वाली आत्माएं इस ओर अपना ध्यान आकर्षित कर निरंतर चलते हुए अपने बीज मंत्र पर ध्यान देते हैं और उसकी लय पर स्वयं को मिटा देते हैं। कल्याणी ने आश्चर्यचकित होकर पूछा, हे मेरे हृदयेश मेरी समझ में यह बात नहीं आई। कृपा करके अपने इस बोध को संक्षिप्त में न कहकर आनन्दपूर्वक मुझे खुले रूप से समझाएं। तब मेघ आनन्दे भगवान शिव ने कहना प्रारम्भ किया, अरी मेरी पगली। बहुत सरल और सीधी–सी बात है नासिका के दोनों छिद्रों से श्वासों का आवागमन होता रहता है तब नासिका के सीधे भाग से वायु शरीर में प्रवेश करती है तो " **हंसः हंसः** " इस प्रकार का बीज उत्पन्न होता है और जब यही वायु नासिका से पुनः निकलती हैं तो " **सोहम** " और " **हमसों** " इस प्रकार का बीज मंत्र बनता है। इसका तात्पर्य यह है कि हंस भाव परम श्रेष्ठ गति को प्रदान करने वाला परम ज्ञान को देने वाला होता है। जीते तो सभी हैं लेकिन ध्यानस्थ कोई–कोई तेरे मेरे चाहने वाला ही होता है। इस अवस्था पर साधक धीरे–धीरे जब अपनी संपूर्ण ताल और लय को मिलाकर एकाधिकार प्राप्त कर लेता है तब वह परमज्ञानी, दूरदर्शी एवं त्रिकालदर्शी तक हो जाता है। यही बीज मंत्र उसके मोक्ष का कारण बनता है और सदा निरोगी रहते हुए वासनाओं से मुक्त रहता है।

हे मेरी लाडली, इससे राम, इसी से शिव, इसी से ताल, इसी से हठ, प्राण तथा अपान की एक रूपता को साबित कर ब्रह्मीभूत होता है। इसको यदि हम सीधी भाषा में लें तो " **हकार** " को सूर्य और " **सकार** " को चन्द्रमा माना जाता है। हकार निर्गम का कार्य अर्थात् बाहर निकलने का कार्य करता है और सकार प्रवेश करने अर्थात् आगम का कार्य करता है। इसी क्रिया को " **हंसः** " शब्द से अभिहित किया जाता है। इसी प्रकार " **हकार** " से श्वास बाहर निकलती है और " **सकार** " से पुनः वह शरीर के भीतर प्रविष्ठ कर जाती है। इसके निरन्तर आवागमन होने से जाने–अनजाने भी यह प्राणी राम–राम–राम–राम जपता रहता है। हे मेरी भोली मैं तेरा भोला हंकार रूप में मैं शिव ही हूं जो कि निर्गमन करता रहता हूं अर्थात् बाहर निकलता रहता हूं और साकार स्वरूप में तू स्वयं मेरी शक्ति शिवा है। जो कि साकार रूप में तू शरीर के भीतर प्रवेश करते हुए शरीर को शक्ति देकर संचालित करती है। हे मेरी वामाचारिणी तू ही मेरी वामा नाड़ी है जो कि चंद्रमा की शक्ति से आच्छादित है और मैं दक्षिणामूर्ति दक्षिण नाड़ी के स्वरूप सूर्य की शम्भू रूप से शरीर में स्थित शक्ति की रक्षा करते हुए उसको सुरक्षित करता हूं, तो हे शिवा तेरी नाड़ी को चंद्र नाड़ी और मेरी नाड़ी को सूर्य नाड़ी भी कहा जाता है। यहां एक रहस्यमय बात तूझे और बता दूं जो बुद्धिमान व्यक्ति श्वास वायु के भीतर प्रवेश करते समय जिस ओर चल रही हो उसी हाथ से यदि दान पुण्य करें तो उससे करोड़ों गुणा फल मिलता है। इस प्रकार सबको अपनी चंद्र–सूर्य स्वर की स्थिति को बोध करते हुए ही कार्य करने में सफलता प्राप्त होती है। और हे उमा, मैं महेश इस बात को कहने में कतई संकोच नहीं करता कि यदि शरीर के भीतर ये वायु अपना संचालित मार्ग न प्रशस्त करे तो यह शरीर अपनी समस्त प्रकृति को छोड़कर मृत हो जाता है। इस वायु के आवागमन को श्वास अथवा निःश्वास तथा शरीर से बाहर निकलने को प्रश्वास कहते हैं। यह प्रतिक्रिया जीव में जन्म से लेकर मृत्युपर्यन्त तक चलती रहती है। यह आवागमन श्वास–प्रश्वास का नासिका के दोनों छिद्रों द्वारा संपन्न होती है। लेकिन हे पारो, तुझे एक सूक्ष्म सी रहस्यमयी बात बताऊं कि श्वास–प्रश्वास का आवागमन समान रूप से दोनों नासा छिद्रों से एक साथ कदापि नहीं होता। वह कभी बायें छिद्र से और कभी दायें छिद्र से आता–जाता रहता है। जब यह बायें छिद्र से चलता है तब इसे **इड़ा** अर्थात् चंद्रस्वर चलना कहते हैं और जब यह दायें नासिका छिद्र से चलता है तब इसे **पिंगला** अर्थात् सूर्य स्वर कहते हैं और कभी–कभी जब यह दोनों नासिका छिद्रों से एक साथ आवागमन करता सा प्रतीत होता है, तो वह ऐसी स्थिति होती है, कि एक नासा छिद्र से हटकर दूसरे नासा छिद्र में प्रवेश करने का समय होता है। जब इस प्रकार दोनों नासिका छिद्रों से इस वायु का आवागमन

इड़ा नाड़ी

पिंगला नाड़ी

सुष्मना नाड़ी

रहता है तब इस विचित्र स्थिति को **शम्भू स्वर** या **सुष्मना** के नाम से संबोधित किया जाता है। यदि यह पता करना हो कि किस समय हमारी कौन सी नासिका के छिद्र से निरंतर श्वास प्रवाह हो रहा है तब इसे जानने के लिए अपनी एक ओर के नासा छिद्र को उंगुली से दबाकर दूसरे नासा छिद्र से श्वास को बाहर निकालने का प्रयत्न करते हुए हाथ के पृष्ठ भाग पर अनुभव करने से इसका बोध हो जाता है कि जिस नासा छिद्र से हम वायु को बाहर निकाल रहे हैं वह सरलतापूर्वक बाहर आ रही है अथवा नहीं। यदि वह सरलतापूर्वक बाहर नहीं आ रही है तो हमारी इस नासिका से श्वास का प्रवाह नहीं हो रहा, इसके विपरीत जो नासिका हमने अपनी उंगली द्वारा बंद की हैं उस नासिका से उंगली हटाकर हल्का सा जोर लगाकर अपने हाथ के पृष्ठ भाग पर उसको स्पर्श करते हुए महसूस करें कि उस नासिका छिद्र से सरलतापूर्वक श्वास अपनी गति से प्रवाहित हो रहा है अथवा नहीं। इसी प्रकार यदि बायें नासिका छिद्र से श्वास प्रवाह हो रहा हो तो उसे पिंगला नाड़ी अथवा सूर्य स्वर का प्रवाह कहा जाएगा और दोनों नासा छिद्रों से श्वास प्रवाह हो रहा हो तो वही सुष्मना नाड़ी का श्वास प्रवाह कहलाता है। यह नियम सुनिश्चित काल के लिए सूर्योदय के समय से ढाई–ढाई घड़ी अर्थात् 1–1 घंटे के अंतराल से एक–एक नासिका छिद्र से श्वास–प्रश्वास का आवागमन होता है। सूर्योदय के संमय जिस नासिका छिद्र से श्वास प्रवाह हो रहा होगा ठीक उसके 1 घटे के पश्चात् वही श्वास प्रवाह उसके विपरीत नासा छिद्र से होने लगेगा। इस प्रकार यह क्रम बार–बार क्रमवार ही चलता रहेगा। 24 घंटे में 12 घंटे की रात व 12 घंटे का दिन होता है। तो इस प्रकार सूर्योदय के समय से और रात्रि के अंतिम प्रहर तक नासिका का यह श्वास प्रवाह 12 बार पुनरावृत्ति करता है। दोनों नासिका के छिद्रों से कुछ प्रति पल के लिए ही सुष्मना प्रतिपादित होती है। और भगवान शिव ने कहना प्रारम्भ किया हे वज्ररेखा, मैं

तुम्हें अब कालचक्र के अनुसार कृष्णपक्ष एवं उनकी तिथियों में जो–जो घटनाक्रम घटता है और श्वासन–प्रश्वासन क्रियाएं अपना गतिभेद किसी प्रकार स्वयं ही स्थापित करती हुई चलती हैं इस रहस्य को मैं तेरे सम्मुख प्रकट करता हूं। हे चन्द्रशेखरी, शुक्ल पक्ष की प्रतिपदा अर्थात् पड़वा से 3–3 दिन की बारी से तेरे ही स्वरूप में ये चन्द्र नाड़ी चलती रहती हैं। इस प्रकार बायीं नासिका छिद्र से यह श्वास प्रवाह प्रारम्भ होता है और कृष्ण पक्ष की प्रतिपदा तिथि में 3–3 दिन की बारी से यह भाष्कर नाड़ी चलती रहती है। इस प्रकार दायें नासा छिद्र से श्वास प्रवाह प्रारम्भ होता है। इस नियमावली अनुसार शुक्ल पक्ष की पड़वा, द्वितीय एवं तृतीया, 3 दिन चन्द्र नाड़ी चलती है फिर सप्तमी, अष्टमी और नवमीं को चन्द्र नाड़ी चलती है फिर त्रयोदशी, चर्तुदशी एवं पूर्णमासी इन तिथियों में चन्द्र नाड़ी चलती है। इसी प्रकार प्रातःकाल सूर्योदय समय सर्वप्रथम बायें नासा छिद्र से श्वास प्रवाह प्रारम्भ हो जाता है, तदोपरांत वह एक–एक घंटे के अंतर से दायें–बायें, बायें–दायें नासा छिद्रों में परिवर्तित होता रहता है। ठीक इसी भांति शुक्ल पक्ष की चतुर्थी, पंचमी, षष्ठी तथा दशमी, एकादशी, द्वादशी इन छः तिथियों में प्रातःकाल सर्वप्रथम नासा छिद्रों से सूर्य स्वर का चलना प्रारम्भ होता है तत्पश्चात् वह एक–एक घंटे के अपने क्रम व अंतर से बायें–दायें, दायें–बायें, नासा छिद्रों में परिवर्तित होता रहता है। कृष्ण पक्ष की प्रतिपदा, द्वितीया, तृतीया, सप्तमी, अष्टमी, नवमी एवं त्रयोदशी, चतुर्दशी और अमावस्या इन 9 तिथियों में प्रातःकाल सूर्योदय के समय सर्वप्रथम दाएं नासा छिद्र से सूर्य स्वर का चलना प्रारम्भ होता है वह क्रमशः एक–एक घंटे के क्रम से बायें–दायें, दायें–बायें नासा छिद्रों में चलता रहता है। इसी प्रकार कृष्ण पक्ष की चतुर्थी, पंचमी, षष्ठी तथा दशमी, एकादशी, द्वादशी इन छः तिथियों में प्रातःकाल सूर्योदय के समय सर्वप्रथम बायें नासा छिद्र से इस स्वर का चलना प्रारम्भ हो जाता है। इसी क्रमवार एक–एक घंटे के अंतर से दायें–बायें, दायें–बायें नासा छिद्रों में परिवर्तित होता रहता है। हे सुरेखे, मैं तुझे स्पष्ट प्रकार से बताऊं, शुक्ल पक्ष की पड़वा से यह प्रारंभ होता है। सर्वप्रथम सीधी नासिका श्वास से स्वर प्रारंभ हो जाता है और एक घंटे पश्चात् नासिका स्वर से यह अपनी स्थिति बदल लेता है। इसी प्रकार कृष्ण पक्ष की प्रतिपदा से उल्टी नासिका के श्वास से उल्टे सूर्योदय के समय प्रारंभ होता है और एक घंटे के अंतर में पुनः सीधी नासिका छिद्र से प्रारंभ हो जाता है। जीवन काल में अनेकों प्रकार के कष्ट एवं विपत्तियों एवं अशुभ ग्रहों का प्रभाव जब होता है तो इन श्वासन प्रवाह नाड़ियों में विभिन्न प्रकार की त्रुटियां उत्पन्न हो जाती हैं और ये अपनी निश्चित स्थिति अथवा गति को पलटकर अपनी गति एवं समय को बदल देती हैं।

पूर्वजन्मों के शुभाशुभ कर्मों के आधार पर यह वर्तमान जीवन श्वास–प्रश्वासों की संख्या निर्धारित करके जीव इस संसार में पदार्पण करता है। इसी कारणवश प्रत्येक प्राणी के लिए इस काल ने इस संसार में उसके रहने का समय निश्चित किया हुआ है। इसका तात्पर्य यह है कि इस लौकिक जगत में प्रत्येक जीव की आयु एक निश्चित धागे में पिरोई हुई माला के समान है, जितना–जितना प्राणी इस माला को जपता जाता है अर्थात् इसका भोग करता जाता है, उतना ही वह अपनी मृत्यु के समीप पहुंचने का मार्ग प्रशस्त करता है। इसीलिए दिन, मास और वर्षों में मृत्यु की तिथि निश्चित हो जाती है। यह निर्धारित रूपरेखा अपने समय के विपरीत कुचेष्टाओं से शीघ्र अति शीघ्र भी रुग्न अवस्था को ये जीव प्राप्त करते हुए काल का ग्रास बनता है अर्थात् जितनी अधिक सांसों को क्षय करेगा उतनी ही जल्दी कंगाल हो जाएगा अर्थात् मृत्यु को प्राप्त हो जाएगा। अतः तू जो मुझे बारबार समाधि भंग करने हेतु चेष्टाएं करती है और सतत् प्रयासों में और प्रयत्नों द्वारा तू एक न एक दिन इसमें सफल भी हो जाती है, तो हे तारणी, मेरे ध्यान का, मेरे योग का वस्तुतः यही एक गुप्त रहस्य है। वैसे तो मैं और तू काल के भी महाकाल हैं और हमारी इस काल की गति सुनिश्चित नहीं है फिर भी ये काल मुझे विकराल का दास बनाये रहे और किंकर की भांति मेरे चिन्तन से चलता रहे। इसलिए हे महाकाली! मैं समाधिस्थ होकर अपने इन श्वासों पर अपनी दृढ़ इच्छाशक्ति का अंकुश लगा देता हूं और अपने चिंतन द्वारा इस संपूर्ण ब्रह्मांड को संचालित करता हूं। अतः ये प्राणी मुझे महामृत्युंजय के नाम से भी संबोधित करके मेरी आराधना करते हैं। इसी चिन्तन द्वारा मैं, महाअजय इन प्राणियों को संहार के मुख में धकेलकर ब्रह्मा जी का सृष्टि रचने का क्रम संतुलित भी करता रहता हूं, यदि ये संतुलन बिगड़ जाए तो ये धरा अपने आप में इतनी असहाय और कृपण हो जाएगी कि मेरे बिना ही चिंतन के सबको ज्वालामुखी के रूप में अथवा भूकम्प के रूप में काल ग्रसित कर देगी। अतः मैं मानव बलि देकर इस वसुंधरा की शताब्दियों पुरानी क्षुधा को शांत नही करना चाहता। **मैं तो जल द्वारा, वायु द्वारा, आकाश द्वारा और अग्नि द्वारा इसको क्षणः क्षणः तृप्त करता रहता हूं** जिससे ये भी अपनी रचनाओं में निरंतर लगी रहती है। ये अपने सौंदर्य को हर समय, हर पल श्रृंगारित करके प्रसन्न होती रहती है। जहां हम और तू निवास करते हैं, उन हिम खंडों को देख कितनी सुंदर और सुसज्जित रूप से इसको अपनी वेणी में सजाए हुए धवल पुष्पों की भांति मानों सुगंधित वातावरण उत्पन्न कर दिया हो अथवा संकोच वश हे प्राणेश्वरी, ऐसा लगता है मानों वसुंधरा ने अपने स्तनों को हिम खंडों की चोली पहनाकर अपना सौंदर्य और भी

लावण्यमय कर लिया हो और लज्जा से मुस्करा रही हो। इसके ये झरने तो देख जो कल कल करके बह रहे हैं मानो प्रकृति ने अपने हाथों अनंत शब्दों का भंडार रचा हो और ये उन शब्दों के द्वारा किसी अज्ञात गति की रचना करते हुए कोई नया वाद्य बजाते हुए नृत्य कर रहे हों, इनकी नृत्य वेलाओं में अनेक वन–औषधियां, अनेक मेरी भांति लम्बी–लम्बी जटाएं धारण करने वाले वृक्ष और अनेकों प्रकार के तृणमूल आदि भी, ऐसा लगता है मानों इनकी लय में लय मिलाकर एकताल से नृत्य कर रहे हों। सांय–सांय की ये आवाजें अपना प्रतिनाद करती हुई इन पेड़ों के झुरमुठों से स्पर्श कर अपना ऐसा नृत्य प्रदर्शित करती हैं मानो कोई अति कामातुर कामिनी अपने पैरों में पायल बांध कर नाच रही हो। हे गौरी, बड़वानल के तो कहने क्या अपनी लल्लजिह्वा इस प्रकार फैलाए हुए घूमती रहती है मानों अपने दग्ध नेत्रों द्वारा जंगल अपनी क्षुधा के कारण जला–जलाकर भस्मीभूत कर देती है। इस वसुंधरा के वक्ष पर नीले रंग का यह अम्बर बिना किसी स्तंभ के इस प्रकार खड़ा हुआ है मानो तेरे इस वसुंधरा स्वरूप ने बिल्कुल कोरी नीले रंग की सितारों से जड़ी हुई चुनरिया पहन रखी हो और इस पर चांद और सूरज नाम के इस प्रकार गोटे के चमकते फूल लगे हों। हे कलामयी, हे कलाप्रवीणनी, यह सब गतिमान निंरतर–निरंतर न रहे तो इस ब्रह्मांड की दुर्गति हो जाए और जीव और जीवन का कोई मूल्यांकन न रहे। भयातुर भगवती ने अपनी दृष्टि से इस प्रकार भोले भंडारी को निहारा मानों उनके नेत्र बहुत कुछ आशंकाओं की गुत्थियों को सुलझाना चाहते हों और पीड़ा हरनी मां पीड़ित होकर बोली हे प्राणेश्वर, ऐसा अनर्थ आप न कर जाना मुझे तो आपके तांडव से अत्यधिक ही भय लगता है। करोड़ों–करोड़ों काल आपके ये चरण पृथ्वी पर रखते ही संपूर्ण रूप से निष्प्राण हो जाते हैं। हे मेरे प्रियतम, कृपया आप इस बोध को उजागर करें कि इन श्वासों की गति से मानव स्वास्थ्य लाभ भी करें और उसकी दीर्घायु भी हो और सदैव स्वास्थ्य लाभ करें। इस प्रकार का ज्ञान मुझे देकर कृतार्थ करें।

पाठकों की सरलता हेतु श्वास-प्रश्वास के तिथि अनुसार नियम इस प्रकार हैं–

शुक्ल पक्ष	नियम	कृष्ण पक्ष	नियम
प्रतिपदा	सूर्योदय से सर्वप्रथम चंद्रस्वर चलेगा	प्रतिपदा	सूर्योदय से सर्वप्रथम सूर्यस्वर चलेगा
द्वितीया	सूर्योदय से सर्वप्रथम सूर्यस्वर चलेगा	द्वितीया	सूर्योदय से सर्वप्रथम चंद्रस्वर चलेगा
तृतीया	सूर्योदय से सर्वप्रथम चंद्रस्वर चलेगा	तृतीया	सूर्योदय से सर्वप्रथम सूर्यस्वर चलेगा
चतुर्थी	सूर्योदय से सर्वप्रथम सूर्यस्वर चलेगा	चतुर्थी	सूर्योदय से सर्वप्रथम चंद्रस्वर चलेगा
पंचमी	सूर्योदय से सर्वप्रथम चंद्रस्वर चलेगा	पंचमी	सूर्योदय से सर्वप्रथम सूर्यस्वर चलेगा
षष्ठी	सूर्योदय से सर्वप्रथम सूर्यस्वर चलेगा	षष्ठी	सूर्योदय से सर्वप्रथम चंद्रस्वर चलेगा
सप्तमी	सूर्योदय से सर्वप्रथम चंद्रस्वर चलेगा	सप्तमी	सूर्योदय से सर्वप्रथम सूर्यस्वर चलेगा
अष्टमी	सूर्योदय से सर्वप्रथम सूर्यस्वर चलेगा	अष्टमी	सूर्योदय से सर्वप्रथम चंद्रस्वर चलेगा
नवमी	सूर्योदय से सर्वप्रथम चंद्रस्वर चलेगा	नवमी	सूर्योदय से सर्वप्रथम सूर्यस्वर चलेगा
दशमी	सूर्योदय से सर्वप्रथम सूर्यस्वर चलेगा	दशमी	सूर्योदय से सर्वप्रथम चंद्रस्वर चलेगा
एकादशी	सूर्योदय से सर्वप्रथम चंद्रस्वर चलेगा	एकादशी	सूर्योदय से सर्वप्रथम सूर्यस्वर चलेगा
द्वादशी	सूर्योदय से सर्वप्रथम सूर्यस्वर चलेगा	द्वादशी	सूर्योदय से सर्वप्रथम चंद्रस्वर चलेगा
त्रयोदशी	सूर्योदय से सर्वप्रथम चंद्रस्वर चलेगा	त्रयोदशी	सूर्योदय से सर्वप्रथम सूर्यस्वर चलेगा
चतुर्दशी	सूर्योदय से सर्वप्रथम सूर्यस्वर चलेगा	चतुर्दशी	सूर्योदय से सर्वप्रथम चंद्रस्वर चलेगा
पूर्णमासी	सूर्योदय से सर्वप्रथम चंद्रस्वर चलेगा	अमावस्या	सूर्योदय से सर्वप्रथम सूर्यस्वर चलेगा

नोट : *उपरोक्त स्वर अपने प्रारंभ से क्रमशः एक–एक घंटे के क्रम से परिवर्तित होते रहते हैं।*

तदुपरांत आदरणीय भगवान शिव ने कहना प्रारंभ किया, बारम्बार मैं तुझे प्राणेश्वरी कहता हूं, हे पगली प्राणों की गति इन्हीं श्वसन क्रियाओं से प्रारंभ होकर इन्हीं श्वासों की क्रियाओं पर समाप्त हो जाती है। इस प्राण वायु का इतना महत्वपूर्ण स्थान है जितना कि तेरे लिए मैं और मेरे लिए तू, जब तू मेरे हृदय में आत्मरूपी तत्त्व बनकर समाती है तब मैं परमात्मा हो जाता हूं, हे गोरांगिनी, हे यामिनी, हे प्रफुल्लता दीर्घकालीन समाधियां लगाकर श्वास–प्रश्वास की क्रिया को मैं स्थगित करता रहता हूं और प्राणवायु ब्रह्मांड में स्थित रहते हुए भी शरीर को जीवित बनाए रखनें की क्रियाएं करता रहता हूं। यही कारण है कि लोग मुझे और तुझे पुरातन के शब्द से भी संबोधित करते हैं। अनेकों प्राचीन मिलकर पुरातन हो जाते हैं। जितनी जल्दी मैं समाधि लगाता हूं मेरी और तेरी शारीरिक आयु में उतने ही लंबे समय की अभिवृद्धि हो जाती है। दीर्घायु प्राप्त करने का मेरे पास यही सरल उपाय है। हे उल्लासिनी, मैं तुझे पृथ्वी के मानवों के लिए इस काल की गणना का श्वास–प्रश्वास ग्रहण करने और त्याग करने का रहस्य समझाता हूं इसलिए ध्यानपूर्वक सुन मनुष्य प्रति एक मिनट में 13 से 15 बार श्वास–प्रश्वास ग्रहण करता है इस क्रम से वह एक दिन व एक रात में अर्थात् पूरे 24 घंटों में लगभग–लगभग 21600 बार श्वास लेता और छोड़ता है। यह संख्या जितनी कम होगी आयु में उतनी अधिक वृद्धि होनी प्रारंभ हो जाएगी। हे उमा, विभिन्न प्राणियों में ये श्वासों की गति ब्रह्माजी ने बड़े ही विचित्र ढंग से स्थापित की है। जलचर, आकाशचर, थलचर यह सभी प्राणी अपनी अलग–अलग योनियों में कालचक्र के अनुसार नियति के इस नियम को नही लांघ पाते जो उपहार स्वरूप इन्हें प्रकृति से धरोहर में मिली हैं। समान गति से यह श्वास शरीर से बाहर निकलते समय 12 अंगुल का हो जाता है तथा अन्दर आते समय यह प्राणवायु 10 अंगुल होता है। तात्पर्य यह है कि जब हम अपने श्वास को नासिका छिद्र से बाहर निकालते हैं तो वह मानव की अपनी उंगुलियों के अनुसार 12 अंगुल की दूरी तक जाता है और जब हम श्वास को शरीर के भीतर खींचते हैं तब वह 10 अंगुल की दूरी तक से शरीर में प्रवेश करता है। यह प्रकृति का समान नियम केवल मात्र मानव प्राणियों के लिए है। इस प्रकार श्वसन क्रियाओं को स्थिर करके इनके आने जाने पर स्तंभन करके इसमें अधिकता लाई जा सकती है। इससे मनुष्य दीर्घायु हो सकता है अर्थात् श्वास की गति को धीरे–धीरे करके कम कर दिया जाए और उस श्वास वायु को शरीर में ठहरने की समयावधि को बढ़ा दिया जाए इसके फलस्वरूप अधिक समय में कम श्वास लेने की आवश्यकता पड़ेगी। जिसके कारण जीवन की अवधि का चक्र शनैः शनैः बढ़ता ही जाएगा। मनुष्य के विभिन्न क्रियाकलापों के द्वारा श्वास की गति का प्रमाण घटता और बढ़ता रहता है। हे उमा इसके मैं कुछ उदाहरण प्रस्तुत करता हूं–

1. हे उमा, जब मानव आत्मातिरेक होकर आनन्द के स्वरों में डूबता है तो स्वतः ही उसके मुखारविंद से गायन की शब्द लहरी उत्पन्न होने लगती है और उसका मन मयूर की तरह नाचने लगता है, तब वह आनंदपूर्वक गाने लगता है। उस समय उसे किसी तरह का संकोच अथवा भय या चिंता नहीं होती वह तो केवल मात्र अपनी मानसिक संतुष्टि करते हुए अपने ह्रदय के उद्‌गारों को अपने ही ढंग से प्रस्तुत करता रहता है और सब की समझ में यह आता है कि वह गायन कर रहा है, उस समय **गाना गाते समय श्वास की गति का प्रमाण 16 अंगुल होता है।**

2. जब उसे क्षुधा सताने लगती है और उदर पीड़ा से वह व्याकुल होने लगता है तब उसकी इच्छा स्वतः ही भोजन प्राप्त करने की होती है या किसी ऐसी वस्तु, जिसे देखकर उसका मन लालायित हो गया है और प्रसन्नतापूर्वक उसकी आत्मा उसे ग्रहण करने के लिए तत्पर है तो वह उसे प्राप्त कर खाना प्रारंभ कर देता है, तो हे महेश्वरी इस क्रिया में उसके श्वास की गति का प्रमाण 20 अंगुल हो जाता है।

3. हे प्रिया, तेरा ये मानव बचपन से ही अति चंचल और उद्यमी है इसीलिए इसका मन जब भटकता है अथवा अपने दैनिक कार्य में लग जाता है तो ये चलने फिरने लगता है, तो **चलते समय श्वांस की क्रिया 24 अंगुल तक होती है। अगर ये दौड़ लगाना शुरू कर दे तो ये 26 अंगुल से लेकर 31 अंगुल तक हो जाती है।** इसलिए अच्छे धावक दौड़ते समय नासिका से श्वास नहीं लेते। वह श्वास–प्रश्वास पर गति और लय के अनुसार अंकुश लगाकर रखते हैं और आनंदपूर्वक तीव्र श्रेणी के धावक बन जाते हैं।

4. इसी प्रकार हे आनन्दिनी, जब यह मानव अपने दैनिक क्रिया कलापों से थक जाता है, उस समय वह विश्राम की इच्छा रखता है और निद्रादेवी की गोद में जाकर उनका वात्सल्य ग्रहण करने के लिए लालायित रहता है। **इस प्रकार सोते समय उसके श्वास की गति 30 अंगुल हो जाती है।**

5. हे कामेश्वरी, ये तेरा प्राणी अपने आप में आनंदों की चलती फिरती एक परिपूर्ण कृति है। मेरा शत्रु कामदेव जब उस पर अपने मधुर बाणों का प्रहार करता है तब यह मैथुन क्रिया करने के लिए लालायित हो जाता है। **उस समय इस पगले के श्वांसों की गति का प्रमाण 36 अंगुल हो जाता है** जिससे वह अपने शरीर को और अपने स्वास्थ्य को इतनी भयंकर हानि की ओर ले जाता है कि उसकी पूर्ति मैं भी नहीं कर पाता।

6. हे कोमलांगिनी, जब यह दृढ़ संकल्प करके अपने शरीर के रख–रखाव को ध्यानाकर्षण का केंद्र बनाता है, तब यह तेरा प्राणी अति कठोर परिश्रम करने लगता है। व्यायाम द्वारा और अनेकों कठोर परिश्रमों द्वारा ये अपने शरीर को और सुंदर बनाने की चेष्टाओं–कुचेष्टाओं में रत हो जाता है। **उस समय उसकी नासिका के छिद्रों से जो श्वसन–प्रश्वसन क्रियाएं होती हैं,** वह 40 अंगुल तक होती हैं। यदि उसे उस समय कोई योग्य गुरु प्राप्त हो जाए तो वह उसकी श्वसन क्रियाओं को नियंत्रित करके उसको मृत्यु से बचा लेता है। यह स्वाभाविक गति स्वाभाविक रूप से जितनी अधिक घट सकती है उतना अधिक शनैः-शनैः करके घटाने से आयु शनैः-शनैः बढनी प्रारम्भ हो जाती है। निश्चल शान्त उमा ने पूछा हे मेरे भूतेन्द्र, इस प्रकार श्वास रोकने, उसकी गति घटाने से भला क्या लाभ। मानव जितना जियेगा, क्या उसे उतना ही कष्टों का सामना नहीं करना पड़ेगा। तो मुस्कराते हुए भूतेन्द्र ने अपनी कामेश्वरी को उत्तर दिया हे मेरी प्राण प्रिया, मैं इस घटनाक्रम को तुझे समझा रहा हूं ध्यानपूर्वक समझ।

1. मानव यदि चाहे तो इस श्वास की गति को घटाकर नाना प्रकार के लाभों को प्राप्त कर सकता है। यदि मानव अपनी प्राणवायु को स्वाभाविक रूप से 11 अंगुल तक स्थिर कर ले तो उसके प्राण स्थिर हो जाते हैं।
2. हे महा आनन्दा ये तेरा मानव शनैः शनैः इसकी गति को एक अंगुल और घटा दे तो अर्थात् 10 अंगुल तक ले जाए तो उससे इसे महाआनन्दों की प्राप्ति होने लगती है।
3. हे उमा, इसी गति को घटाकर यह मानव श्वांस की गति को 9 अंगुल तक ले आए तो उसे प्रकृति की ओर से कवित्व शक्ति प्राप्त हो जाती है।
4. और यदि तेरे इस भोले मानव को वाक् सिद्धि प्राप्त करनी हो तो इसे चाहिए कि यह 8 अंगुल तक अपनी श्वास की गति को स्थिर कर ले।
5. और यदि यह दूर दृष्टा और त्रिकालदर्शी बनना चाहता है तो अपने प्रयासों से अपने श्वासों की गति को घटा घटाकर 7 अंगुल तक ले आए।
6. हे मेरी हंसिनी, अपनी दृढ़ इच्छाशक्ति के अनुसार यदि यह मानव 6 अंगुल तक श्वास प्राप्त कर लेता है तो वह आकाशमार्ग से बिना किसी अवरोध के आ जा सकता है।
7. 5 अंगुल तक श्वास की गति को स्थिर करने पर वह प्रचंड वेगवान हो जाता है और वायु की गति से तीव्र दौड़ने लगता है।

8. हे उमा, यदि इसे समस्त प्रकार की सिद्धियां प्राप्त करनी हों तो ये अपने आवेगी प्रचंड को 5 अंगुल से घटाकर 4 अंगुल तक ले आए तो इसे समस्त प्रकार की सिद्धियां प्राप्त हो जाती हैं।

9. हे राज राजेश्वरी, संसार के सभी प्रकार के ज्ञान–विज्ञानों में इसे पारंगत होना हो और नए–नए आविष्कार करने हों तो ये अपने श्वासों की गति को घटाकर 3 अंगुल तक ले आए तब इस प्रकार की शक्ति प्राप्त हो सकती है।

10. मैंने इस संसार में अनेक प्राणियों को मुझे और तुझे कोसते हुए सुना है, कोई कहता है, मैं चिड़िया होता तो जंगल–जंगल चहचहाता फिरता, कोई कहता है, मैं शेर होता तो सबको डरा देता। इस प्रकार ये मानव अपनी भ्रांतियां बनाकर अपनी ही कल्पना की सामर्थ्य स्वयं में कर सकता है।

11. हे उमा, अनेकों पागल वैज्ञानिक खोज कर करके मर गए व पागल हो गए कि वह अदृश्य क्यों नहीं होते और उन्होनें सिर खपाई करके अपना पूरा जीवन प्रकृति की इसी रहस्यपूर्ण खोज में लगा दिया। यदि उन पगलों को यह पता होता कि 1 अंगुल तक श्वास को स्थिर होने पर अदृश्य होने की शक्ति स्वतः ही प्राप्त हो जाती है तो वह इसी का उपयोग करते व अपना परिपूर्ण जीवन काल व्यर्थ की खोजों में नष्ट न करते और उंगुलियों के पोरवे के बराबर श्वास लेने पर यह मृत्यु पर विजय प्राप्त कर सकता है और अजर अमर हो सकता है।

हे उमा, हे मृदगंगा, हे मृदुला, तुझे मैंने मृत्यु पर विजय प्राप्त करने तक का अचूक साधन बताया। अब मैं तेरा ध्यान इस ओर आकृष्ट करना चाहता हूं कि यह साधना मानव जीवन में किस प्रकार फलित हो सकती है और साधक किस प्रकार अपने वांछित फल प्राप्त करने हेतु साधना करें कि वह अपनी इच्छानुसार अपने विषय में पारंगत हो जाए। वास्तविकता यह है कि स्वरों की यह गति 55 अंगुल से लेकर 60 अंगुल तक भी होती है, ये बड़ी घातक और अतिमारक सिद्ध होती है। मस्तिष्कीय संरचनाएं जिस समय गतिशील होने लगती हैं और सरसाम पीड़ाएं इस मस्तक को अपने चंगुल में जकड़ लेती हैं तब यह गति 3 घंटें में ही मानव के प्राणांत करने हेतु पर्याप्त होती है। फिर प्राणवायु–प्राणवायु न रहकर प्राण घातक वायु रह जाती है। हे प्रिया, मानव के हित के लिए मैं यह क्रियाएं–प्रतिक्रियाएं आज तेरे सम्मुख उजागर कर रहा हूं। तू इन्हें ध्यानपूर्वक सुन।

जिस समय 36 से 40 अंगुल तक श्वास–प्रश्वास नासिका छिद्रों से प्रवाहित हो रहा हो तो इन पर अंकुश लगाने के लिए मानव साधक को चाहिए कि वह अपना मुंह

बंद रखे और धीरे–धीरे श्वासों को रोकना प्रारंभ करे। पल–विपल करते हुए श्वासों पर अंकुश लगाए। यदि यह भी उसके वश में न हो तो दोनों हाथों के अंगूठे को नासा छिद्रों पर रख लें और अपनी अनामिका, मध्यमा एवं तर्जनी तीनों मिलाकर आनंदपूर्वक आंखों की पलकों पर रख ले और कनिष्ठा को खुला छोड़ दे। इसी अवस्था में वह बैठा रहे। मन ही मन अपने इष्ट देवता का ध्यान करे और शनैः– शनैः इन अंगूठों को नासिका से हटाता रहे, थोड़ा सा श्वास लेता रहे और बाहर उश्वास छोड़ता रहे। इसके लिए संपूर्ण रूप से हठ योग प्राण घातक सिद्ध हो सकता है अथवा भयंकर पागलपन की स्थिति आ सकती है। इस प्रकार की क्रिया में हठ योग परिपूर्ण रूप से वर्जित है। जैसे गोद के बच्चे को उसके माता पिता धीरे–धीरे खेलना कूदना सिखाते हैं और अर्थहीन शब्दों का प्रयोग करते हैं, कभी उससे आकाश की ओर निहारने का आग्रह करते हैं तो कभी कहीं और तब गोद का बालक टकटकी लगाकर निहारता रहता है, इसी प्रकार इसी कोमल भाव से साधक के लिए यह मार्ग अति उत्तम दिशा प्रदान करता है। हे गिरिजा, इड़ा और पिंगला का यह खेल पांडु और पीत रोग की उदरस्थ जठराग्नि को पीड़ित कर सकता है। अतः इसकी विधि और सुचारु उपाय इस प्रकार हैं कि इस क्रिया को करने वाला इच्छुक साधक सर्वप्रथम अपने दैनिक कार्यों से निर्वृत हो ले, जहां तक संभव हो सायंकालीन अथवा रात्रिकालीन भोजन अल्पाहार के रूप में ही ग्रहण करें। गरिष्ठ भोजन एवं पेट भरकर भोजन करना उसकी इन क्रियाओं प्रतिक्रियाओं के लिए संपूर्ण रूप से लक्ष्य की प्राप्ति करने में बाधक सिद्ध होगा। यह क्रिया रात्रि के द्वितीय प्रहर से तृतीय प्रहर के मध्य में ही करनी उचित होती है। इसके नियम काफी कठोर अथवा उलझे हुए नहीं हैं साधक को केवल मात्र दृढ़ संकल्प होकर आलस्य का त्याग करना पड़ता है। वह दग्धचित्त होकर प्रसन्नचित्त रहकर इस साधना में प्रवृत्त हो जाता है तो शनैः–शनैः उसे उसका लक्ष्य प्राप्त होने लगता है। इस साधना को करने से पहले साधक को घबराहट, किसी भी प्रकार की बेचैनी, किसी भी प्रकार की अस्थिरता, क्लेश, चिंता और किसी भी प्रकार का आकर्षण अथवा मोह आदि नहीं होना चाहिए। मानसिक परिवर्तन आंतरिक व बाह्य रूप से सभी प्रकार के बंधनों से मुक्त रहे तो अति उत्तम है। हे कमलनेत्रा, मैं तुझे इसका सहज योग बतला रहा हूं। जितना साधक सहज योग से अपने को संयोजित करेगा, उतना ही शीघ्रातिशीघ्र उसके भाव आंतरिक मन को अत्यधिक आनंद प्रदान करेंगे। इसमें यम, नियम, प्राणायाम, प्रत्याहार, धारणा और समाधि योग की यह छः क्रियाएं नहीं होती। केवल मात्र आसन व ध्यान योग की यही दो क्रियाएं पर्याप्त हैं। ईश्वर आराधना में केवल मात्र यही दो क्रियाएं पर्याप्त रहती हैं और इसमें किसी भी प्रकार

के मैथुनों का भी कोई औचित्य नहीं है। जिसमें स्मरण, रसपूर्ण बातें करना अथवा सुनना, हंसी–मजाक रागदर्शन, एकांत में वार्तालाप, स्त्री से रति निवेदन, संभौगिक क्रियाओं के लिए उद्धृत होना अथवा प्रयत्न करना, पर स्त्री के साथ प्रत्यक्ष मैथुन करना. संभव हो सके तो त्याग दे वर्ना इसकी भी कोई आवश्यकता नहीं है। केवल मात्र साधक के लिए ध्यान, समानासन ही पर्याप्त है। इस आसन में साधक बायें पैर का पंजा अंडकोषों के नीचे रखे। यह ध्यान रखे कि टखना भूमि को स्पर्श करता हो, फिर बायें पैर के ऊपर दायें पैर का टखना रख दिया जाए। इसमें दोनों पैरों की एड़ियां समान रूप से ज्ञानेन्द्रिय के ऊपर रखी जाती हैं और दोनों हाथ सीधे हों व नेत्र सामने हो तो अति उत्तम है। यदि दोनों हाथ साधक सीधे न रख सकता हो तो मेरी पहले बताई गई विधि अनुसार इसी आसन में बैठकर यह क्रियाएं दोहराता रहे। सर्वप्रथम इस साधना को करने हेतु उत्तर दिशा परम श्रेष्ठ है। साधक उत्तर की ओर ही मुख करके अथवा ईशान्य कोण की ओर मुख करके इस साधना को अपना प्रारूप देता जाए तो शीघ्रातिशीघ्र यह फलदायी हो सकती है। हे उमा, इस साधना को करने के विभिन्न नियम हैं साधक को सहज भाव से अपनी इच्छानुसार जिस नियम का पालन करना हो उस नियम को वह हृदयंगम कर ले।

आश्चर्यचकित होकर स्नेहभाव से मां भगवती ने आदरणीय भगवान श्री शंकर जी से पूछा, प्रभु क्या कोई और भी नियम है? मन्द–मन्द मुस्कराते हुए श्री भगवान बोले, हे मेरी प्रिये, हां, जिन–नियमों का रहस्य मैं तुझे बता रहा हूं यह काफी सरल और सहज भाव के तो हैं परन्तु डर इस बात का लगता है कि साधना करते–करते साधक कहीं भ्रष्ट न हो जाए और पथ भ्रष्ट साधक अपनी मृत्यु को शीघ्र ही निमंत्रण न दे दे। अतः हे उमा बता तो मैं रहा हूं, इन मार्गों पर चलना अति ही कठिन कार्य है। इसमें केवल मात्र दृढ़ इच्छाशक्ति ही प्रधान है। प्रथम तो मैं पर्याप्त ही बता चुका हूं द्वितीय अब मैं प्रकृति के इस नियम को प्रकृति द्वारा किस प्रकार संचालित किया जाता है यह रहस्योद्‌घाटन कर रहा हूं। इस संसार में मानव की सबसे अधिक प्रिय वस्तु अपना श्रेष्ठ साथी, उसकी अर्द्धांगिनी ही है। वह सर्वप्रथम अपनी अर्द्धांगिनी को इस बात के लिए परिपूर्ण मस्तिष्कीय और शारीरिक रूप से तैयार करें कि वह उसका यथासंभव साथ दे। ऐसे साधक अपना आहार, व्यवहार, संपूर्ण रूप से किसी पर प्रकट न करे। शयन करते समय साधक अपनी स्त्री को अपने समीप परिपूर्ण नग्न अवस्था में लिटा ले और श्वासों की गति को धीमा–धीमा करके धैर्यपूर्वक उसे संभोग के लिए तैयार करे। उत्तेजना अपने मन, अपने शरीर और अपने गुप्तांगों में परिपूर्ण रूप में संचारित न होने दे। जब उसका जीवन साथी संपूर्ण

तरंगों से तरंगित हो जाए और कामवासना से अत्यधिक पीड़ित होने लगे तो उससे संभोग प्रारंभ कर दे। संभोग करते समय अपने नासिका के दोनों छिद्र अपनी दृढ़ इच्छाशक्ति से बंद करे। जब तक सांस न घुटने लगे तब तक इड़ा और पिंगला का संचालन न करे। और जब इसे संचालित करे तो इतने धीरे–धीरे, इस प्रकार संचालित करे जिस प्रकार अश्वारोहन के समय कोई अश्वारोही अपने अश्व को अति धीमी गति से सर्कस में प्रदर्शन हेतु चला रहा हो। संपूर्ण शरीर भयानक रूप से अपने क्रियाकलापों में लगा रहे और कामेन्द्रियां एवं नासिका के दोनों छिद्र एक ही तालमेल से चलें। उस समय धीरे–धीरे सांस लेना और उससे भी धीमी गति से प्रश्वास छोड़ना अति उत्तम प्रकार की क्रिया का संचालन करना है। यह ध्यान रखें कि स्त्री की योनि में वीर्य स्खलित न हो और न ही योनि के बाहर। उससे स्त्री को अत्यधिक कष्ट और असंतुष्टि तो होगी ही साथ ही उसका स्वभाव भी चिड़चिड़ा होने का भय रहता है। उसे संभौगिक क्रियाओं से इस प्रकार संतुष्ट कर दे कि उसकी शारीरिक चिंता और भूख दोनों ही शांत हो जाए। इस क्रिया में जहां तक संभव हो स्त्री को पहले स्खलित करें और उसके भी दो चार मिनट बाद तक उसका मर्दन करता रहे और श्वासों की क्रियाओं पर परिपूर्ण अपना अंकुश रखे। यह क्रिया दूसरे प्रकार से भी की जा सकती है। उसे अपने गोद में बिठा लें और शनैः शनैः चुंबन करना शुरू कर उसका मर्दन करता रहे और इस ओर पूर्ण ध्यान रखे कि उसने इस मंगलमिलन की बेला में कितनी बार और कितनी सांस ली है, उसी प्रकार धीरे–धीरे वह अपनी श्वासों की गति को रोकना प्रारंभ करे।

तीसरी क्रिया इस प्रकार है कि वह उसे नग्न अवस्था में अपने बिस्तर पर लिटाए, उसे सहलाए, चुंबन आदि करे और उसके पूर्ण अंगों को पीड़ित करता रहे और किलौल करते–करते इस बात का ध्यान रखे कि अपने श्वासों की गति को नियंत्रित रखते हुए सारी क्रिया कलापों को करे। अगर वह इसमें श्वासों की गति को अवरोधित नहीं करेगा तो उसकी साधना सफल नहीं होगी। यदि साधक के पास उसके इष्ट देवता का बीज मंत्र हो तो इन सभी क्रियाओं को करते हुए वह अपने इष्ट देवता व बीज मंत्र पर ध्यान लगा दे और अंतर्मुखी होकर अपने बीज मंत्र का जाप करता रहे। इस प्रकार धीरे–धीरे वह अपनी श्वसन क्रियाओं पर संपूर्ण रूप से अंकुश रखते हुए अपने इस मार्ग को प्रशस्त करता रहे और अपने पूर्ण उन्नति के मार्ग को प्रशस्त करे। यह क्रियाएं किसी अन्य स्त्री के साथ भी समयानुसार संभव हो सकती हैं। सबसे ज्यादा श्वासों की क्षय रूग्नावस्था में अथवा संभोग करते समय होती है। यदि साधक इसी अवस्था से अपने आपको अंकुशित करना प्रारंभ कर दे तो वह अपने इस साधना के मार्ग में साल, दो साल, तीन साल में

सफलता का मार्ग उन्नत कर लेता है। यह क्रिया आनंद के लिए नहीं अपितु साधना के लिए उपयुक्त है। यदि साधक से यह संभव न हो तो मैं हे हिमांशिनी, तुम्हें दूसरे स्वरूप से भी इसे प्रस्तुत करके बताता हूं।

साधक एक कोई प्लेट अथवा पात्र अथवा समतल पत्थर का टुकड़ा या उल्टी हथेली पर थोड़ा सा सेलखड़ी का चूना अथवा पिसा हुआ किसी भी प्रकार का आटा अथवा सूखी हुई मिट्टी रखकर अपने नाभिमंडल की ओर उसे स्थिर कर ले और अपनी नासिका से जो प्राकृतिक रूप से श्वास आ रहा है उस प्लेट को अथवा हाथ को अथवा वस्तु को नासिका की श्वास के पास ले जाने का प्रयास करे। प्राकृतिक श्वास–प्रश्वास जिस स्थान पर उसे उड़ाना या गिराना प्रारंभ कर दे, उसी स्थान को अपना केंद्र–बिंदु माने। अंगूठे से लेकर कनिष्ठा के अंतिम पोर तक नासिका से लेकर जहां तक वह श्वास आ रहा था वहां तक उसे मापे। उसके पश्चात् इन बालिश्तों को जमीन पर निशान लगा कर अपनी अंगुलियों से नाप ले इस प्रकार यह ज्ञात करे कि एक–एक घंटे के पश्चात् स्थिति परिस्थिति अनुसार और विचारों के अनुसार नासिका का श्वास कितना अंगुल चल रहा है तो शनैः शनैः 2 या 3 अंगुल श्वास को उसके स्थिर बिंदु से प्रयास द्वारा कम करने की चेष्टा करनी चाहिए। जब वह स्थिति आने लगे तो पुनः प्रयास द्वारा जिस प्रकार की मानसिक कल्पना है अथवा जो धारणा है उसकी प्राप्ति हेतु उतने ही अंगुल श्वांस को रोक–रोककर चलाने का प्रयत्न करते हुए प्रयास करना चाहिए। एक न एक दिन अपनी वांछित इन श्वास–प्रश्वासों पर साधक का अपना आधिपत्य हो जाता है। और वह जो चाहता है अथवा जो उसकी इच्छा होती है वह उसे प्राप्त होने लगता है।

अध्याय 3

स्वरोदय तंत्र और नाड़ी चक्र में पंचतत्त्वों की भूमिका

धरती सिल है अम्बर बटना, पीस रही महामाया इन दोनों के बीच में, पिसती पंचतत्त्व की काया। नशे के लहर में शिव ने गाना प्रारंभ कर दिया। अपने ऊपर ये कटाक्ष करते हुए जब मां जगदम्बा ने सुना तो शर्म के मारे जाने लगीं और रूठे हुए स्वरों में बोलीं जाओ, मैं नहीं सुनती अब तुम्हारी बातें। मुस्कराते हुए भोले भंडारी ने उमा को कसकर अपनी भुजा में पकड़ लिया और कटाक्ष के स्वर में बोले, अरी मेरी लाडो, अरी मेरी पारो, तू तो चिढ़ गई है बावली। तू तो जीवनदायनी है, जीवन लेती कब है। ब्रह्मांड के भीतर तू प्रकृति स्वरूपा व शक्ति स्वरूपा है। जब तू ही पंचभूत के कारणों का निराकरण बनती है और तेरी ऊर्जा और शक्ति इन पंचभूतों से जब पलायन कर जाती है, प्रकृति का हर कण, जीव मृतप्रायः हो जाता है, तो बता मैंने क्या मिथ्या कहा। लजाकर लाजोरानी अपनी तर्जनी से हिम खंडो को कुरेदने लगीं। मां का यह स्पर्श पाकर मानो हिमखंड भी निहाल हो गए हों। सांय–सांय करती हुई मुक्त वातावरण में वायु ने अपना प्रवाह इतना मधुर कर लिया कि मानो वह अपनी प्रशंसा सुनकर झूम रही हो और भगवान भोले शंकर स्नेह भाव से रूठी उर्मिला को मनाने के लिए आग्रह करते रहे। कृत्रिम रूठ–रूठइया छोड़ कर मां जगदम्बा ने भगवान से नम्र निवेदन किया, हे मेरे प्रभु, हां सुनाइए और समझाइए कि आपके कथन का क्या तात्पर्य था। तो भोले नाथ बोले, हे मनोहारी अब मैं तुझे पंचतत्त्वों के विषय में संपूर्ण रूप से वर्णन कर रहा हूं, इन श्वास उश्वासों का पंचतत्त्व से क्या संबंध होता है। अतएव ध्यान पूर्वक सुन।

हे प्रिया, ढाई–ढाई घड़ी के अनुसार एक–एक नासा छिद्र से श्वास–प्रश्वास का जब आवागमन प्रारंभ होता है, तो सर्वप्रथम वायुतत्त्व तदुपरांत अग्नि तत्त्व पुनः पृथ्वी तत्त्व फिर जल तत्त्व और उसके पश्चात् आकाश तत्त्व का उदय होता है। इस प्रकार यह क्रम प्रातः और रात्रि की सात घड़ियों में एक संपूर्ण चक्र स्थापित करता है। इस क्रम को मनुष्य यदि समझ ले तो मनुष्य का यह शरीर दीर्घजीवी होकर स्वास्थ्य लाभ कर सकता है और संसार के प्रत्येक सुख अपनी इच्छानुसार आनंदपूर्वक प्राप्त कर सकता है।

हे आनंदिनी, पृथ्वी तत्त्व का उदय स्थान मूलाधार चक्र में है। यह शरीर में लिंग एवं योनि से संबंधित है। गुदा के समीप सुष्मना का आरंभ होता है। यह चक्र भूलोक का प्रतिनिधित्व करता है। पृथ्वी तत्त्व का ध्यान इसी चक्र से किया जाता है। पृथ्वी तत्त्व का रंग पीला, आकृति चतुष्कोण, इसका गुण गन्ध है। इसकी ज्ञानेन्द्रियां नासिका तथा कर्मेन्द्रियां गुदा है। इसी कारण हे मेरी कामेश्वरी, यह तेरा मानव जब अत्यधिक संभोगरत होता है और संभोग की इच्छा करते हुए अति कामुक होकर बार–बार इस संभौगिक क्रिया को दोहराता रहता है और अपनी इस दैहिक आंनद की परंपरा को इसके आर्कषण के कारण छोड़ नहीं पाता तो इसके प्रतिफल स्वरूप इस मानव को पांडुरोग, कामला रोग, मानसिक विकार हो जाते हैं। मेरे कहने का तात्पर्य यह है कि जब शरीर में यह विकार उत्पन्न होते हैं, उस समय मानसिक भय, मानसिक विकार, इसी तत्त्व की प्रधानता से होते हैं क्योंकि पृथ्वी तत्त्व के मूलाधार चक्र में ध्यान स्थिर करने से इसके विकार दूर हो जाते हैं। तो व्यक्ति को चाहिए कि वह अधिक संभोग आदि से दूर रहे और उसे स्वास्थ्य लाभ करना हो तो रात्रि के तीसरे प्रहर में शांत वातावरण में, मानव अपना ध्यान केन्द्रित करने के लिए अपने पवित्र आसन पर अपने दोनों पांव पीछे की ओर मोड़कर बैठ जाए। दोनों हाथों को उल्टा करके उन्हें जांघों पर इस प्रकार रखे कि उंगलियों की नोंके पेट की ओर रहे। फिर नासिका के

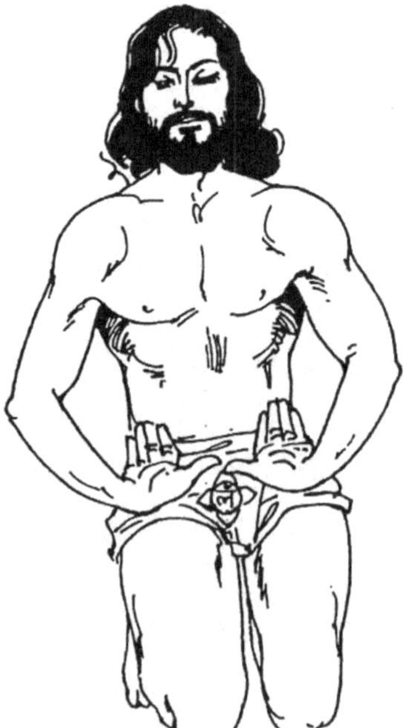

अग्रभाग पर अपना ध्यान केन्द्रित करते हुए वर्गाकार पीले रंग की पृथ्वी का ध्यान करते हुए लं बीज का जाप करे। इस प्रकार क्रिया करते रहने से नासिका सुगंधों से भर जाएगी तथा शरीर स्वर्ण कांति से दैदीप्यमान हो जाएगा। इसका तात्पर्य यह है कि जब मानव इस आसन में बैठकर यह क्रिया करेगा तो उसे अपने मूलाधार चक्र स्थान में लं, लं, लं, लं, लं शब्द की ध्वनि का बोध होगा। इस प्रकार के ध्यान करने एवं इस प्रकार के आसन पर समाधिस्थ होने से गठिया, बाय, जोड़ों के दर्द, उदर संबंधी विकार, वायु द्वारा पीड़ा एवं रक्त संचालन का संपूर्ण रूप से गतिमान होना, सुचारु रूप से

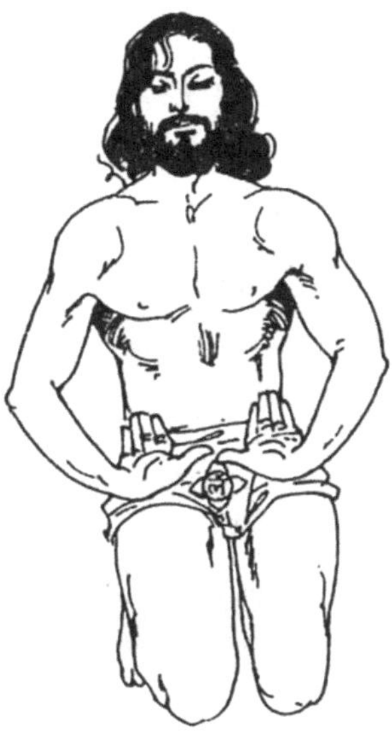

इन असाध्य रोगों में उसकी चिकित्सा एवं निदान का कार्य करता है। अतः हे उमा, पांचों तत्त्वों में सर्वप्रथम पृथ्वी तत्त्व को इसलिए ही लिया गया है और यहीं से यह सारी क्रियाएं सुचारु रूप से क्रियान्वित होती हैं और अपान वायु के लिए यह आसन अति उत्तम है।

इस प्रकार प्रभु ने आगे कहना प्रारंभ किया, हे मेरी प्रियंगिनी, मैं तुझे अब जल तत्त्व के विषय में बताता हूं। शरीरस्थ स्वाधिष्ठान चक्र जो कि पेडू अर्थात् लिंग, जनेन्द्रिय के मूल में रहता है, यह चक्र मनुष्य के शरीर में भुवः लोक का प्रतिनिधित्व करता है तथा उसी में जल तत्त्व का निवास होता है। इसका रंग श्वेत अर्थात् सफेद व आकृति अर्ध चन्द्र के समान होती है। इसके तत्त्व का गुण रस है, कटु, तिख्त, अम्ल, कषाय सभी रसों का आस्वाद इसी तत्त्व के कारण होता है। जिव्हा तथा कर्मेन्द्रियां अर्थात् लिंग, अत्यधिक मोह, अत्यधिक भोजन इस विकार का परिणाम है। पृथ्वी तत्त्व के अनुसार ही अपने आसन पर प्राणी उत्तर की ओर मुख करके बैठे और

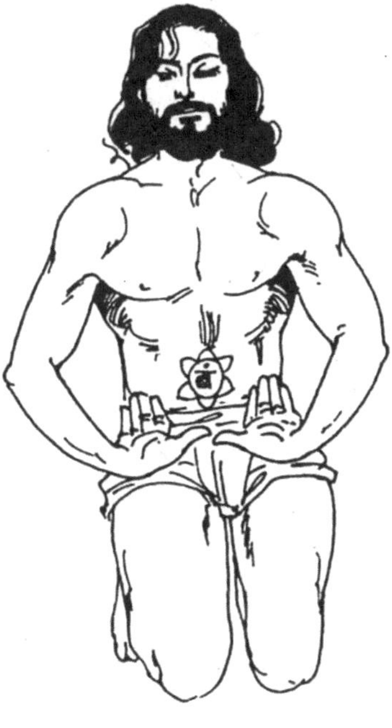

अर्धचन्द्राकार चन्द्रमा की कल्पना करते हुए जल तत्त्व का ध्यान करे और **बं** बीज का जाप करना प्रारंभ करे। इस प्रकार ध्यान करने से भूख प्यास मिटकर सहनशक्ति में वृद्धि होती है और शरीर में जल सुचारु रूप से अपनी मात्रा को सही दिशानुसार गतिमान करता रहता है।

उल्टियों का आना, हैजे का होना, रक्त की अल्पता और हाथ पैरों का सूख जाना, और कामला रोग का होना, आंखों की रोशनी का समाप्त होना, और संतानोत्पत्ति में बाधाक यही तत्त्व होता है और यहां तक कि जितने भी यौन संबंधी, लिंग संबंधी विकार होते हैं इसी जल तत्त्व के अव्यवस्थित होने के कारण होते हैं। अतएव इन सभी से बचना और स्वास्थ्य लाभ करना आवश्यक है। हे उमा, अब मैं तुझे मणिपूरक चक्र के तेज के विषय में बताता हूं, इसमें अग्नि तत्त्व परिपूर्ण मात्रा में होता है। यह स्थान नाभि में स्थित है और स्वः लोक का प्रतिनिधित्व करता है। इसका रंग लाल, गुण रूप से होता है, इसकी आकृति त्रिकोण होती है। ज्ञानेन्द्रियां आंख और कर्मेन्द्रि पांव हैं। शरीर में सूजन आना, भयंकर पीड़ा होना, भयंकर क्रोध आना, विचलित और बेचैन होना, इसी तत्त्व के मूल कारण हैं। इस तत्त्व की सिद्धि करने से पेट के विकार, अपचन आदि दूर हो जाते हैं और कुण्डलिनी जागरण सरलतापूर्वक हो सकता है। इसका भी आसन पृथ्वी व जल तत्त्व की भांति है और बीज **रं** है। त्रिकोण तथा अग्नि के समान लाल प्रभा वाले इस अग्नि चक्र का ध्यान करने पर यह सिद्ध होने पर मानव अत्यधिक अन्नग्रहण करने लगता है और उसे अपनी सुपाचन क्रिया द्वारा पचाकर अपार शक्ति अर्जित कर लेता है। अत्यधिक धूप व अग्नि को भी सहन करने की शक्ति मानव में आ जाती है।

हे देवी, वायु तत्त्व में भी इसी प्रकार आसन लगाकर साधक ध्यान करे। शरीर के भीतर हृदय प्रदेश में अनाहत चक्र की स्थापना रहती है। यह तत्त्व महःलोक का प्रतिनिधित्व करता है। इस वायु तत्त्व का रंग हरा है। इसकी आकृति भाटकोण है एवं गोल, दोनों प्रकार की कल्पना अनुसार मान्यता दी गई है। इसकी ज्ञानेन्द्रियां त्वचा एवं

कर्मेन्द्रियां हाथ होते हैं। गठिया बाय, दमा, श्वास विकार, हड्डियों के जोड़ों में दर्द होना, इसी वायुतत्त्व के विकार से उत्पन्न होते हैं। जब भी सांस का फूलना प्रारंभ हो जाए और याद करने पर भी कोई वस्तु याद न आए और सूक्ष्म अथवा सरल बात भी बुद्धि ग्रहण न करे और विचार एवं कल्पना में उदासीनता ही समायी रहे, सभी वस्तुओं से अरुचि उत्पन्न हो जाए, और मानव स्वयं में अपने से यह पूछने लगे, मैं क्या हूं ? कौन हूं ? इस संसार में क्यों आया हूं ? इस संसार में क्या करने आया हूं ? ऐसी मोहभंग स्थितियां इसी तत्त्व के विकार से उत्पन्न होती हैं। यही तत्त्व मानव को सिद्धि श्रेणी तक ले जाने में परिपूर्ण सहायक होता है और यही तत्त्व समाप्त हो जाए तो मानव समाज कहता है कि फूंक निकल गई अर्थात् प्राणी मर गया। सभी तत्त्वों की भांति यह तत्त्व स्वयं में विलक्षण विशेषता रखता है। इसी कारण ध्यान योग केन्द्रित होता है और आकर्षण, सम्मोहन में भी यह अत्यंत सहायक होता है। इसका बीज मंत्र **यं** है। साधक यं बीज मंत्र का जाप करते हुए गोलाकार तथा हरी प्रभा वाले वायु तत्त्व का ध्यान करें। इस चक्र के सिद्ध होने से साधक आकाशगामी एवं पक्षियों की भांति गगन में उड़ता हुआ भी चल सकता है। इसे गगन मंडल में विचरण करने की क्षमता प्राप्त हो जाती है।

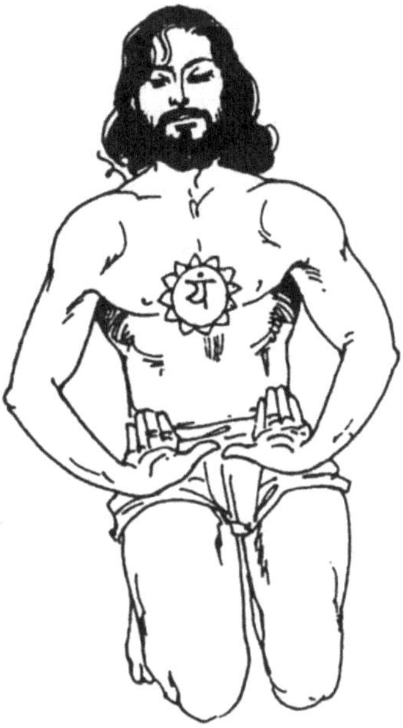

हे महामाया, हे महादेवी अब मैं तुझे जन लोक के विषय में, जिसका निवास स्थान कंठ है, बताता हूं। इसको विशुद्धाख्य चक्र कहते हैं। इस तत्त्व का रंग नीला होता है। इसकी आकृति अंडे के समान लम्बगोल होती है। इस तत्त्व को ही निराकार अथवा निरंकार का रूप दिया गया है। इसकी अपनी कोई आकृति तो होती नही इसका गुण केवल मात्र शब्द ही है। इसकी ज्ञानेन्द्रियां कान तथा कर्मेन्द्रियां वाणी है। हे उमा, तेरे इस प्राणी ने अनेकों–अनेकों पाखंड और अनेकों–अनेकों दुविधापूर्ण दुःसाहस करके प्रपंच रचे हैं। इन प्रपंचों में तेरे मेरे नाम को निरंकार कहकर बदनाम भी किया है। यह लोग न तो निरंकार का अर्थ समझते है, न निराकार का, इसी शब्दावली के आधार पर पृथ्वी

के यह लोग अनेकों पाखंड रच–रचकर इन सभी पांचों तत्त्वों से स्वयं को दूर किए जा रहे हैं। केवल मात्र बोलना और सुनना ही यदि निराकार और निरंकार है तो तेरे मेरे वास्तविक स्वरूप की पहचान यह मानव नहीं कर पाएगा। वह भटकता रहेगा। इस तत्त्व का कारण है कि यह मानव को पागल तक कर दे, विभ्रमित कर दे, विक्षिप्त कर दे और विक्षिप्त अवस्था में अज्ञानतावश अनेकों उद्दंडताएं, अनेकों दुस्साहस पूर्ण कार्य एवं इसके बिगड़ जाने पर हाथ पैरों में फालिज तक पड़ जाती है। इसका बीज मंत्र **हं** है। इसका निरंतर जाप करते हुए विचित्र रंग वाले आकाश का ध्यान करने से तीनों कालों का ज्ञान और ऐश्वर्य और आठ प्रकार की सिद्धियां प्राप्त होती हैं, जिन्हे अविभादित सिद्धियां कहते हैं। 6, 7 और 8 माह तक नियमित इसका ध्यान करने से शनैः–शनैः यह पहचान में आने लगती हैं। इस प्रकार साधक अपने तत्त्व ज्ञान द्वारा अपने तत्त्वों को आनंदपूर्वक पहचान सकता है। इस प्रकार भी न पहचान सके तो उसके लिए अपने नासा छिद्र के मध्य में अपनी चलती हुई श्वास को महसूस करें तो उस समय वह उसका जलतत्त्व चल रहा होता है। श्वास यदि नीचे की ओर चल रहा हो तो उस समय उसका पृथ्वी तत्त्व चल रहा है। यदि ऊपर की ओर श्वास चल रहा हो तो अग्नितत्त्व चल रहा होता है। तिरछा चल रहा हो तथा एक ओर हो तो वायुतत्त्व चलता है एवं यदि श्वास घूम–घूम कर जल में भंवर की भांति चल रहा तो यह श्वसन क्रिया में आकाश तत्त्व चल रहा होता है। इस प्रकार इन श्वासों की गति को समझना चाहिए। हे उमा इनकी लंबाई, चौड़ाई, इनका स्पंदन, रूप, प्रकृति, आकृति तू ध्यान पूर्वक सुन। तुझे अत्यधिक आनन्द प्राप्त होना प्रारंभ हो जाएगा। मैं इस व्यवहारिक ज्ञान को तुझे बता रहा हूं।

जब भी यह देखना हो कि हमारा स्वर कौन से तत्त्व में चल रहा है और उसकी आकृति किस प्रकार की है तो उसके लिए प्रयोगार्थ एक सुंदर या बेदागी दर्पण में, उस दर्पण में जिस श्वसन–प्रश्वसन प्रतिक्रिया का संचालन हो रहा हो, उसी नासिका छिद्र

से उस दर्पण पर अपना प्रश्वास छोड़ दे। दर्पण पर जिस प्रकार की आकृति बने उसी प्रकार का तत्त्व समझ लेना चाहिए। यदि दर्पण पर श्वास छोड़ने के पश्चात् चतुष्कोणाकार आकृति बने तो पृथ्वी तत्त्व का बोध समझें और यदि दर्पण पर अर्धचंद्राकार स्वरूप आकृति बने तो जल तत्त्व का बोध समझें। इसी प्रकार यदि त्रिकोणाकार आकृति बने तो अग्नि तत्त्व का द्योतक समझें। अण्डाकार आकृति को वायु तत्त्व का प्रतिनिधि समझें। गुब्बारे से,

अथवा बुलबुले से अथवा बिंदु–बिंदु सी आकृति श्वास छोड़ने के पश्चात् दिखलाई पड़े तो यह आकाश तत्त्व का प्रतीक होता है। हे उमा, पीले रंग का आभास हो तो पृथ्वी तत्त्व, श्वेत रंग का आभास हो तो जल तत्त्व, लाल रंग का आभास हो तो अग्नि तत्त्व, हरे रंग का आभास हो तो वायु तत्त्व एंव वायु तत्त्व में काले रंग का भी आभास और चित्र–विचित्र अर्थात् मिले–जुले रंगों का आभास हो तो आकाश तत्त्व होता है। यह आभास यदि प्रयोगात्मक विधि अनुसार करना हो तो इस प्रकार करना चाहिए।

अपने दोनों हाथों के दोनों अंगूठों से दोनों कानों के छिद्र बंद करें एवं दोनों अनामिकाओं से दोनों आंखों को बंद करे तत्पश्चात् दोनों मध्यमा अंगुलियों से दोनों नासा छिद्रों को बंद करे एवं दोनों तर्जनी अंगुलियों तथा कनिष्ठा अंगुलियों के माध्यम से मुख को बंद करें, इस प्रकार क्रिया करने से रंगों का आभास करना चाहिए। अब इनकी लंबाई नापने का मापदंड, जैसा कि मैं पहले ही बता चुका हूं, पुनः तेरी याद के लिए बता रहा हूं। कोई स्लेट, चौकोर लकड़ी का टुकड़ा आदि लेकर उस पर महीन कपट छान की हुई धूल, आटा, मैदा अथवा सेलखड़ी का चूना, रख कर धीरे–धीरे नासिका के समीप लाना प्रारंभ करे, जिस नासा छिद्र से जो भी श्वास चल रहा हो वह श्वास उसे हिलाना प्रारंभ कर देगी, जहां पर वह हिले, नासिका छिद्र से उसकी दूरी को माप लें, इस प्रकार

यदि वह दूरी 12 अंगुल आती है तो पृथ्वी तत्त्व होता है। 16 अंगुल आती है तो जल तत्त्व होता है। 4 अंगुल आती है तो अग्नि तत्त्व, 8 अंगुल हो तो वायु तत्त्व होता है। 20 अंगुल हो तो आकाश तत्त्व होता है और इसी प्रकार जिह्वा से यह स्वाद के द्वारा भी समझा जा सकता है। यदि मीठा–मीठा स्वाद मुंह में आ रहा हो तो पृथ्वी तत्त्व, करेले की भांति कसैला स्वाद आ रहा हो तो जल तत्त्व और नीम की निंबौली की भांति कड़वा स्वाद आ रहा हो तो अग्नि तत्त्व एवं दही की भांति खट्टा स्वाद आ रहा हो तो वायु तत्त्व तथा मिर्च की तरह तीखा स्वाद आ रहा हो तो आकाश तत्त्व ही समझना चाहिए।

हे रत्नाभरी, इनके चलने चलाने की भी समय अवधि है। प्रत्येक तत्त्व अपनी अवधि अनुसार ही परिवर्तित होते हुए दूसरे तत्त्वों को उदय होने का परिपूर्ण अवसर प्रदान करता है।

तत्त्वों के नाम	**तत्त्वों की उपस्थिति की अवधि**	
	पलों में	मिनटों में
1. पृथ्वी तत्त्व	50	20
2. जल तत्त्व	40	16
3. अग्नि तत्त्व	30	12
4. वायु तत्त्व	20	8
5. आकाश तत्त्व	10	4
इन सबका योग	**150 पल**	**60 मिनट**

निम्नांकित तालिका चक्र के माध्यम से तत्त्वों के स्थान, रूप, रंग, स्वाद, बीज, श्वास की गति एवं प्रमाण इत्यादि के विषय में सरलतापूर्वक ज्ञानार्जन किया जा सकता है।

पल, मिनट इत्यादि को समझने हेतु यह गणित समझें। आज के वर्तमान युग अनुसार यह इस प्रकार होगा –

6 श्वासोच्छ्वास	–	1 पल	–	24 सेकेंड
60 पल	–	1 घड़ी	–	24 मिनट
2½ घड़ी	–	1 घंटा	–	60 मिनट
60 घड़ी	–	1 दिन–रात	–	24 घंटे

अध्याय 4

स्वरोदय तंत्र की गुप्त क्रियाएं और सिद्धियां

भगवान भोले शंकर उन्मादी नेत्रों से शयन करते हुए जगदम्बा से निवेदन करने लगे, हे प्राणेश्वरी, कृपा करके आप मेरे लिए कमंडल भरकर हरीरज ले आओ। मैं हरीरज की तरंग में परिपूर्णरूप से आनंद सहित मग्न हो जाना चाहता हूं, तदुपरान्त आपको इसके उपरांत आगे के ज्ञान का वर्णन करूंगा। भगवती ने करबद्ध प्रणाम करते हुए प्रभु से निवेदन किया हे मेरे प्राणेश्वर, मैं अभी आपकी सुखद अभिलाषा पूर्ण करती हूं और ज्योत्सना प्रभु के पास से उठकर चली गईं। आनंदकंद भगवान शिव अपनी अलसायी–अलसायी पलकों से अपनी तुष्टि–पुष्टि के मार्ग को निहारने लगे। अभी कुछ पल बीते ही थे कि शशिनी चंद्रिका अपने कांतिमय ओजपूर्ण चरणताल की ताल देते हुए अपने प्राण प्यारे के सम्मुख पहुंच गईं और स्नेहित भाव से बोलीं जी, आपकी प्रिय मधुर रंजनी मैं कमंडल में भरकर ले आई हूं। हे मेरे प्राण प्यारे, आप इसका रसास्वादन कीजिए और कृपया यह बताइए कि यह आनंदिनी आपको विभोर कर रही है अथवा नहीं ? प्रभु ने दोनो हाथों से कमंडल थामा और अलख बम करते हुए अपने उदर में सारी की सारी हरीरज को उतार लिया और मंद–मंद मुस्कुराते हुए प्रभु ने कहना प्रारंभ किया। हे मेरी पूर्णा, यह तो परिपूर्ण, इस प्रकार है, जिस प्रकार भगवान विष्णु के चरणों का चरणामृत। हे प्रबोधिनी, हे शिववल्लभा, इस प्राणरोधिनी अमृता बूटी ने मेरे रोम–रोम को पुलकित करते हुए दघचित्तता प्रदान कर दी। अतएव हे मेरी प्राणवल्लभा, इसकी तरंगें तुझको आगे बताने के लिए मुझे बाध्य कर रही हैं। शिवा ने अपने नेत्रों से शिव की तरफ

इस प्रकार देखा मानो शिवा पूछ रही हों। हे मेरे प्रभु, आप कब बताएँगे ? शिवा के नेत्रों की ओर देखकर शिव कहने लगे हे शिवा, तुम मेरे समीप बैठो और ध्यानपूर्वक सुनो। मैं अब तुम्हें श्वास–प्रश्वास के विभिन्न तत्त्वों में जो–जो कर्म करने योग्य हैं और सिद्ध हो जाते हैं, उस रहस्य को प्रकट कर रहा हूं।

हे भवानी, स्थिर कर्म करने के लिए सदैव पृथ्वी तत्त्व की ही आवश्यकता होती है। चर कर्म करने के लिए जल तत्त्व का प्रयोग होता है। क्रूर कर्म करने के लिए अग्नि तत्त्व को प्रयोग में लाते हैं एवं मारण, उच्चाटन, विद्धेषण इत्यादि कर्म करने के लिए वायुतत्त्व प्रशस्त होता है। योगाभ्यास को सफल करने के लिए आकाश तत्त्व का प्रयोग किया जाए तो अत्युत्तम है। तन्त्र–मन्त्रवेत्ता अपने भाटकर्मों में जब असफल होते हैं तो इसका मुख्य कारण यह होता है कि वह सभी क्रियाओं को संपूर्ण रूप से करते हुए भी अपने इन तत्त्वों का ध्यान नहीं रखते और अहंकार व अज्ञानता के वशीभूत प्रयोगों पर प्रयोग किए चले जाते हैं और उन प्रयोगों के असफल होने पर मुझको व तुझको कोसने लगते हैं। इसलिए प्रकृति के नियमानुसार अपने तन्त्र–मन्त्रों में इनकी आवश्यकता अनिवार्य है। तंत्र तो केवल मात्र एक निर्जीव शरीर का आवरण ही है। यह तत्त्वों का खेल उसकी आत्मा है। जब तक निष्प्राण शरीर में प्राण नहीं पड़ेंगे तब तक शरीर सजीव होकर किस प्रकार कार्य करेगा।

हे भगवती, पृथ्वी तत्त्व तथा जल तत्त्व जब दोनों मिलकर चलते हों अथवा अलग–अलग चलते हों, ऐसी स्थिति में साधक यदि साधना करना प्रांरभ करे तो उसे सिद्धियां शीघ्र प्राप्त हो जाती हैं। इसीलिए ये मानव जब भी पूजा पाठ आदि के पश्चात् मिष्ठान का भोग लगाता है तो वह अपने पृथ्वी तत्त्व का उदय कर लेता है, जिससे उसके सभी मनोरथ पूरे होते हैं। अग्नि तत्त्व की उपस्थिति में किया गया कोई भी कार्य मृत्यु के समीप ले जाने वाला होता है व कष्ट देता है। वायु तत्त्व की उपस्थिति में क्षय, दमा एवं अनेकों प्रकार की स्वास्थ्य संबंधी बीमारियां होती हैं। आकाश तत्त्व की उपस्थिति में जो भी हो भाग्यश्री, जय, लाभ, कृषि, धन से संबंधित सभी कार्य, मंत्रों की सिद्धि, देश–परदेश, गमन, युद्ध, बीमार को जीवन प्रदायिनी औषधियां देना, पृथ्वी तत्त्व में ही शुभ माना जाता है, और शुभ होती हैं। जल तत्त्व में शत्रु का आगमन, वायुतत्त्व में अन्यत्र गमन, आकाश तत्त्व एवं अग्नि तत्त्व में हानि और मृत्यु होती है, और पृथ्वी तत्त्व में यही शुभत्व प्रदान करता है। पृथ्वी तत्त्व में मूल की चिन्ता, जल तत्त्व अथवा वायु तत्त्व में जीव की चिंता, अग्नि तत्त्व में धातु की चिंता करनी चाहिए और आकाश तत्त्व में किसी की भी चिन्ता नहीं करनी चाहिए। परदेश गया हुआ प्रेमी, पति अथना भाई, माता अथवा सहोदर,

अथवा कोई संबंधी जिससे हमारा मन मिलने को कर रहा हो, जल अथवा वायु तत्त्व में हम उसका चिंतन करेंगे तो वह शीघ्र अतिशीघ्र सप्ताह के अंत तक हमसे मिलने अवश्य आएगा। हम किसी के मन की बात जानना चाहें और वह बताकर न दे रहा हो अथवा ढीठपना कर रहा हो व सत्य को जानना अनिवार्य हो गया हो तब पृथ्वी तत्त्व में इस प्रयोग को करें तो शीघ्र लाभ होता है और सम्मुख बैठा प्राणी अपने हृदय के सभी रहस्यों को उजागर कर देता है। जासूसी कर्मों के लिए यह तत्त्व परिपूर्ण सिद्धिदायक है। जीवन में अग्नि तत्त्व और अकाश तत्त्व सदैव अशुभ एवं मृत्युकारक फल प्रदान करने वाले होते हैं। पूर्व से पश्चिम तक पृथ्वी तत्त्व, दक्षिण से अग्नि तत्त्व, उत्तर से वायु तत्त्व एवं मध्य कोण से आकाश तत्त्व की उपस्थिति मानी जाती है।

हे मनोहरी, हे मुग्धा, एक रहस्यमय बात मैं तुझे बताता हूं। चन्द्र स्वर में पृथ्वी तत्त्व व जल तत्त्व उदय हो जाए तो और सूर्य स्वर में अग्नि तत्त्व उदय हो जाए तो उस समय किए गए सभी कर्म अच्छे अथवा बुरे, सभी में अवश्य ही लाभ प्राप्त होता है। दिन में पृथ्वी तत्त्व एवं रात्रि में जल तत्त्व चलाने से अत्यधिक लाभ की प्राप्ति होती है। दिन में अग्नि तत्त्व चले तो बीमारियां, वायुतत्त्व चले तो क्षय एवं आकाश तत्त्व चले तो उल्टी, दस्त इत्यादि अधिक मात्रा में हो सकते हैं। इसी प्रकार हे गणेशसौख्यनी, इन तत्त्वों के अनेकों प्रकार के चरण भी होते हैं। पृथ्वी तत्त्व अनेकों चरणों वाला होता है। जल और वायुतत्त्व दो–दो चरणों वाले होते हैं। अग्नि तत्त्व में चार चरण होते हैं। आकाश तत्त्व चरणहीन होता है। हे मेरी प्रिय गौरा, हे भूत भामनी, इसी प्रकार इन सुंदर तत्त्वों में स्वर की स्थिति अपने आप समाहित होते हुए इस सुंदर प्रकृति की सुंदर संरचना कलात्मक रूप से करती हैं। जब सीधी नासिका छिद्र से स्वर चल रहा हो तो अग्नि तत्त्व में मंगल, पृथ्वी तत्त्व में सूर्य व जल तत्त्व में शनि एवं वायु तत्त्व में राहु की स्थिति होती है। जब वामा नासिका छिद्र से स्वर चल रहा हो तब जल तत्त्व में चंद्रमा व पृथ्वी तत्त्व में बुध, वायुतत्त्व तथा अग्नि तत्त्व में शुक्र की स्थिति अवस्थित होती हैं। इस प्रकार प्रकृति ने अपने ग्रहों को अति सुंदर प्रकार मानव शरीर में स्थापित कर समय अनुसार सभी का रसास्वादन और आनंद प्रदान किया है।

जब शम्भू स्वर में पृथ्वी तत्त्व का उदय हो रहा हो तब बुध स्वतः ही पृथ्वी तत्त्व में आ जाते हैं और जल तत्त्व में चंद्रमा व शुक्र अपने आप स्थापित हो जाते हैं। अग्नि तत्त्व में सूर्य और मंगल व वायु तत्त्व में राहु तथा शनि अपना डेरा डाले रखते हैं। आकाश तत्त्व में बृहस्पति अपना गुरुत्वाकर्षण बनाए रखते हैं। इस प्रकार हे मनोहरी, तेरी इस प्रकृति में मानव शरीर में दिनों का बोध भी बोधित होता है।

हे मेरी प्राणवल्लभा, मुझे तनिक सी गोविन्द सुरती का आनंद करा, तदुपरांत मैं तत्त्वों में नक्षत्रों का बोध कराऊंगा। भगवान के मधुर अट्टहास को भगवती समझ गईं और गोविन्द सुरती की एक चिलम भरकर भगवान के सम्मुख प्रस्तुत कर दी। अलख बम करते हुए प्रभु ने अपने धूम्रपान का आनंद लिया और कहने लगे। हे भाग्यश्री अब मैं परिपूर्ण रूप से स्वस्थ एवं आनंदचित्त हो रहा हूं। और महेश्वरी ने कटाक्ष करते हुए कहा, प्रभु आपने यह किस तत्त्व का भेदन किया है जो परिपूर्ण हिमालय धुआंधार बादलों से घिर गया, तो आनंदकंद श्री भोले भगवान बोले हे उमा मेरे इस गंजेड़ीपन से तेरे इस ज्ञान का कोई भी औचित्य नहीं है। हां, आकाशतत्त्व ज्ञान को ही देने वाला होता है। इसलिए ध्यान योग में मैं दत्तचित्त होकर तेरे को बताना प्रारंभ करता हूं। तू भी अब अपना पृथ्वीतत्त्व उदय कर ले जिससे स्थिरता के साथ सब कुछ तेरी तीव्र बुद्धि में संयुक्त हो जाए। भगवती ने बड़े ही मनोहारी ढंग से अपने प्राणनाथ से कहा। हे प्राणेश्वर, हे मेरे हृदयेश, ऐसा प्रतीत हो रहा है मानों आप पृथ्वी तत्त्व के विषय में कुछ और बताना चाहते हैं। इतना सुनना था कि त्रिकालदर्शी मृत्युंजय मुस्करा उठे और कहने लगे। हे मेरी प्राणवल्लभा, तुमने मेरे अंतर्मन की बात समझ ली है। अतएव अब मैं तुम्हें पृथ्वी तत्त्व में जो–जो नक्षत्र होते हैं उनका वर्णन करता हूं। पहला नक्षत्र पृथ्वी तत्त्व में धनिष्ठा होता है, दूसरा रोहिणी, तीसरा ज्येष्ठा, चौथा अनुराधा, पांचवां श्रावण, छठा अभिजित और सातवां उत्तराषाढ़ा। ये सभी नक्षत्र पृथ्वी तत्व के ही हैं। इसी प्रकार के नक्षत्र जल तत्त्व के भी होते हैं जिनमें पूर्वाषाढ़ा, आश्लेषा, मूल, आद्रा, रेवती, उत्तराभाद्रपद और शतभिषा इस प्रकार जल तत्त्व के ये सातों नक्षत्र हैं। हे मेरी पिप्सा, हे मेरी शांति, सात प्रकार के नक्षत्र ही अग्नि तत्त्व के भी होते हैं जिनमें भरिणी, कृत्तिका, पुष्या, मघा, पूर्वाभाद्रपद, स्वाति ये सात नक्षत्र अग्नि तत्त्व में विद्यमान होते हैं और इसी प्रकार सात नक्षत्र ही वायुतत्त्व के भी होते हैं जिनमें विशाखा, उत्तराफाल्गुनी, हस्त, चित्रा, पुनर्वसु, अश्वनी और मृगशिरा हैं। हे उमंगिनी, हे तरंगिनी, हे विद्युता इन तत्त्वों के गुण मानव शरीर पर अपने आप में विभिन्न स्थितियों में अपना आधिपत्य भी रखते हैं, जिसमें अस्थि, मांस, त्वचा, नाड़ी और रोग, ये पांचों गुण पृथ्वी के आधिपत्य में हैं। शुक्र, शोणित, मज्जा, मूत्र और लार ये पांचों गुण जल तत्त्व के आधिपत्य में हैं। इसी प्रकार पांच गुण अग्नि तत्त्व के इस पंचभूत शरीर में विद्यमान रहते हैं क्षुधा, त्रिशा, निद्रा, कांति और आलस्य। इसी प्रकार दौड़ना, चलना, गाठना, संकोचन और प्रसारण ये पांचों गुण वायु तत्त्व के आधिपत्य में हैं। आकाश तत्त्व भी स्वयं में कोई सानी नहीं रखता, यह कल्पना करवा–करवा कर दुःख एवं सुख का जंजाल उत्पन्न कर देता है। जिसके अंदर राग, देष, लज्जा, भय और मोह सम्मिलित

हैं। इसी प्रकार ये पांचों तत्त्व अपने बलाबल का भी अस्तित्व रखते हैं। पूर्व में पृथ्वी तत्त्व, पश्चिम में जल तत्त्व, दक्षिण में अग्नि तत्त्व, उत्तर में वायु तत्त्व बलवान होता है और ये अपने बल के अनुसार शरीर में अपनी मात्रा समय के अनुसार ही रख पाते हैं। मनुष्य शरीर में पृथ्वी तत्त्व 50 पल रहता है। जल तत्त्व 40 पल, अग्नि तत्त्व 30 पल, आकाश तत्त्व 10 पल तक ही रह पाता है।

इसी प्रकार भिन्न–भिन्न तत्त्वों में किए जाने वाले कर्मों की साधिका भी वायु ही हैं अतएव स्थिर कर्मों के लिए पीले रंग की, धीमी ओर मध्य से चलने वाली वायु जिसकी ध्वनि ठोड़ी तक विद्यमान रहती है, जो कि 12 अंगुल प्रमाण वाली पृथ्वी तत्त्व की परिचायक है। इस प्रकार की वायु स्थिर कर्मों में भोग प्रदान करती हैं। शुभ कर्मों के लिए सफेद रंग की भारी शब्द वाली, तीव्र गति से चलने वाली, जिसका आकार अर्धचंद्रकार के समान है। ध्वनि कंठ तक होती है, जिसका स्वाद कसैला, गीला एवं शीतल है जो कि जल तत्त्व की परिचायक है इसमें शुभ कर्मों के साथ–साथ लाभ भी प्रदान करती है।

क्रूर कर्मों के लिए लाल रंगवाली, पेट तक चलने वाली, अत्यंत उष्णीय, जिसकी आकृति त्रिकोण के समान है, दीप्त है, जिसका प्रमाण 4 अंगुल होता है व ध्वनि होंठ तक होती है तेज अर्थात् अग्नि तत्त्व की परिचायक है। इसमें क्रूर कर्मों को किया जाता है। चर कर्मों के लिए नीले अथवा कृष्ण वर्णीय रंग वाली, खट्टे स्वाद वाली, जिसकी ध्वनि चिबुक तक होती है, जो शांत, चपल ओर तिर्यक गामिनी है तथा जिसका प्रमाण 8 अंगुल का होता है, वायु तत्त्व की परिचायक होती है, इसमें चर कर्मों को ही करना चाहिए। उपरोक्त सभी कर्मों के एवं तत्त्वों के गुणों को साथ लेकर प्रवाहित होने वाली वायु आकार में, स्वाद में, वर्ण में, समरस में एवं गति में अव्यक्त स्वभाव वाली होती है, आकाश तत्त्व की परिचायक होती हैं। जो कि योगियों को तो योग देती है, सिद्धियां प्रदान करती है लेकिन मनुष्य को उसके कर्मों में असफलता प्रदान करती है।

हे अमृते, हे सुपोषिकी, हे आगमी पृथ्वीतत्त्व सदैव चिर काल में लाभकारी होता है, इसी प्रकार जल तत्त्व मात्र क्षणभर में लाभकारी होता है, एवं वायु तत्त्व केवल मात्र स्वल्प लाभकारी होता है तथा अग्नि तत्त्व में यदि कोई कार्य सिद्ध भी हुआ हो तो उसके पश्चात् उसका लाभ भी नष्ट हो जाता है। आकाश तत्त्व सदैव हानिकर ही होता है। अतएव इसी प्रकार तत्त्वों की उपस्थिति को जानकर उनके लाभ एवं हानि का विचार करना चाहिए जो कि हितकर है।

सूर्य तत्त्व एवं चन्द्र तत्त्व में यदि श्वास–प्रश्वास पूर्ण रूप से चलायमान हो अर्थात्

गतिमान हो तो वह किसी प्रकार की सिद्धि प्रदान नहीं करता इसके विपरीत यदि सूर्य तत्त्व एवं चन्द्र तत्त्व दोनों का पृथ्वीतत्त्व एवं जल तत्त्व से मेल हो जाए तो इनमें पूर्ण लाभ प्राप्त होता है।

हे उमा, उदय हो रहे तत्त्व का ज्ञान तभी हो सकता है, जबकि सूर्य अथवा चंद्र स्वर परिपूर्ण रूप से स्थिर हों, स्वर की अस्थिरता, सुष्मना के प्रवाह होते समय हुए तत्त्वों का विचार नहीं किया जाना चाहिए। ऐसा करने से अभिलाषित इच्छाएं तथा महालाभ एवं पूर्ण विजय की प्राप्ति होती है। चन्द्र स्वर जिसे अमृत रूपा भी कहते हैं, जगत की उत्पत्ति का कारण बनती है। मध्यमा नाड़ी सभी कार्यों में क्रूर तथा दुष्ट कहलाती है।

कहीं जाते समय चन्द्रनाड़ी चल रही हो तो अति उत्तम है। कहीं प्रवेश करते समय दक्षिणा नाड़ी चल रही हो तो अति उत्तम है। वामा नाड़ी को सम एवं दक्षिणा नाड़ी को विषम ही जानना चाहिए। वामा नाड़ी के प्रवाह में सौम्य कर्म तथा पिंगला नाड़ी के प्रवाह में क्रूर कर्म करने चाहिएं। सुष्मना अर्थात् शम्भुनाड़ी के प्रवाह में मुक्ति देने वाले कर्म जैसे पूजा–पाठ इत्यादि अत्यंत ही शुभ होते हैं। रात्रि में चंद्र तथा दिन में सूर्य स्वर रोकने से, इसका यदि निरंतर अभ्यास किया जाए तो व्यक्ति एक दिन योगिराज हो जाता है। **सूर्य स्वर में सूर्य एवं चंद्रस्वर में चंद्रमा बाधित होता है। जो व्यक्ति इस क्रिया को जानता है वह त्रिलोक को पल भर में वश में कर सकता है** अर्थात् इस क्रिया से वशीकरण एवं आकर्षण अति उत्तम होते हैं। स्वर का उदय चंद्रस्वर में हो अथवा अस्त सूर्य में स्वर उदय हो तो उस स्थिति में अनेकों गुण–अवगुण प्रकट होते हैं। चंद्र नाड़ी को स्त्री नाड़ी भी कहा जाता है और सूर्य नाड़ी को पुरुष नाड़ी भी कहते हैं। चंद्र नाड़ी का वर्ण अर्थात् रंग गोरा तथा सूर्य नाड़ी का रंग श्यामल होता है। दिन और रात्रि मिलाकर केवल 12 संक्रांतियां होती हैं, जिस समय स्वर बदलने लगता है वही संक्रांति काल कहलाता है। इसमें वृष, कर्क, कन्या, वृश्चिक, मकर तथा मीन की संक्रांतियों का अधिपति चंद्रमा होता है। इसका तात्पर्य है कि जब भी सूर्यस्वर से चंद्रस्वर बदलता है, उस समय 20–20 घड़ी के लिए संक्रांति काल वृष, कर्क, कन्या, वृश्चिक, मकर तथा मीन कहलाते हैं। इसी प्रकार मेष, सिंह, तुला, मिथुन तथा धनु की संक्रांतियों का अधिपति सूर्य होता है। इस प्रकार इनके शुभ–अशुभ निर्णयों का विचार करते हुए कर्म करने चाहिए। चंद्रमा पूर्व दिशा में तथा उत्तर दिशा में निवास करते हैं, इसी प्रकार सूर्य का निवास पश्चिम दिशा एवं दक्षिण दिशा में होता है। जिसका तात्पर्य है कि नाड़ियों में सूर्य एवं चंद्र स्वर के प्रवाह अनुसार उनकी दिशाओं का ध्यान रखते हुए गमन अर्थात् यात्रा प्रारंभ करनी चाहिए। इसका तात्पर्य है कि उत्तर एवं पूर्व दिशा में चन्द्र नाड़ी यदि

चलती हो इन दिशाओं की ओर यात्रा नही करनी चाहिए तथा पश्चिम एवं दक्षिण दिशा जिसमें सूर्य का निवास होता है। सूर्य स्वर के चलते इन दिशाओं की ओर यात्रा नहीं करना ही हितकर है। ऐसा करने से मार्ग में यात्रा में विघ्न उपस्थित होने का भय लगा रहता है। यहां तक कि इनमें यात्रा करने वाला प्राणी कभी–कभी वापस भी नहीं आ पाता। कामाग्नि उमा ने प्रश्नसूचक नेत्रों से अपने प्राणेश्वर को निहारा मानों उनके लिए ये अति अचंभे वाली बात हो। भोलेनाथ ने मुस्कराकर इसका प्रत्युत्तर दिया और बोले हे मेरी तुष्टि अब आगे तो सुनो। इतना सुनकर उमा भी मुस्करा उठीं और अपने सजीव चंचल नेत्रों से अपनी मौन स्वीकृति देकर प्रभु के कांतिमय मुख की ओर निहारने लगीं। भोले भंडारी ने तत्पश्चात् कहना प्रारंभ किया। स्वरों का प्रवाह मनुष्यों के लिए लाभकारी एवं सुखदायक भी होता है। यदि शुक्ल पक्ष की द्वितीया तिथि को सूर्य स्वर के प्रवाह में चन्द्र स्वर का प्रवाह हो तो ऐसा मनुष्य लाभ प्राप्त करता है, ऐसे समय में उसे सौम्य कर्म ही करने का प्रयास करना चाहिए ताकि अधिक से अधिक सुख प्राप्त हो सके। प्रभु इसका तात्पर्य यह हुआ कि यदि सूर्य उदयकाल में सूर्य स्वर का प्रवाह हो एवं चन्द्रमा के उदय काल में चन्द्र स्वर का प्रवाह हो तो ऐसे मनुष्य के सभी कार्य सिद्ध होते हैं, भले ही वे कार्य दिन में हो अथवा रात्रि में। मां परांबा ने हर्षोल्लासपूर्ण स्वर में यह बात कहकर प्रभु की ओर प्रश्न सूचक नेत्रों से देखा, तो प्रभु एक लम्बी मुस्कान द्वारा खिलखिला उठे और बोले हे मेरी पुष्टि, इसका तात्पर्य है कि तुझे ये भेद अब आसानी से समझ आने लगा है क्योंकि तूने सत्य ही कहा है सूर्योदय काल में सूर्य स्वर तथा चन्द्रोदय काल में चन्द्र स्वर चलना अभिष्ट सिद्धियां एवं कार्य सिद्धि प्रदान करता है। परन्तु इसके विपरीत स्वर का चलना फल भी विपरीत ही प्रदान करता है। अतएव सूर्योदय काल में चंद्र स्वर का प्रवाह और चंद्रोदय काल में सूर्य स्वर का प्रवाह मनुष्य को नाना प्रकार के कार्यों में विघ्न, हानि, क्लेश, रोग इत्यादि प्रदान करता है। अतः उसे चाहिए कि विपरीत स्वरों की उपस्थिति में शुभ एवं सौम्य कर्म करने का प्रयास न करे तो ही उत्तम है। इससे आने वाली पीढ़ियों में दरिद्रता, रोग, उन्माद, कुव्यसन आदि व्याप्त होते हैं और परिवार का सुचारु रूप से चलता जीवन नष्ट–भ्रष्ट हो जाता है। इसी प्रकार हे उमा, सूर्य स्वर के प्रवाह में मनुष्य को भविष्य में होने वाली घटनाओं अथवा आने वाली वस्तुओं के विषय में आभास स्वतः ही पहले हो जाता है, परन्तु इसके विपरीत चंद्र स्वर के प्रवाह में ऐसा नहीं होता।

हे उमा, इसी प्रकार आगे का वृत्तांत सुन। नियमित आठ दिनों तक यदि प्रातः काल सोकर उठने के समय किसी मानव का विपरीत स्वर चलता रहे तो मृत्यु तुल्य

कष्ट पाकर उसकी मृत्यु हो जाती है, इसी क्रम में यदि यही विपरीत स्वर नियमित सात दिनों तक चलता रहे तो मानव शारीरिक व्याधियों ओर दुःखों से घिर जाता है। यदि नियमित छः दिनों तक विपरीत स्वर प्रातःकाल में उदय हो तो मानव का सर्वार्थ नाश होता है और यदि यही नियमित क्रम पांच दिनों तक चले तो राज्य नाश अर्धात् राज्य की हानि होती है। चार दिनों तक नियमित विपरीत स्वर चलने का तात्पर्य है कि ऐसे मानव का इष्ट नाश होता है। तीन दिनों तक नियमित विपरीत स्वर होने पर यात्रा में विघ्न और हानी होती है। दो दिन नियमित विपरीत स्वर के चलने पर धन की हानि होती है तथा प्रथम दिन विपरीत स्वर चलने से मन में उद्वेग होता है। इसका तात्पर्य इस प्रकार है कि चंद्रमा के स्थान में चन्द्र स्वर का ही प्रवाह हो तभी ऐसा होता है।

यदि प्रातः काल और मध्याह्न काल में दोनों में चन्द्र स्वर का प्रवाह हो तथा सायंकाल में सूर्य स्वर का प्रवाह हो तो प्रतिदिन सुख, लाभ और जय की प्राप्ति होती है। किन्तु इसके विपरीत स्वरों के प्रवाह में उनका फल भी विपरीत ही जानना चाहिए।

हे प्राणनाथ, क्या दान देने अथवा लेने में भी स्वरों का विशेष महत्त्व है, कृपा कर बताएं, तो भोलेनाथ ने मुस्कराकर बताना प्रारंभ किया कि दान देने अथवा लेने के अतिरिक्त घर से प्रस्थान के समय अथवा वापस घर में आते समय जिस स्वर का प्रवाह हो रहा हो, उसी ओर के हाथ और पांव को आगे बढ़ाने अथवा चलाने या रखने से अनेकों प्रकार के सुख प्राप्त होते हैं और मनुष्य अनेकों प्रकार के कष्टों से स्पष्ट बच जाता है। जैसे यात्रा में विघ्न, शत्रु का भय, कार्यों की सिद्धि, उपद्रव इत्यादि। इन सभी से वह बच जाता है और उसके कार्य भी सिद्ध हो जाते हैं। स्वर प्रवाह अनुसार दान देने से उसका फल अधिक मिलता है। यदि यात्रा करनी हो तो यह देखना चाहिए कि दूर की यात्रा में चन्द्र स्वर का प्रवाह और नजदीक की यात्रा में सूर्य स्वर का प्रवाह विचार करने योग्य हैं।

यही स्वर प्रवाह तीन प्रकार से तीन देवताओं के समान फल प्रदान करता है। सुष्मना अर्थात् दोनों स्वरों का एक समय में प्रवाहित होना मोक्षदायक है, इसमें पूजा–पाठ के अतिरिक्त अन्य कर्म नहीं करने चाहिए। सूर्य स्वर में बलवान व्यक्ति भी स्वयं ही वशीभूत हो जाता है अथवा क्षीण हो जाता है और चन्द्र स्वर में मनुष्य को अपराध भी सहना पड़ता है अतएव मनुष्य को चाहिए कि अपने कर्मों की शुभता एवं अशुभता के अनुसार ही अपने स्वरों के प्रवाह को नियंत्रित करने का प्रयास करे तथा अभ्यास करे तो अच्छे फल प्राप्त कर सकता है। इसका तात्पर्य यह है उमा, कि स्वर प्रवाह अर्थात् नाड़ी की योग्यता एवं अयोग्यता अनुसार ही कार्य का प्रारंभ करना चाहिए क्योंकि योग्य कार्य में नाड़ी की अयोग्यता तथा अयोग्य कार्य में नाड़ी की योग्यता मनुष्य को विपरीत

फल प्रदान करने वाली होती है, अतएव मनुष्य को सदैव अपने स्वर को पहचान कर उसके प्रवाह अनुसार ही कार्य का प्रारंभ तथा उसी अनुसार आचरण करना चाहिए तभी उसके अभिष्ट की सिद्धि होती है, जिसके विपरीत चलने से उसे उसके फल भी विपरीत प्राप्त होंगे। अतः स्वर के अनुसार ही आचरण किया जाना हितकर है।

प्रसन्नचित्त होकर भगवती ने अपने आदरणीय प्राणनाथ के कथन में हां में हां मिलाते हुए कहा, हे प्राणेश्वर, आपने इस ज्ञान का बोध कराकर मुझ किंकरी पर बहुत ही उपकार किया है। हे मेरे प्रभु, मैं आपके चरणों की दासी अंतर्मन से यह साहस नहीं कर पा रही हूं कि अब इससे भी आगे आपसे किसी प्रकार का प्रश्न करूं अथवा अपने हृदय में उठते उद्‌गारों को प्रकट करूं। मोक्षगामी होने का मार्ग आपने सहज रूप से ज्ञात करा दिया है, आपके द्वारा बताए गए इस मार्ग पर यदि मानव किंचित मात्र भी ध्यानपूर्वक, इसका चिंतन एवं मनन करके, अपने जीवन में इसे प्रयोगार्थ संपूर्ण रूप से क्रियान्वित कर ले तो बहुत सरल प्रकार से सभी प्रकार के बंधनों से मुक्त होते हुए अपने मोक्ष का मार्ग आनंदपूर्वक प्रशस्त कर सकता है।

हे मेरे हृदयेश, मैं तो भाव–विमोर होकर आपके अति सुंदर और कोमल चरणों का स्पर्श कर लेना चाहती हूं। हे मेरे सुंदरतम, हे मेरे सत्यम, हे मेरे शिवम्, आप कितने महान हैं जो कि आपने इतने सहज भाव से सारे भ्रमजालों को मिटाकर अति उत्तम प्रकार के मार्ग का वर्णन किया है। यह कहकर महारानी महेश्वरी भगवान के सुंदर चरणकमलों में गद्‌गद् होकर नतमस्तक हो गईं। अपने सुंदर कोमल करकमलों से अपने प्रियतम के दोनों चरणों को आनंदिनी ने इस प्रकार पकड़ लिया, मानो चंचल बालक को वात्सल्य से युक्त ममतामयी ममतेश्वरी मां, अपने अंक में उठाकर दुलार कर रही हों और बालक अपनी प्रवृत्ति अनुसार अंक में से उछलकर भूमण्डल पर खेलना चाहता हो। इस प्रकार के असीम आनंद से परिपूर्ण यह दृश्यावली अत्यधिक मनोरम दृश्य को प्रस्तुत करने लगी। शिव मंद–मंद मुस्कराने लगे और अपने भुजदंडों से मनोहरी माधुरी को उठाने का प्रयास करते हुए बोले, हे मधुबाला, कृपया उठिए और अपने हृदयंगम विचारों को मेरी साक्षी में प्रकट करें। इस प्रकार महादेव ने जगत कल्याणी, जगतप्रसूता, भवभाविनी को अत्यधिक कोमल स्वरों से कहते हुए भूमंडल से उठा लिया और अपने हृदय से लगाते हुए बोले हे प्रियतम, हे अरुणा, हे करुणा आप इतना भावविह्वल न होइए और कृपया अपने मन की सभी शंकाएं अथवा चिंताएं मेरे सम्मुख प्रकट कीजिए। मैं यथासंभव शीघ्रातिशीघ्र आपकी सभी शंकाएं दूर करते हुए उनका निराकरण प्रस्तुत करूंगा। शिव के वक्ष से लगी हुई उमा, शिव के अंक में इस प्रकार खो गईं मानो त्रिभुवनेश्वर हिमालय

पर अकेले ही हों। और भगवती अपने पीहर चली गईं हों। स्तब्ध वातावरण इस प्रकार चुप्पी साध गया मानो कक्षा में गुरुजन के प्रवेश करते ही जिस प्रकार विधार्थी शांत हो जाते हैं और कक्षा मे निस्तब्धता छा जाती है। इसी निस्तब्धता को तोड़ते हुए पुनः महेश्वरानन्द ने कहा हे प्राणवल्लभा, अपने कथन को आप निःसंकोच भाव से कहिए, मैं आपके कथन का पालन भी करूंगा और आपकी शंका का समाधान भी।

इस पर प्रफुल्लित महादेवी भगवान शिव के सुंदर चरणों को छोड़ती हुई करबद्ध निवेदन करने लगीं। हे मेरे त्रिकाल, मैं तो केवल मात्र मानव भलाई के लिए ही एक प्रश्न पूछ रही थी। लज्जा एवं संकोच के भय से मैं पूछ नहीं पाई, महादेव अट्टहास मारकर हंसे और कहने लगे हे मेरी प्राण प्रिया, हे मेरी अर्द्धांगिनी, भला ऐसा भी क्या संकोच। ज्ञान का विषय तो जनकल्याण हेतु ही होता है अतः आप निःसंकोच भाव से पूछिए। लजाती हुई, संकोच करती हुई नीचे नयनों से महादेवी ने अपने पल्लू को मुंह में दबाते हुए महादेव से पूछा, हे प्रभु, क्या सांसों को उलट–पलट और बदलने का भी कोई उपाय है, कृपया आप इस पर थोड़ा सा प्रकाश डालकर मेरे प्रश्नों को शांत कीजिए। जिससे कि मानव का कल्याण हो सके और वह इच्छानुसार अपने कर्मों में निर्विघ्न रूप से प्रवक्त होकर अपना मानव जीवन सफल बनाएं।

हे उमा, तेरा ये मानव इन श्वासों–प्रश्वासों की प्रवाहित नियमावली के अनुसार यदि चलता रहे तो इसके सभी अभिष्टों की सिद्धि स्वतः ही होती रहेगी, परन्तु सदैव ऐसा नहीं हो पाता। अज्ञानतावश अथवा शीघ्रतावश अथवा किसी अन्य कारणवश वह इस नियमावली के विपरीत चल पड़ता है जिससे उसे हानि उठानी पड़ती है। अतएव मैं तुझे इन श्वासों–प्रश्वासों को इच्छानुसार परिवर्तित करने की विधि बताता हूं, जो इस प्रकार है –

प्रथम विधि अनुसार तेरे इस मानव को जिस उद्देश्य के लिए जिस स्वर की आवश्यकता हो उसे चलाने का प्रयत्न वह इस प्रकार करे कि अपना प्रवाहित स्वर पहचानकर, जिस स्वर को चलाना हो उसके विपरीत नासिका छिद्र को अपने अंगूठे की सहायता से बंद कर ले, तो थोड़ी ही देर में उसका इच्छित स्वर परिवर्तित हो जाएगा। साधारण शब्दों में इसे ऐसे समझे कि यदि सूर्य स्वर चल रहा हो एवं आवश्यकता चंद्र स्वर की है, तो अपने अंगूठे की सहायता से अपने दायें नासिका छिद्र को बंद करने से उसका चंद्र स्वर थोड़ी देर मे स्वतः ही प्रवाहित होने लगेगा। इसी प्रकार यदि चंद्र स्वर का प्रवाह हो और सूर्य स्वर की आवश्यकता हो तो बायीं नासिका छिद्र को थोडी देर बंद कर लेने से सूर्य स्वर स्वतः ही इच्छानुसार प्रवाहित होने लगेगा। इसी प्रकार यदि तेरे

इस मानव को सुष्मना चलाने की आवश्यकता हो तो वह खड़े होकर अपने दोनों हाथों को ढीला छोड़कर अगल–बगल डाल दे तथा अपने दोनों नेत्रों से अपनी नासिका के अग्रभाग पर थोड़ी देर के लिए अपना ध्यान केन्द्रित कर ले तो उसकी सुष्मना का प्रवाह स्वतः ही प्रारंभ हो जाएगा।

हे उमा, इसी प्रकार अब दूसरी विधि भी सुन–

मनुष्य अपना स्वर प्रवाह पहचान कर देखे कि उसका कौन सा स्वर चल रहा है तथा पहचान करने के पश्चात् यदि उसका सूर्य स्वर चल रहा हो एवं आवश्यकता चंद्र स्वर की हो तो उसे चाहिए कि वह दायीं ओर करवट लेकर थोड़ी देर लेट जाए तो स्वतः ही उसका चंद्र स्वर प्रवाहित होना प्रारंभ हो जाएगा। यदि चंद्र स्वर प्रवाहित हो रहा हो और सूर्य स्वर की आवश्यकता हो तो वह बायीं करवट लेट जाए तो थोड़ी देर में ही सूर्य स्वर स्वतः ही प्रवाहित होने लगेगा और यदि सुष्मना चलाने की आवश्यकता हो तो उसे चाहिए कि वह शवासन में लेट जाए तो स्वतः ही थोड़ी देर पश्चात् उसकी सुष्मना प्रवाहित होना प्रारंभ हो जाएगी। इसलिए जो मानव इन विधियों द्वारा अपना स्वर परिवर्तित करना जान जाए, वह अपने अभिष्ट को स्वतः ही सिद्ध करने योग्य हो जाता है।

इस प्रकार कहकर महादेव ने अपने सुंदर नेत्रों से अनेकों प्रश्नवाचक बोध अपनी प्रिय अर्धांगिनी की ओर निहारते हुए कर दिए। भगवती जगदम्बा नयनों के इन तीखे प्रहार भरे प्रश्न वाचकों को समझ गईं और मुस्कराते हुए अपने प्राणेश्वर के हस्तचुबंन करने

लगीं मानों गगन घटा से मिलने को आतुर हो। स्तब्ध प्राणेश्वर ने अपनी प्राण प्रिया को अपने मधुर कंठ से लगाकर आखिर कह ही दिया, हे मेरी साधिनी, हे मेरी सौख्या, हे मेरी मालनी, क्या तुम्हें इससे आगे का कुछ ओर भी वर्णन करूं। उं, हूं करते हुए जगदीश्वरी ने अपने प्राणेश्वर के मधुर आलिंगन से छूटते हुए कहा, हां, हां क्यों नहीं, हे मेरे जगन्नाथ, मैं प्यासी चातक आपके स्नेहपूर्ण आलिंगन की अनंत बूंदों से भी तृप्त होने वाली नहीं हूं, अतः आप मेरी तृप्ति, मेरी शांति, मेरे मनोयोग ओर मेरी पूर्ति का मुझे इसी स्वर ज्ञान द्वारा बोध तो करवाइए। जन्म–जन्मांतरों तक आप मेरे अविचल वटवृक्ष रहिए और मैं बेल की भांति सदा हे मेरे हृदयेश आपके वक्ष स्थल पर लिपटी रहूं, ऐसा कोई योग बताइए। हे मेरे अनंतनाद, हे मेरे हृदयतरंग, हे मेरे वाणी के स्वर, हे मेरे रोम–रोम कूपावली के आनंद, मेरे इस दुःसाहस का कृपया करके उपचार भी कीजिए ओर सवर्णन विस्तार से बताइए। मेरी तृष्णित तरंगे मिलन को आतुर हो रही हैं, हे दया के सागर ऐसा प्रतीत हो रहा है कि मैं छोटी सी नदिया एक महासमुद्र में विलय होने जा रही हूं। हे मेरी उश्वांसों के ग्रीष्मकुंदन कृपया मुझ तृष्णित तृणिका को अपने आनंद से सरोबार कीजिए। कृपया अपनी इस दासी को कृतार्थ करते हुए सौभाग्यशालिनी बना दीजिए। अपनी प्राणप्रिया की यह वाणी सुनकर प्रभु आत्मविमोर हो गए और उमा का हाथ पकड़कर नटराज तीन ताल देकर अपनी तरंगिनी के साथ नृत्य करने लगे। किदधा–किदधा–किद–किद–धा मानो हिमालय तीन ताल में मृदंग को ताल दे रहा हो और नटराज भोले शंकर मां भगवती के साथ सुंदर वातावरण में नृत्य कर रहे हों और सारे मधुरस आकाशमंडल से बरस रहे हों। प्रकृति का यह सुंदर और मनोरम दृश्य इस प्रकार प्रतीत होने लगा कि संपूर्ण जगत ताल और स्वरों से मिलकर तीन ताल में भगवान शिव के साथ नृत्य कर रहा हो और यह नृत्य उमंग और उल्लासों से इस प्रकार रंग भरने लगा मानो इन्द्रधनुष पर मयूर अपने बड़े–बड़े पंख फैलाकर प्रसन्नचित्त होकर पिहु–पिहु की सुंदर तंरग पर नाच रहे हों और वह नृत्य पूर्ण हुआ। प्रकृति में एक सुंदर सा रंग भर गया, सारी उदासियां समाप्त हुईं, सारी आशाएं बलवती हुईं, और प्रकृति पुनः नवीन दुलहन की भांति सज गई, मानों से पुनर्मिलन को आतुर हो रही हो, इस मुग्ध वातावरण का लाभ उठाते हुए जगत्जननी ने बच्चों की भांति फिर अपने प्राणेश्वर से प्रश्न किया, हे प्रभु अब तो बता दो। और भगवान मंद–मंद मुस्कराने लगे, तथा आनंद कंद ने आन्नदपूर्वक कहा, ले ध्यानपूर्वक सुन।

हे उमा, स्वर ज्ञान तो तुझे मैंने पर्याप्त स्थिति का समझा ही दिया है, अब इसी स्वर ज्ञान में मैं तुझे अपनी योग निद्रा की अतिगुप्त बात बता रहा हूं ध्यानपूर्वक सुन।

तुझे तो यह मालूम है कामहंता मेरा नाम जगत विख्यात है और इसी काम की विषयवस्तु स्थिति से मैं तुझे अवगत करा रहा हूं। हे मेरी प्रकृति स्वरूपा, इन तिथियों का घटना–बढ़ना, इन तिथियों का आना–जाना स्त्रियों पर एवं पुरुषों पर लगभग–लगभग एक जैसा ही रहता है। कृष्ण पक्ष की प्रतिपदा अर्थात् अंधेरे पक्ष से लेकर अमावस तक स्त्रियों के बायें अंग के सिर के बालों से लेकर बायें पैर के अंगूठे तक और पुरुषों के दायें अंग से सिर से लेकर पैर के अंगूठे तक और इसी प्रकार शुक्ल पक्ष की प्रतिपदा से लेकर पूर्णमासी तक स्त्रियों के दायें पैर के अंगूठे से लेकर सिर के बालों तक जगह–जगह कामदेव का निवास होता है और पुरुषों के बायें पैर के अंगूठे से लेकर सिर तक जगह–जगह कामदेव का निवास होता है।

अर्थात् कृष्ण पक्ष की प्रथम तिथि में यह कामदेव माथे के पास और बालों में अपना निवास करते हैं, द्वितीया तिथि में बायीं आंख में कामदेव का निवास होता है, तृतीया तिथि में स्त्री के होठों में निवास करते हैं, और इस समय स्त्रियां अत्यधिक उत्तेजित होती हैं। चतुर्थी तिथि को बायें गाल में और पंचमी तिथि को गले में, षष्ठी तिथि में स्त्रियों में कामदेव बायीं कांख में और सप्तमी को मस्तक में, और अष्टमी को यह कामदेव जब स्तनों पर निवास करते है तो स्त्री परिपूर्ण रूप से बेहाल हो जाती है ओर अपनी सुध–बुध भी बिसराए रहती है। हे उमा, तुझे सुध में लाने के लिए ही सारा जगत तुझे अष्टमी को पूजता है और सारे तांत्रिक चाहे वे श्मशान में हों, युद्ध स्थल में हों, घर में हों, जंगल में हों, मंदिर में हों अथवा किसी सरिता के तट पर हों, हमेशा तेरा अनुष्ठान करने को आतुर रहते हैं। नवमी तिथि को यही कामदेव नाभि में भयंकर रूप से स्त्री की योनि के भीतर प्रवेश कर जाते हैं और कृष्ण पक्ष की एकादशी को स्त्री को योनि के भीतर यह कामदेव अपनी चंचल प्रकृति के कारण स्त्री की योनि में उत्पात मचाते रहते हैं, इसलिए स्त्रियों को एकादशी के दिन चावल और खिचड़ी खाना वर्जित किया गया है, जिससे कि उद्दंड, प्रचंड अग्नि चंद्रमा की शीतलता पाकर शांत न हो जाए और यदि भूलचूक से ऐसा होता भी है तो पितृ दोष निश्चय ही लगता है और चंद्रमा की तरह सुंदर सरीखे ये अत्यंत चंचल कामदेव महाराज स्त्रियों की योनि को रसाव, सरिता बहाकर श्वेत प्रदर से ग्रसित कर देते हैं। तो हे उमा, इसलिए जगत की यह स्त्रियां एकादशी को चावल का दान देना नहीं भूलतीं, जिससे कि इनकी योनि में होने वाले उत्पात इन्हें अधिक व्याकुल न करें। द्वादशी में यही कामदेव घुटने में निवास करते हैं ओर त्रयोदशी को अर्थात् तेरस को बायें पैर के टखने में तथा चौदस को बायें पैर के तलवों में ये आननदपूर्वक विहार करते हैं और अमावस्या को श्री शिरोमणि कामदेव जी पैर के अंगूठे में अपना माथा धुनते रहते हैं।

हे उमा, यदि इन तिथियों में इन–इन स्थानों पर पुरुष भूल से भी अपना स्पर्श कर दे तो यह आकुलता–व्याकुलता बढ़ा देने वाली ज्वालाएं प्रचंड रूप धारण कर लेती हैं और इसके अनुसार पुरुष अपने ऐच्छिक लक्ष्य को प्राप्त कर लेता है।

हे मेरी प्राणवल्लभा, शुक्ल पक्ष में प्रतिपदा तिथि को स्त्री के बायें पैर के अंगूठे में कामदेव वास करते हैं। यदि समझदार पुरुष इस प्रतिपदा के दिन उसके बायें पैर के अंगूठे को अपने हाथों द्वारा सहलाना प्रारंभ कर दे तो स्त्री शीघ्र ही रति क्रीड़ा हेतु तैयार हो जाती है। इसी प्रकार द्वितीया को दाहिने पैर में, तृतीया को दाहिने पैर के टखने में एवं चतुर्थी को दाहिने पैर के घुटने में और शुक्ल पक्ष की पंचमी को योनि मे उत्पात मचाने वाले कामदेव इतना भयंकर रूप धारण कर लेते हैं कि यदि स्त्री को संतुष्ट न किया जाए तो वह चिड़चिड़े स्वभाव की, क्रोधी स्वभाव की, अनर्गल वार्ता करने वाली और भूखी शेरनी की भांति हो जाती है। इसलिए हे मेरी महेश्वरी, इन सब उत्पातों से बचने हेतु पुरुष को चाहिए कि वह इन सब विषय वस्तु स्थितियों को समझे और आनंद का भोग करे। यही कामदेव महाराज शुक्ल पक्ष की षष्ठी तिथि को दाहिनी कटि के पिछले भाग में अपना निवास करते हैं, सप्तमी को नाभि में, अष्टमी को छाती में, नवमी को दाहिने स्तन में, दशमी को दाहिने बगल में, एकादशी को गले के दाहिने तरफ एवं द्वादशी को दाहिने गाल में, तेरस को अधरों के ऊपर अर्थात् होठों में, चतुर्दशी को दाहिने आंख में तथा पूर्णमासी को मस्तक के पास बालों में यह कामदेव स्त्रियों में वास करते हैं।

हे प्रिया, जिन–जिन अंगों में जिस–जिस तिथि को यह अपना वास करते है, उन अंगों से किल्लौल करने की क्रियाएं भी विभिन्न प्रकार की हैं। जब कामदेव का वास मस्तक में हो तो पुरुष को चाहिए कि वह उंगलियों द्वारा हल्के–हल्के स्त्री के बालों व मस्तक को रगड़ते हुए सहलाए और इस प्रकार अठखेलियां करे, जिस प्रकार छोटा बालक अपनी छोटी सी गुड़िया को प्यार से सहलाता है और जब आंखों व कपोलों पर इनका वास हो तो भूल से भी आंख मिचौली न खेले। पुरुष के इन अंगों पर स्पर्श मात्र से ही कामाग्नि क्रोधाग्नि में परिवर्तित हो जाएगी और क्लेश होने का भय हो जाता है। अतएव इन अंगों का मधुर–मधुर चुम्बन ले और जिह्वा से आघात करे। अधर पर इनका निवास हो तो अपनी दंत पंक्ति से अधर दंश करे अथवा जिह्वा से अधरों का मर्दन करे। गर्दन पर इनका वास हो तो गर्दन को नाखूनों से हल्की खरोंच मारे और इस प्रकार गर्दन को सहलाए मानों कोई खुज रहा हो। जब पूंछ और कटि में इनका निवास हो तो इन दोनों अंगों का यदि मर्दन नहीं किया जाएगा तो प्रेम अग्नि की अपेक्षा क्रोध अग्नि बरसेगी और भयंकर क्लेश होने की संभावना हो जाती है। इन स्थानों पर एक प्रकार से नियोजित

आक्रमण ही कर देना ही हितकर होता है। नाभि पर हो तो हाथों से धीरे–धीरे थपथपी देनी चाहिए और योनि में हो तो संभोग ही इस रतिक्रीड़ा का अंत है। कटि में क्रीड़ा करते रहना चाहिए, छाती में हो तो मुष्टिका से धीरे–धीरे प्रहार करना चाहिए और घुटने में हो तो घुटने से, अंगूठे में हो तो अंगूठे से, टखने में हो तो टखने से, पैरों में हो तो पैरों से रगड़ना चाहिए प्रेम से उन्नत इस प्रकार से कामदेव की चन्द्रकलाओं को प्रदीप्त करके अपने जीवन को सफल बनाया जा सकता है। इन सभी कलाओं की अनेकों विधाएं और भी हैं। उन विधाओं को यदि मानव समझ ले तो उसे भोग में और योग में अंतर समझ में आ जाएगा। योग जिसका चरमोत्सर्ग भोग से अधिक उत्कृष्ट है, परन्तु भोग के बिना योग भी परिपूर्ण निकृष्ट है, इसलिए हे उमा, तू जब शक्ति के स्वरूप में मेरे साथ विराजती है तभी मैं योगेन्द्र और योगिराज कहलाता हूं और जब तू कृष्ण पक्ष की होकर मेरे साथ विराजती है तब मैं भंगेड़ी, प्रपंची और चंचला, चपल, उद्दण्ड, शुष्क, केवल मात्र दंडी स्वामी ही रहता हूं। तेरे कृष्ण पक्ष और शुक्ल पक्ष की दीर्घ कलाएं सूर्य और चन्द्रमा को तो मोहित करती ही हैं, हे महामोहा, मुझ महादेव को भी तूने अछूता नहीं छोड़ा। मैं योगेन्द्र तुझे और क्या–क्या बताऊं अब तुझसे कुछ छिपाने के योग्य बचा ही क्या है। अट्टहास मारते हुए उमा खिलखिला तालियां बजाने लगीं, वाह–वाह मेरे प्राणेश्वर स्वयं तो आप नटराज हैं ही, अब वाणी के स्वरों से मुझे कौन सा नया नृत्य सिखाने की आप चेष्टा कर रहे हैं। देखिए मेरे हृदयेश, मेरी जिज्ञासाएं अभी शांत नहीं हुई हैं, कृपया आप इसी विषय वस्तु को थोड़ा सरस और सारगर्भित विस्तार से तो बताइए। हे मेरी रसिका, रस तुष्टिका, हे सतुंष्टा, हे मुग्धा, तू भी है बड़ी तीव्र बुद्धि, किस–किस प्रकार के प्रश्न करती है, जिसके उत्तर सहज चिंतन में प्राप्त नहीं होते, अतएव मैं तेरे को अब आगे का वर्णन थोड़ा मूल विषयानुसार समझाता हूं। तू फिर दग्धचित्त होकर इसे ग्रहण कर। यह कहकर भगवान शिव मस्ती भरे सुरों में इस प्रकार भाव विमोर होकर कहने लगे।

शुक्ल पक्ष की प्रतिपदा, द्वितीया, तृतीया, सप्तमी, अष्टमी, नवमी, त्रयोदशी, चतुर्दशी, पूर्णमासी तथा कृष्ण पक्ष की चतुर्थी, पंचमी, षष्ठी, दशमी, एकादश, द्वादश को प्रातःकाल सूर्योदय समय सर्वप्रथम चंद्र स्वर एक–एक घंटे के अंतर से चलेगा।

काल	समय	स्वर प्रवाह	कामदेव का निवास
प्रातःकाल	सूर्योदय से (6.50 बजे प्रातः से 7.50 तक)सर्वप्रथम 1 घंटे के लिए कामदेव बायें पैर के अंगूठे में निवास करते हैं।		
	07.50 से 08.50 तक	सूर्य स्वर	कामदेव सुप्त रहते हैं।
	08.50 से 09.50 तक	चन्द्र स्वर	पैर के अंगूठे में।
	09.50 से 10.50 तक	सूर्य स्वर	कामदेव सुप्त रहते हैं।
	10.50 से 11.50 तक	चन्द्रस्वर	पैर के अंगूठे में।
	11.50 से 12.50 तक	सूर्य स्वर	कामदेव सुप्त रहते हैं।
(दोपहर)	12.50 से 01.50 तक	चन्द्र स्वर	पैर के अंगूठे में।
(मध्यान्ह काल)	01.50 से 02.50 तक	सूर्य स्वर	कामदेव सुप्त रहते हैं।
	02.50 से 03.50 तक	चन्द्र स्वर	पैर के अंगूठे में।
	03.50 से 04.50 तक	सूर्य स्वर	कामदेव सुप्त रहते हैं।
	04.50 से 05.50 तक	चन्द्रस्वर	पैर के अंगूठे में।
	05.50 से 06.50 तक	सूर्य स्वर	कामदेव सुप्त रहते हैं।
(सायंकाल)	06.50 से 07.50 तक	चन्द्र स्वर	पैर के अंगूठे में।
	07.50 से 08.50 तक	सूर्य स्वर	कामदेव सुप्त रहते हैं।
	08.50 से 09.50 तक	चन्द्र स्वर	पैर के अंगूठे में।
	09.50 से 10.50 तक	सूर्य स्वर	कामदेव सुप्त रहते हैं।
रात्रिकाल	10.50 से 11.50 तक	चन्द्र स्वर	पैर के अंगूठे में।
	11.50 से 12.50 तक	सूर्य स्वर	कामदेव सुप्त रहते हैं।
	12.50 से 01.50 तक	चन्द्र स्वर	पैर के अंगूठे में।
	01.50 से 02.50 तक	सूर्य स्वर	कामदेव सुप्त रहते हैं।
	02.50 से 03.50 तक	चन्द्र स्वर	पैर के अंगूठे में।
	03.50 से 04.50 तक	सूर्य स्वर	कामदेव सुप्त रहते हैं।
	04.50 से 05.50 तक	चन्द्र स्वर	पैर के अंगूठे में।
	05.50 से 06.50 तक	सूर्य स्वर	कामदेव सुप्त रहते हैं।

नोट : दोपहर को और प्रातःकाल स्त्री से प्रसंग करना धन की हानि और स्वास्थ्य की हानि और क्षय रोगों को आमंत्रित करना है। जितने भी यह कार्य हैं रात्रि के प्रथम प्रहर से अंतिम प्रहर तक ही शुभ फल प्रदान करते है। यदि सुप्त कामदेव को

जागृत कर दिया जाए तो कलह और शीघ्रपतन एवं शीतल रोग उपहार में प्रदान करते हैं। इससे स्त्रियों में योनिस्त्राव और पुरुषों में नपुंसकता व उदर पीड़ा संबंधी रोग भी उत्पन्न होते हैं। प्रतिपदा को सूर्य स्वर के क्षणों में भूल से भी मानव को यदि स्त्री संसर्ग करना पड़े तो अपना चंद्र स्वर चलाए। यदि चन्द्र स्वर नहीं चला पाता तो सूर्य स्वर में कोई तीखी अथवा तेज मिर्च वाली वस्तु खाकर तब स्त्री संसर्ग करे। यदि यह संभव न हो तो मानव आंतों मे पानी भरना, अंडकोषों का शिथिल होना और शीघ्रपतन को निमंत्रण देकर अपना प्रिय साथी'बना लेता है और तदुपरांत आयु भर हकीमों व वैधों के यहां अपना पैसा और स्वास्थ्य बर्बाद करता है। सभी प्रकार के कुसमयों द्वारा नाना प्रकार के विभिन्न रोगों को, यहां तक कि कैंसर तक को व्यक्ति आंमत्रित कर अपना जीवन साथी नियुक्त कर लेता है। अतएव स्वास्थ्य लाभ करने हेतु गृहस्थ जीवन में यम और नियमों का पालन परम आवश्यक है। और जो व्यक्ति दीर्घ सूत्री रहें उनके लिए दीर्घायु उपहार स्वरूप प्रकृति द्वारा प्रदान होती है। अतएव हे भगवती, ये एक अति गुप्त रहस्य है जो मैंने तुम्हारे सम्मुख प्रस्तुत किया है। प्रिय योगेन्द्र इन सबसे बचना भी हो और हृदय की उन्नत उमंगें वासना पूर्ति के लिए उद्धत करती हों, समय का ध्यान न रहे, स्वरों का ध्यान न रहे और स्त्री पुरुष की इच्छा के विपरीत भी न जा सके तब स्त्री का क्या धर्म है कि वह अपने चहेते पुरुष को बचा सके, थोड़ा सा मुझे बता दीजिए। इस प्रकार मां भगवती ने अपने सुंदर नयन से प्रश्न किया। इस प्रश्न को सुनकर आदरणीय भगवान शिव मुस्करा कर कहने लगे। तू भी बावली है, कैसी–कैसी जिज्ञासाओं के समाधान कराती है। आखिर है तो तू जगत जननी, इसलिए अपने बच्चों का तो ख्याल रखेगी ही। तो ले सुन बावली, पुरुष को चाहिए कि वह अपनी स्त्री को सर्वप्रथम कोई मीठा उपहारस्वरूप खाने को दे या स्त्री को चाहिए कि वह किसी प्रकार का कोई अपने हाथ से बना मीठा व्यंजन स्नेह भाव से अपने हाथों से धीरे–धीरे करके अपने पति को खिलाए व स्वयं भी खाए तत्पश्चात् वह अपने इस क्रियाकलाप में संलग्न होते हैं तो उन्हें कम से कम स्वास्थ्य की हानि नहीं होगी।

हे मदनअंगा, हे माधुरी, हे मृदंगा जो स्त्री माधुर्य से अपने पति को परमेश्वर मानते हुए, अपने स्नेहित भाव से उसे कुछ भी मीठा अथवा मिठाई खिलाती है, वहां कामदेव का प्रचंड वेग किसी भी प्रकार का उत्पात नहीं कर पाता। हे प्रिया मानो श्री कामदेव जी महाराज अपना भोग लगाकर शांत हो जाते हैं और उत्पात नहीं करते। तो मीठा दूध, मीठे फल, कोई खोए की मिठाई, मेवाओं की खीर, आम का रस, शरीफा, चीकू, जितने भी प्रकार के ये फल हैं एवं मेवाओं वाला हलुवा (सूजी, मूंग की दाल व गाजर का) यह

सब रमणी रमण से पूर्व अपने प्रियतम को यदि खिलाए तो प्रियतम कदापि भी रोगी नहीं होगा। लेकिन एक बात ध्यान रखे, रति आंनद से पूर्व, रति आनंद के पश्चात् एक–डेढ़ घंटे तक किसी भी प्रकार का पेय पदार्थ अथवा शीतल जल ग्रहण न करे। यदि ऐसा करता है तो एड़ी रगड़–रगड़कर मरने का द्वार ऐसा जीव अपने आप ही अपने हाथों से खोलता है और श्वासन, उश्वासन क्रियाओं में संतुलन का जब बिगाड़ खाता होता है तो अनेकों प्रकार के नयन रोग, कर्णरोग, कंठ रोग, हृदय संबंधी अनेकों रोग बिना बुलाए ही शरीर में चले आते हैं। इन रोगों से बचने का उपाय है कि रति क्रिया के पश्चात् छुआरे का दूध, शहद का दूध, दालचीनी का दूध, अथवा मक्खन डालकर दूध स्त्री और पुरुष दोनों ही पिएं तो क्षति हुआ वीर्य शरीर को पुनः प्राप्त हो जाएगा व शरीर की ओज व कांति दिन दूनी रात चौगुनी आभामान होगी।

हे मेरी रमणी, रमणकर्ता को चाहिए कि वह अपनी कोहनियों का बोझ स्त्री के कंधों, छाती अथवा पेडू पर कदापि न डाले। इस प्रकार रमण करने से स्त्री में शीघ्रातिशीघ्र दग्ध अवस्था आती है। स्त्री को तरुणी बनाए रखने के लिए भोगता को चाहिए कि वह उसकी इच्छानुसार, जिस प्रकार भी उसे आनन्द आता हो, उसी अनुसार उससे रति क्रिया करे। रति का अर्थ भोग नहीं है। रति का अर्थ नियोजन है, आत्मा की संतुष्टि है, विश्वास का वह गहरा रंग है, जो जीवन पर्यन्त तक फीका नहीं हो पाता। इस रसानंद के लिए पुरुष को अनेक सुंदर–सुंदर औषधियों का दूध अथवा शहद के साथ प्रयोग करना चाहिए। वीर्य की क्षति जीवन की क्षति है। पुरुष अपने वीर्य की व स्त्री के रज की रक्षा अवश्य करे। इन दोनों के क्षय होने से क्षय रोग निश्चित है। इसलिए यह वर्णन मैंने तेरे पुत्र–पुत्रियों के सुखद स्वास्थ्य के लिए प्रस्तुत किया है। ले अब इस विषय–वस्तु पर आगे कुछ न पूछियो, केवल मात्र तू मेरे से स्वर ज्ञान की ही वार्तालाप में मग्न रह। इतना कहकर प्रभु मंद–मंद मुस्कराने लगे और अपने नयनों से कटाक्ष करते हुए इस प्रकार बोले मानो उनके मूक स्वर कह रहे हों, तू विषय–वस्तु से हट गई है इसलिए विषय–वस्तु के विषय में पूछ।

शुक्ल पक्ष की चतुर्थी, पंचमी, षष्ठी, दशमी, एकादश, द्वादश तथा कृष्ण पक्ष की प्रतिपदा, द्वितीया, तृतीया, सप्तमी, अष्टमी, नवमी, त्रयोदशी, चतुर्दशी एवं अमावस्या को क्रमशः एक–एक घंटे के अंतर से प्रातःकाल सूर्योदय के समय सूर्य स्वर का प्रवाह होता है।

काल	समय	स्वर प्रवाह	कामदेव का निवास
सूर्योदय से	06.50 बजे प्रातः से 07.50 तक	सूर्य स्वर	दायें पैर के अंगूठे में।
प्रातःकाल	07.50 से 08.50 तक	चन्द्र स्वर	कामदेव सुप्त रहते हैं।
	08.50 से 09.50 तक	सूर्य स्वर	दायें पैर के अंगूठे में।
	09.50 से 10.50 तक	चन्द्र स्वर	कामदेव सुप्त रहते हैं।
	10.50 से 11.50 तक	सूर्य स्वर	दायें पैर के अंगूठे में।
	11.50 से 12.50 तक	चन्द्र स्वर	कामदेव सुप्त रहते हैं।
(दोपहर)	12.50 से 01.50 तक	सूर्य स्वर	दायें पैर के अंगूठे में।
(मध्यान्ह काल)	01.50 से 02.50 तक	चन्द्र स्वर	कामदेव सुप्त रहते हैं।
	02.50 से 03.50 तक	सूर्य स्वर	दायें पैर के अंगूठे में।
	03.50 से 04.50 तक	चन्द्र स्वर	कामदेव सुप्त रहते हैं।
	04.50 से 05.50 तक	सूर्य स्वर	दायें पैर के अंगूठे में।
	05.50 से 06.50 तक	चन्द्र स्वर	कामदेव सुप्त रहते हैं।
(सायंकाल)	06.50 से 07.50 तक	सूर्यस्वर	दायें पैर के अंगूठे में।
	07.50 से 08.50 तक	चन्द्रस्वर	कामदेव सुप्त रहते हैं।
	08.50 से 09.50 तक	सूर्यस्वर	दायें पैर के अंगूठे में।
	09.50 से 10.50 तक	चन्द्र स्वर	कामदेव सुप्त रहते हैं।
रात्रिकाल	10.50 से 11.50 तक	सूर्य स्वर	दायें पैर के अंगूठे में।
	11.50 से 12.50 तक	चन्द्र स्वर	कामदेव सुप्त रहते हैं।
	12.50 से 01.50 तक	सूर्य स्वर	दायें पैर के अंगूठे में।
	01.50 से 02.50 तक	चन्द्र स्वर	कामदेव सुप्त रहते हैं।
	02.50 से 03.50 तक	सूर्य स्वर	दायें पैर के अंगूठे में।
	03.50 से 04.50 तक	चन्द्र स्वर	कामदेव सुप्त रहते हैं।
	04.50 से 05.50 तक	सूर्य स्वर	दायें पैर के अंगूठे में।
	05.50 से 06.50 तक	चन्द्रस्वर	कामदेव सुप्त रहते हैं।

शुक्ल पक्ष की उपरोक्त तिथियों में एक–एक घंटे के अंतराल से क्रमशः चंद्र स्वर का प्रवाह रहता है, जिस समय कामदेव सुप्त अवस्था में होते हैं इसलिए इस सुप्त अवस्था में स्त्री संसर्ग करना अनुचित है अन्यथा अनेकों प्रकार की बीमारियां एवं कष्ट हो सकते

हैं। यदि भूल अथवा अज्ञानता वश ऐसा करना पड़े तो अपना स्वर परिवर्तित कर किया जा सकता है और व्याधियों से बचा जा सकता है।

कृष्ण पक्ष की प्रतिपदा, द्वितीया, तृतीया, सप्तमी, अष्टमी, नवमी एवं त्रयोदशी, चतुर्दशी तथा अमावस्या को प्रातःकाल सूर्योदय के समय सर्वप्रथम सूर्य स्वर का प्रवाह प्रारंभ होता है। जो क्रमशः एक–एक घंटे के अंतराल से नियमित चलता रहेगा।

काल	समय	स्वर प्रवाह	कामदेव का निवास
प्रातःकाल	06.50 से 07.50 तक	सूर्य स्वर	सिर के दायें हिस्से में।
	07.50 से 08.50 तक	चन्द्र स्वर	कामदेव सुप्त रहते हैं।
	08.50 से 09.50 तक	सूर्य स्वर	सिर के दायें हिस्से में।
	09.50 से 10.50 तक	चन्द्र स्वर	कामदेव सुप्त रहते हैं।
	10.50 से 11.50 तक	सूर्य स्वर	सिर के दायें हिस्से में।
	11.50 से 12.50 तक	चन्द्र स्वर	कामदेव सुप्त रहते हैं।
दोपहर	12.50 से 01.50 तक	सूर्य स्वर	सिर के दायें हिस्से में।
	01.50 से 02.50 तक	चन्द्र स्वर	कामदेव सुप्त रहते हैं।
	02.50 से 03.50 तक	सूर्य स्वर	सिर के दायें हिस्से में
	03.50 से 04.50 तक	चन्द्र स्वर	कामदेव सुप्त रहते हैं।
	04.50 से 05.50 तक	सूर्य स्वर	सिर के दायें हिस्से में।
	05.50 से 06.50 तक	चन्द्र स्वर	कामदेव सुप्त रहते हैं।
सायंकाल	06.50 से 07.50 तक	सूर्य स्वर	सिर के दायें हिस्से में।
	07.50 से 08.50 तक	चन्द्र स्वर	कामदेव सुप्त रहते हैं।
	08.50 से 09.50 तक	सूर्य स्वर	सिर के दायें हिस्से में।
	09.50 से 10.50 तक	चन्द्र स्वर	कामदेव सुप्त रहते हैं।
रात्रिकाल	10.50 से 11.50 तक	सूर्य स्वर	सिर के दायें हिस्से में।
	11.50 से 12.50 तक	चन्द्र स्वर	कामदेव सुप्त रहते हैं।
	12.50 से 01.50 तक	सूर्य स्वर	सिर के दायें हिस्से में।
	01.50 से 02.50 तक	चन्द्र स्वर	कामदेव सुप्त रहते हैं।
	02.50 से 03.50 तक	सूर्य स्वर	सिर के दायें हिस्से में।
	03.50 से 04.50 तक	चन्द्र स्वर	कामदेव सुप्त रहते हैं।
	04.50 से 05.50 तक	सूर्य स्वर	सिर के दायें हिस्से में।
	05.50 से 06.50 तक	चन्द्र स्वर	कामदेव सुप्त रहते हैं।

कृष्ण पक्ष की उपरोक्त तिथियों में प्रातःकाल सूर्योदय के समय से क्रमशः एक–एक घंटे के अंतराल से सूर्य स्वर से प्रवाह प्रारंभ होता है, जिसमें कामदेव का निवास सिर के दायें हिस्से में रहता है। इसके विपरीत चंद्र स्वर के प्रवाह समय में कामदेव सुप्तावस्था में रहते हैं इसलिए भूलकर भी उनकी सुप्तावस्था में काम अर्थात् स्त्री संसर्ग का विचार नहीं करना चाहिए अन्यथा कामदेव की क्रोधित अवस्था का सामना करना पड़ सकता है व पुरुषार्थ गुणों में कमी आ सकती है। इसलिए ऐसा करना भी पड़े तो स्वर परिवर्तित अवश्य करें।

कृष्ण पक्ष की चतुर्थी, पंचमी, षष्ठी, दशमी, एकादश एवं द्वादश तिथि को सूर्योदय के समय प्रातःकाल सर्वप्रथम चंद्र स्वर का प्रवाह होगा। जो एक–एक घंटे के अंतर से नियमित प्रवाहित रहता है।

काल	**समय**	**स्वर प्रवाह**	**कामदेव का निवास**
प्रातःकाल	06.50 से 07.50 तक	चंद्र स्वर	सिर के बायें हिस्से में।
	07.50 से 08.50 तक	सूर्य स्वर	कामदेव सुप्त रहते हैं।
	08.50 से 09.50 तक	चंद्र स्वर	सिर के बायें हिस्से में।
	09.50 से 10.50 तक	सूर्य स्वर	कामदेव सुप्त रहते हैं।
	10.50 से 11.50 तक	चंद्र स्वर	सिर के बायें हिस्से में।
	11.50 से 12.50 तक	सूर्य स्वर	कामदेव सुप्त रहते हैं।
मध्यान्ह काल	12.50 से 01.50 तक	चंद्र स्वर	सिर के बायें हिस्से में।
	01.50 से 02.50 तक	सूर्य स्वर	कामदेव सुप्त रहते हैं।
	02.50 से 03.50 तक	चंद्र स्वर	सिर के बायें हिस्से में।
	03.50 से 04.50 तक	सूर्य स्वर	कामदेव सुप्त रहते हैं।
	04.50 से 05.50 तक	चंद्र स्वर	सिर के बायें हिस्से में।
	05.50 से 06.50 तक	सूर्य स्वर	कामदेव सुप्त रहते हैं।
सायंकाल	06.50 से 0750 तक	चंद्र स्वर	सिर के बायें हिस्से में।
	07.50 से 08.50 तक	सूर्य स्वर	कामदेव सुप्त रहते हैं।
	08.50 से 09.50 तक	चंद्र स्वर	सिर के बायें हिस्से में।
	09.50 से 10.50 तक	सूर्य स्वर	कामदेव सुप्त रहते हैं।

रात्रिकाल	10.50 से 11.50 तक	चंद्र स्वर	सिर के बायें हिस्से में।
	11.50 से 12.50 तक	सूर्य स्वर	कामदेव सुप्त रहते हैं।
	12.50 से 01.50 तक	चंद्र स्वर	सिर के बायें हिस्से में।
	01.50 से 02.50 तक	सूर्य स्वर	कामदेव सुप्त रहते हैं।
	02.50 से 03.50 तक	चंद्र स्वर	सिर के बायें हिस्से में।
	03.50 से 04.50 तक	सूर्य स्वर	कामदेव सुप्त रहते हैं।
	04.50 से 05.50 तक	चंद्र स्वर	सिर के बायें हिस्से में।
	05.50 से 06.50 तक	सूर्य स्वर	कामदेव सुप्त रहते हैं।

कृष्ण पक्ष की उपरोक्त तिथियों में उपरोक्त क्रम से एक–एक घंटे के नियमित अंतराल से श्वास प्रवाह प्रातःकाल सूर्योदय के समय चंद्र स्वर से प्रारंभ होकर प्रवाहित होता है। इस समय कामदेव का निवास सिर के बायें हिस्से में रहता है परन्तु इसके विपरीत सूर्य स्वर के प्रवाह समय में कामदेव निद्रामग्न होते हैं और इस समय उन्हें उठाना उनके क्रोध की ज्वाला को भड़काने के समान है इसलिए सावधानी वश इस समय में जबकि सूर्य स्वर का प्रवाह हो काम इच्छा को दबाकर रखना ही श्रेयस्कर है अन्यथा हानि होने की संभावना प्रबल हो जाती है।

अध्याय 5

स्वरोदय तंत्र द्वारा कार्य सिद्धि के अचूक उपाय

जगत जननी, जगतप्रसूता मां भगवती ने एक लंबी मुस्कान लेकर अपने प्राणेश्वर भगवान शिव के ओजस्वी मुखमंडल की ओर निहारा और चिलम को देखने लगीं मानो पूछ रही हों प्रभु थोड़ी हरीरज और भर लाऊं। प्रभु ने अपनी पारो की भाव भंगिमाओं को पहचान लिया और मुस्कराकर बोले, हे मेरी कामेश्वरी, लगता है तेरी ये जिज्ञासा शांत होने की अपेक्षा और तीव्र हो गई है। भगवती खिलखिलाकर बोलीं, हे मेरे कामेश्वर, आप तो अंतर्यामी हैं, फिर भी पूछ रहे हैं, आपके इस अद्‌भुत स्वरोदय तंत्र ज्ञान ने मेरी जिज्ञासा की अग्नि में घी का काम कर इसे और भड़का दिया है इसलिए हे प्राणनाथ मेरे मानव पुत्रों–पुत्रियों के कल्याणार्थ इन स्वरों में किए जाने योग्य कार्यों को जानने की मेरी जिज्ञासा को आप शांत कीजिए, परन्तु पहले मैं आपके लिए अपनी इस सौतन चिलम में हरीरज भरकर लाती हूं और मां भगवती प्रभु चरणों से उठकर चिलम भरने चली गई। भोले भंडारी उनके इस कटाक्ष पर अट्टहास कर खिलखिला उठे और नेत्र बंद कर कुछ सोचने लगे।

हे मेरे हरीरजानन्द, मां भगवती का यह सम्बोधन सुनकर मुस्कराते हुए भगवान भोलेनाथ ने अपने नेत्र खोलें और चिलम लेकर एक लंबा कश खींचा और मुस्करा बोले, हे मेरी हरी रजानन्दी ये चिलम तो मुझे मात्र निश्चित समय सीमा तक ही तरंगित करती है, परन्तु तू तो स्वयं मेरी तरंगिनी है जिसके बिना तो मैं भी स्वयं को अधूरा महसूस करता हूं। मां भगवती नें गंभीरता धारण करते हुए कहा हे मेरे प्राणेश्वर मैं तो यूं ही बस..... और

दोनों इस प्रकार खिलखिला उठे मानों मधुर स्वर लहरी घंटियां वातावरण को लय और ताल देकर अपनी मधुर स्वर लहरी से आनंदित कर रही हों। उस समय ऐसा लगने लगा मानो पक्षी, चहचहा उठे हों, वृक्षों के पत्ते भी मुस्कराते प्रतीत होने लगे, हिमालय का कण–कण इस मीठी खिलखिलाहट से खिल उठा हो और पृथ्वी और आकाश, जल और वायु सभी स्तब्ध हो उठे और इस मधुर खिलखिलाहट का पूर्ण रसास्वादन करने लगे।

हिमालय की इस मूक स्तब्धता को तोड़ते हुए भगवान शिव ने मां पार्वती से कहना प्रारम्भ किया कि हे मेरी स्वररागिनी, तेरे मानव पुत्रों–पुत्रियों के कल्याणार्थ मैं तुझे श्वास–प्रश्वास की उपस्थिति अर्थात् स्वरों के प्रवाह अनुसार उन स्वरों में किए जाने वाले कार्यों के विषय में बताता हूं, क्योंकि यदि कोई भी कार्य अथवा उस कार्य का प्रारंभ उसके लिए निश्चित किए गए स्वर प्रवाह अनुसार किया जाए तो निश्चित ही सफलता प्राप्त होती है, इसमें किसी प्रकार के संदेह की कोई संभावना नहीं है और हे मेरी स्वरलहरी, तेरे पुत्रों पुत्रियों के लिए स्वरोदय तन्त्र का यही सर्वाधिक लाभ है कि वह अपने दैनिक कर्मों में स्वर प्रवाह अनुसार कार्य करके लाभान्वित हो इसलिए, हे मेरी स्वरतरंगी, ध्यानपूर्वक सुन! सर्वप्रथम मैं तुझे सूर्य स्वर में किए जाने योग्य कार्यों के विषय में बतलाता हूं कि कौन–कौन से कार्य सूर्य स्वर में करने से मानव को लाभ होता है –

सूर्य स्वर का तात्पर्य यह है कि जिस समय मानव की दायीं नासिका से श्वास प्रवाह हो रहा हो अर्थात् नासिका के दायें छिद्र से श्वास–प्रश्वास का आवागमन हो। इसे पिंडला नाड़ी भी कहा जाता है। यह क्रूर कर्मों को करने के लिए उचित होती है, जो कि इस प्रकार है –

1. **मनुष्य को चाहिए कि वह षटकर्मों को सूर्य स्वर के प्रवाह में ही करे। ये कर्म इस प्रकार हैं–मारण, उच्चाटन, स्तम्भन, विद्वेषण, वशीकरण मोहन एवं आकर्षण, प्रेरणा, क्षोभण इत्यादि।** षटकर्म तन्त्र के अतंर्गत आते हैं जो कि स्वयं में एक गूढ़ और रहस्यमय विज्ञान है। षटकर्म करते समय यदि इच्छित स्वर प्रवाहित न हो रहा हो तो उसे चाहिए कि वह अपनी बायीं नासिका के छिद्र को बंद करके दायें नासा छिद्र से श्वास खींचे और बायीं नासिका से प्रश्वास छोड़े। इस प्रकार करने से वह षटकर्मों में सफलता अर्जित कर सकता है। सूर्य स्वर में, जो कि सीधे हाथ की ओर प्रवाहित होता है बड़े–बड़े ऋषि मुनि और तपेश्वरी यदि कुपित हो जाएं तो इसी हाथ पर जल रखकर किसी को भी श्रापित करने की क्षमता रखते हैं। और इसी जल द्वारा वे संपूर्ण मानव जीवन को समूल नष्ट करने की क्षमता भी अपने तेजोबल के कारण रखते हैं। यह स्वर

लेन–देन की स्थिति में अति उत्तम होता है। जैसे कि आशीर्वाद का देना, दुआओं का देना, विद्या का दान देना, पुरुषों को गुरुओं द्वारा बीज मंत्र प्रदान करना और गुरुओं द्वारा रिद्धि–सिद्धि का शक्तिपात शिष्य को करना, यह सब इसी सूर्य स्वर की महिमा है। साधक साधना करते समय यदि अपने इष्ट देवता का इस स्वर में ध्यान योग करें और यही स्वर रोककर मिनट, दो मिनट अथवा यथा सामर्थ्य इस स्वर को रोककर बैठा रहे तो उसके अपने इष्ट देवता से भी मिलन संभव हो सकता है। उग्रकर्मों में मारण, जारण, अर्थात् (किसी को तड़पा–तड़पाकर रोगी बनाकर दुःख देना) उच्चाटन (किसी को दर–दर भटकाना), विद्वेषण (अर्थात् आपस में बैर करवाना), स्तंभन (अर्थात् किसी को रोकना अनचाहे व्यक्ति को जिससे हमे किसी प्रकार का भय है जो कि हमारे समीप न आए, उसे वहीं रोकना स्तंभन कहलाता है)। इन्हीं कर्मों के अनुसार किसी पर चौकी रखना अर्थात् किसी पर रखी चौकी को उतारना, प्रेतबाधा के आवेश को समाप्त करना, किसी को जीवन दान देना भी इसी सूर्य स्वर की महिमा है। इसके अंतर्गत साधक यदि किसी को कटु वचन बोल दे तो वह कटु वचन जिसके लिए बोले गए हैं उसके लिए ब्रह्म अस्त्र बनकर उसको आघात का इतना भयानक कार्य करते हैं कि उसका रखवाला भगवान ही होता है।

2. मनुष्य को चाहिए कि वह सभी प्रकार के क्रूर एवं क्रूरता संबंधित कार्यों को सूर्य स्वर के प्रवाह में ही करें तभी उसे सफलता मिल सकती है अन्यथा नहीं। क्रूर कर्मों को करने हेतु अधिक शक्ति, साहस, हिम्मत, बल एवं पराक्रम की आवश्यकता होती है, जो कि सूर्य स्वर में प्रारम्भ करने से उसे अधिक बल प्रदान करेगा। सूर्य स्वर अर्थात् पिंगला नाड़ी पुरुषोचित गुणों से भरपूर है, यही कारण है कि श्मशान में बैठकर, निर्जन स्थान पर बैठकर, उजाड़ खंडहर में बैठकर, नदी अथवा जलाशय के तट पर और निर्जन वन में दक्षिण दिशा की ओर मुख करके करने पर शीघ्र सफलता प्रदायक होते हैं। इसमें अंडे की, बकरे की, मुर्गे की, सूअर आदि की बलि भी दी जा सकती है।

3. मनुष्य को चाहिए कि वह सभी प्रकार के चर कर्मों को भी सूर्य स्वर के प्रवाह में ही करे। चर का अभिप्राय चलायमान, गतिमान, गतिशील क्रियाओं से है जैसे दौड़ना, तैरना, शस्त्र संचालन, वाहन संचालन करना इत्यादि। इसलिए यदि चर कर्मों को सूर्य स्वर के प्रवाह में प्रारंभ किया जाए तो निश्चित ही सफलता प्राप्त होती है। ऐसे कर्मों में युद्ध का अभ्यास, गुप्त योजनाएं एवं किसी बहुत बड़े शत्रु

की गतिविधियों की जानकारी और गुप्त शत्रुओं पर आक्रमण, कवच भेदन, सैन्य भेदन आदि भी किया जा सकता है।

4. आखेट अर्थात् शिकार करने जैसे कर्मों को भी सूर्य स्वर में ही करना श्रेयस्कर होता है, विपरीत स्वर में करने से मानव स्वयं भी शिकार हो सकता है, तेरा ये मानव क्योंकि शिकार भी करता है जो क्रूर कर्मों के ही अंतर्गत आता है। आखेट में नर प्राणियों का ही आखेट श्रेयस्कर रहता है, गर्भवती मादाएं, सुन्दर मादाएं अथवा किसी प्रकार की मादा का आखेट, आनेवाली पीढ़ियों में विकलांगता ला सकता है।

5. मनुष्य को चाहिए कि किसी भी प्रकार के जीव की सवारी करनी हो जैसे घुड़सवारी, हाथी की सवारी, रथ संचालन अथवा वाहन संचालन इत्यादि, सभी प्रकार की सवारी वाले कर्मों को सूर्य स्वर में करना अत्युत्तम और लाभदायक है। चंद्र स्वर अथवा सुष्मना अर्थात् शम्भु स्वर में इस प्रकार के कार्यों को करने से हानि होने की संभावना अति बलवती हो जाती है। इन सवारियों के ऊपर आरूढ़ होने से प्रथम पृथ्वी को नतमस्तक प्रणाम करना अनिवार्य है, तदुपरांत सवारी के भी चरण छूना अति आवश्यक है, तभी आरुढ़ हों तो उत्तम है।

6. मानव शरीर और स्वास्थ्य हेतु व्यायाम अत्यंत लाभदायक क्रिया है। व्यायाम करते समय उसका संपूर्ण शरीर चलायमान अर्थात् चर स्थिति में रहता है, अतएव व्यायाम करते समय सूर्य स्वर के प्रवाह का ध्यान अवश्य करना चाहिए। यदि वह विपरीत स्वर में व्यायाम करेगा तो उसे लाभ की अपेक्षा हानि ही होगी व अनेकों प्रकार की व्याधियों को स्वयं आमंत्रित कर सकता है। यदि समय का अभाव हो और विपरीत स्वर का प्रवाह हो रहा हो तो मानव को चाहिए कि वह अपना स्वर परिवर्तित कर सूर्य स्वर को चलाए, तभी व्यायाम से उसे लाभ मिल सकता है। व्यायामकर्ता जब भी अपनी व्यायामशाला में पहुंचे अपने गुरुजनों के, अपने इष्ट के और भूमि के चरण अवश्य स्पर्श करे और तीनों का आशीर्वाद प्राप्त करने के पश्चात् ही अभ्यास प्रारंभ करे। आज के युग में इन्हें HEALTH CLUB कहते हैं, इनमें मशीनों के चरण स्पर्श करें।

7. तेरा ये मानव कभी अपनी क्रूर प्रवृत्ति की संतुष्टि हेतु तो कभी अपनी आत्मरक्षा हेतु शस्त्र संचालन करता है और दोनों ही स्थितियों में महत्वपूर्ण है शस्त्र संचालन, इसलिए कि शस्त्र संचालन भी एक चर एवं क्रूर कर्म है। अतएव इसे भी सूर्य स्वर के प्रवाह में ही करना श्रेयस्कर है अन्यथा विपरीत स्वर में शस्त्र

संचालन करने से उसे अपनी जान से भी हाथ धोना पड़ सकता है। यदि किसी कारणवश ऐसा करना भी पड़ जाए तो उसे चाहिए कि वह अपना इच्छित स्वर परिवर्तित कर उदय कर ले और अपनी सफलता निश्चित कर ले। घर में डकैती पड़ती हो, उस समय जो भी वस्तु हाथ में आए वही आत्मरक्षा का शस्त्र हो जाती है, प्रतिद्वंद्वी पर आक्रमण करना हो, उग्रवादी घर में घुस आएं, कोई उद्दण्ड रास्ता रोके अथवा शत्रु पर प्रहार करना हो तो यही स्वर सर्वार्थ देने वाला होता है।

8. अपनी उच्च महत्वाकाक्षाओं की पूर्ति हेतु तेरा ये मानव आकाश–पाताल एक करना चाहता है। वह समुद्र की गहराई और आकाश की ऊंचाइयों को छूना चाहता है। इसकी पूर्ति के लिए वह निरंतर पर्वतारोहण जैसे कार्यों को करता रहता है। इसलिए उसे चाहिए कि पर्वतारोहण का प्रारंभ वह सूर्य स्वर के प्रवाह में ही करे तो सफलता प्राप्त कर सकता है और यदि समुद्र की गहराइयों में गोताखोरी जैसे कार्य करने हों तो भी सूर्य स्वर के प्रवाह में करे। इतना ही नहीं समुद्री जहाज की यात्रा अथवा वायुयान की यात्रा करनी हो तो भी सूर्य स्वर के प्रवाह में ही करे अन्यथा हानि होने की संभावना हो जाती है। उंची–उंची अट्टालिकाओं पर चढ़ना, उंचे–उंचे दुर्गम दुर्गों पर चढ़ाई करना इत्यादि कर्मों में भी सूर्य स्वर के प्रवाह का ध्यान अवश्य रखे अन्यथा उंचाई से गिरने का भय सदैव उसके मन मस्तिष्क पर हावी रहेगा। दुर्गम दुर्गों पर ध्वजारोहण, अट्टालिकाओं पर ध्वजारोहण, मंदिरों की प्राचीरों पर ध्वजारोहण एवं प्रतीक चिह्न लगाना एवं अट्टालिकाओं पर रंग रोगन करना, उत्सवों के अवसरों पर दीपमालाएं एवं बल्बों की रोशनी इसी स्वर में उचित होता है।

9. किसी भी प्रकार के काट–छांट वाले कर्मों में भी सूर्य स्वर का प्रवाह लाभकारी होता है, भले ही वह वस्त्रों की काट–छांट हो, कागज की अथवा अन्य किसी सामग्री की या फिर पशु–पक्षियों की, सभी कर्मों में, जिनमें काट–छांट होती है, सूर्य स्वर का प्रवाह ही होना श्रेयस्कर होता है। यहां तक कि कलम आदि भी छीलकर बनानी हो तो इसी स्वर मे ही बनाना उचित होता है। सब्जी आदि को यदि सूर्य स्वर में काट कर बनाया जाए तो अति पौष्टिक एवं स्वास्थ्यवर्धक बनती है। रोटी को सेंकना, आटे को मांडना भी इसी स्वर में उचित है।

10. क्रय–विक्रय अर्थात् लेन–देन, विशेषतया पशु–पक्षियों के क्रय–विक्रय के समय सूर्य स्वर के प्रवाह का ध्यान अवश्य करना चाहिए। ऐसा करने से क्रय–विक्रय में लाभ मिलता है। विपरीत स्वर प्रवाह में क्रय–विक्रय करने से निश्चित ही हानि

होती है। विक्रयकर्ता का चाहिए कि वह अपने दायें हाथ में ही पैसे पकड़े और उसी हाथ से पशु की डोर पकड़े तो उत्तम है।

11. झगड़ा करना, विवाद उत्पन्न करना जैसे क्रूर कर्म मनुष्य करता ही रहता है, अन्यथा तो उसे ऐसा करने से बचना चाहिए किन्तु कई बार स्थिति–परिस्थितिवश भी उसे ऐसा करना पड़ जाता है, इसलिए विवादास्पद निर्णयों हेतु अथवा लड़ाई–झगड़ों के समय सूर्य स्वर के प्रवाह का ध्यान अवश्य रखना चाहिए अन्यथा विपरीत स्वर प्रवाह में करने से हानि होने की संभावना ही अधिक होती है।

12. शस्त्र संचालन से अधिक महत्वपूर्ण है, शस्त्र धारण करना क्योंकि यदि सही स्वर में शस्त्र धारण न किया गया हो तो उसका संचालन प्रभावित हो सकता है। अतएव शस्त्र धारण सूर्य स्वर के प्रवाह में ही करना हितकर है। विपरीत स्वर में शस्त्र धारण करने से ऐसा शस्त्र स्वयं के लिए भी घातक हो सकता है। शस्त्र को धारण करने से प्रथम शस्त्र को नतमस्तक प्रणाम करना अनिवार्य है और सूर्य स्वर में सीधे हाथ से ही स्पर्श करके उठाना चाहिए और मन में यह कहे कि तुम मेरे मित्र बनकर रक्षा करना।

13. **बैरी को नेह बुरो** अर्थात् शत्रु से स्नेह नहीं करना चाहिए, जिसका परिणाम घातक ही होता है, इसलिए शत्रु को दण्डित करने एवं दण्डित करते समय सूर्य स्वर का प्रवाहित होना आवश्यक है, यदि विपरीत स्वर प्रवाहित हो रहा हो तो उसे परिवर्तित कर सूर्य स्वर में बदलें, ऐसा करने से शत्रु को उचित दण्ड देकर समाप्त किया जा सकता है। शत्रु से गुप्त राज उगलवाना हो, उसे प्रताड़ित करना हो तो सूर्य स्वर में ही करना चाहिए। शत्रु को प्रभावित करते हुए सर्वप्रथम उसे नमक का पानी अवश्य पिलाएं, फिर उसे बताशे अवश्य खिलाएं, उसकी बुद्धि और विवेक क्षीण हो जाएंगे और वह अपना ओज और तेज खो देगा और जैसे आप चाहते हैं, वैसा ही आपके अनुसार राज बता देगा।

14. युद्ध गमन करते समय अथवा किसी का विध्वंस करने जाते समय सूर्य स्वर का प्रवाहित होना आवश्यक है क्योंकि सूर्य स्वर में युद्ध पर गया योद्धा विजयी होकर लौटता है और विपरीत स्वरों के प्रवाह में युद्ध भूमि में गया हुआ योद्धा वापस नहीं आता और मृत्यु को प्राप्त हो जाता है। यदि किसी कारणवश युद्ध गमन हेतु जाना पड़ जाए और अनुकूल स्वर का प्रवाह न हो रहा हो तो स्वर परिवर्तित करके ही गमन करना श्रेयस्कर है। ऐसे वीर योद्धा को चाहिए कि वह घर से चंद्र स्वर

में निकले और अपने आयुध भंडार में सूर्य स्वर में प्रवेश करे तो विजय निश्चित है।

15. भ्रष्ट कार्यों को करते समय भी सूर्य स्वर का ध्यान रखना चाहिए क्योंकि भ्रष्ट कार्य भी क्रूर कर्मों के अंतर्गत ही आते हैं। हालांकि भ्रष्ट कार्य मनुष्यता के लिए कलंक हैं किन्तु मनुष्य ऐसे कर्मों को करके भी अपने अहं की ही तुष्टि करता है। बैंक–डकैती, स्त्रियों का अपहरण, फिरौती मांगना, शेयर–घोटाला, रिश्वत खोरी, जमीन जायदाद संबंधी कार्य, मुकद्दमा आदि इसी स्वर में सिद्ध होते हैं।

16. द्युत क्रीड़ा अर्थात् जुआ खेलना भी चर एवं क्रूर कर्म है। कहावत है कि **जुआ–किसी का न हुआ** यही द्युत–क्रीड़ा महाभारत का कारण बन गई थी। अतः यूं तो जुआ खेलना ही नहीं चाहिए किन्तु तेरा ये मानव जो करे सो कम है। जुआ खेलने जाते समय सूर्य स्वर का प्रवाह होना आवश्यक है अन्यथा जुए में हानि ही होती है। द्युत ग्रह के अंदर सूर्य स्वर में प्रवेश करे, पासे, पत्ते, टेल, प्लेस, विन और नम्बर सब सूर्य स्वर में ही खेलने चाहिए। सूर्य स्वर में 3,9 का अंक कैसिनों में फायदा देता है।

17. मनुष्य चोरी–चकारी जैसे कर्मों में भी लिप्त रहता है। यह अत्यंत ही सावधानी रखने वाला गुप्तता का कार्य है, क्योंकि पकड़े जाने के भय मात्र से ही चोर की रूह काँप जाती है। यह एक क्रूर कर्म है, इसीलिए इस प्रकार के कर्मों को करते समय सूर्य स्वर का प्रवाह ही होना चाहिए अन्यथा चोरी करने गया चोर लौट कर नहीं आता। वाहन चुराना, तिजोरी खोलना, जौहरियों की दुकान में चोरी, कोषागार में चोरी, इसी स्वर में फल प्रदान करती हैं।

18. मद्यपान, सुरापान, धूम्रपान अथवा किसी भी प्रकार के नशे वाली वस्तुओं एवं पदार्थों का भोग करते समय सूर्य स्वर का प्रवाह होना अत्युत्तम है, साथ ही अनिष्टकारी रोगों से बचाव भी करवाता है। यही व्यसन यदि विपरीत स्वरों में किए जाएं तो आकस्मिक रूप से अनेक प्रकार के रोगों से मानव ग्रसित हो जाता है। इस स्वर में गहरे नशे जैसे स्मैक, चरस, गांजा, भांग, अफीम का सेवन और धतूरे के बीजों का सेवन भी शरीर पर प्रतिक्रियात्मक प्रभाव नहीं डालता और सूर्य के तेज से ये नशे क्षीण हो जाते हैं। रात्रि में नशा करने वाले बीमार इसलिए रहते है क्योंकि रात्रि में चंद्र बलवान हो जाता है।

19. मनुष्य को चाहिए कि वह किसी भी प्रकार की औषधी का सेवन सूर्य स्वर में ही

करे तो उत्तम है, ऐसा करने से उसे औषधी का सर्वाधिक लाभ प्राप्त होगा। वनों से औषधी अथवा वनस्पति तोड़ना, संग्रह करना, कूटना, पीसना, औषधी निर्माण जैसे कार्य भी सूर्य स्वर में ही करना उत्तम होता है। विपरीत स्वरों मे उपरोक्त सभी कार्य विपरीत फल प्रदान करते हैं, अतएव यदि विपरीत स्वर चल रहा हो तो उसे परिवर्तित करके ही औषधी सेवन अथवा औषधी संबंधित कार्यों को करना चाहिए। ऐसे समय में ईशान्य कोण की ओर मुख करके औषधी सेवन कर्त्ता यदि औषधी सेवन करे तो उसे शीघ्र इच्छानुरूप लाभ होता है।

20. गूढ़, रहस्यमयी, कठिन एवं क्रूर विद्याओं का ज्ञान भी सूर्य स्वर मे ही प्राप्त करना उत्तम होता है, तभी ये विद्याएं मनुष्य के लिए सिद्धि प्रदायक होती हैं अतएव गुप्त विद्याओं के पठन के समय सूर्य स्वर के प्रवाह का ध्यान रखना ही श्रेयस्कर है विपरीत स्वरों में इन विद्याओं का ज्ञान प्राप्त करना, पठन–पाठन करना स्वयं के अतिरिक्त अन्य के लिए उपयोगी नहीं होता। सभी प्रकार के प्रयोग, अनुष्ठान और तांत्रिक क्रियाएं जिसमें भूत, योगिनी, यक्षिणी, भैरवी, डाकिनी, शाकिनी आदि की भी पूजा अर्चना पश्चात् बलिपूजन के लिए सारी सामग्री सूर्य स्वर मे ही दी जाती है।

21. मनुष्य को चाहिए कि वह अपने कार्यों की सिद्धि हेतु यदि राज–दर्शन, अथवा उच्च पदाधिकारियों से मिलने हेतु जाए तो सूर्य स्वर के प्रवाह में जाने से अथवा राज–दर्शन करने से उसके सभी कार्य सिद्ध हो जाते हैं। इसके विपरीत स्वर में उसके कार्यों में हानि होती है। अपने से बड़े अधिकारी से, न्यायाधीश से, राज्य कर्मचारी से, राजा से, प्रधानमंत्री और राष्ट्रपति से, मिलने के लिए यही स्वर श्रेष्ठ है। इस स्वर में अपने उच्च पदाधिकारियों को अपने सूर्य स्वर के सम्मुख ही रखना चाहिए।

22. **व्यवहार मनुष्य कर्मों का सर्वाधिक महत्वपूर्ण पहलू है, बिना व्यवहार कुछ भी प्राप्त नहीं हो सकता।** यह व्यवहार लेन–देन, क्रय–विक्रय अथवा आदान–प्रदान और अभिव्यक्ति इत्यादि का हो सकता है। अतएव व्यवहार किसी भी प्रकार हो मनुष्य को चाहिए कि वह व्यवहार करते समय सूर्य स्वर को ही प्राथमिकता दे, तो सफलता अर्जित कर सकता है। विपरीत स्वरों में किया गया व्यवहार उसके लिए अनिष्टकारी और हानिकारक हो सकता है। अतिथि सत्कार, लड़का–लड़की का विवाह हेतु देखना–दिखाना, नई वस्तुओं का लाना, जिसमें घर की प्रत्येक प्रकार की उपयोगी वस्तुएं हों, सब इसी स्वर में किया जाना उचित है।

23. अपने अभिष्ट की सिद्धि हेतु मनुष्य अनेकों प्रकार की कठिन यौगिक साधनाएं एवं क्रियाएं करता है, परन्तु सफलता उसे यदा–कदा ही प्राप्त होती है, क्योंकि वह अपने कर्म अनुसार निश्चित कर्म को नहीं करता। यदि सूर्य स्वर के प्रवाह से इन यौगिक क्रियाओं एवं साधनाओं को प्रारंभ किया जाए तो निश्चित ही सफलता प्राप्त होगी, इसमें संशय की कोई संभावना नहीं है। इसमें हठयोग, यौगिक क्रियाएं, व्यायाम, ध्यानयोग, धार्मिक ग्रंथों का पठन–पाठन, मंत्रों की सिद्धि, माला द्वारा जाप और आरती, पूजा–पाठ, नियमित साधनाएं, यज्ञ, कर्म आदि अति उत्तम होता है।

24. **विषय वस्तु का भोग और भोग संबंधित कार्य करना मनुष्य को अतिप्रिय है,** वह सभी सांसारिक भोगों को भोगना चाहता है, भले ही उसके लिए उसे कुछ भी करना पड़े। उसे चाहिए कि भोग संबंधी कार्यों का प्रारंभ सूर्य स्वर के प्रवाह से करे तो निश्चित ही सफलता प्राप्त होगी। विपरीत स्वरों में किए गए भोग संबंधी कार्य विपरीत फल ही प्रदान करते हैं। इसलिए यदि भोग संबंधी कार्य करने हों तो स्वर को परिवर्तित करके ही किया जाना श्रेयस्कर होता है।

25. तन्त्र–मन्त्र–यन्त्र से संबंधित साधनाओं को करते समय साधक को चाहिए कि भूल से भी विपरीत स्वरों अर्थात् चंद्र स्वर एवं सुष्मना के चलते समय न करे अन्यथा हानि हो सकती है। ये साधनाएं अत्यंत गुप्त एवं गूढ़ हैं, इनमें सफलता प्राप्त करने हेतु सूर्य स्वर का प्रवाह ही अत्युत्तम होता है। सूर्य स्वर के प्रवाह में प्रारंभ किया गया साधना संबंधी कार्य निश्चित रूप से फलदायक होता है। तांत्रिक क्रियाएं, यन्त्र निर्माण एवं मंत्रोच्चारण इत्यादि के समय सूर्य स्वर ही लाभदायक होता है विशेषतौर पर वीर मन्त्रों की उपासना सूर्य स्वर में अत्यंत लाभकारी होती है। षटकर्मों में भी इसलिए सूर्य स्वर की महत्ता प्रधान मानी गई है। शव साधना, भूत साधना, भैरवी साधना, प्रेत साधना, कर्ण पिशाचिणी और निकृष्ट साधनाएं भी इसी स्वर में सफलता प्रदान करने वाली होती हैं। बीज मंत्रों का जाप, गुरु द्वारा बताए गए गुप्त रहस्यों का प्रतिक्रियात्मक प्रयोग और अनेकों प्रकार के कुदृष्टियों का समापन, ऊपरी–पराई का इलाज, किए धरे का इलाज एवं असाध्य रोगों का इलाज एवं इससे संबंधित उपचार भी इसी स्वर में सफल होते हैं।

26. **ज्ञान जितना बांटा जाए उतना ही बढ़ता है** अध्यापन कार्य इसी के अंतर्गत आता है, अध्यापन का तात्पर्य है ज्ञान देना, अतः एव अध्यापन कार्य के प्रारंभ में सूर्य स्वर का चलना बहुत लाभदायक है, इससे ज्ञान बहुत जल्दी इच्छुक को प्राप्त

हो जाता है। अध्यापक अथवा प्रोफेसर अथवा ज्ञानी व्यक्ति को चाहिए कि वह अध्यापन के समय सूर्य स्वर के प्रवाह से ही प्रारंभ करे अन्यथा विपरीत स्वरों में दिया ज्ञान व्यर्थ भी जा सकता है। शिष्य को उसके बुद्धि अनुसार जिस विषय को गुरु पढ़ाता है उस विषय में समझाना, उसके उदाहरण देना, उससे लेखन कार्य करवाना इस स्वर की विशेषता है।

27. लेखन कार्य, भले ही वह किसी भी प्रकार का लेखन कार्य हो जैसे पत्र इत्यादि लिखना, साहित्य, कविता, ग्रंथ, कहानी अथवा कोई अन्य सभी प्रकार के लेखन संबंधित कार्यों में सूर्य स्वर के प्रवाह से प्रारंभ करना प्रत्येक दृष्टि से अत्युत्तम है। विपरीत स्वरों में किया गया लेखन कार्य विपरीत मस्तिष्कीय तरंगो के प्रभाव के कारण निष्फल हो सकता है। लिपि लेखन संबंधी कार्यों को भी सूर्य स्वर में करना श्रेष्ठ फलदायक है।

28. **जिस प्रकार प्राणवायु मानव जीवन का आधार है, उसी प्रकार भोजन मानव के शरीर, मन, मस्तिष्क के लिए प्राणदायक है।** भोजन उसकी वृद्धि और बुद्धि दोनों को प्रभावित करता है, इसलिए भोजन सदैव ही सूर्य स्वर के प्रवाह से प्रारंभ करना चाहिए अन्यथा विपरीत स्वरों में भोजन करने से भोजन संबंधी मंदाग्नि उत्पन्न होकर अनेकों व्याधियों को आमंत्रित कर सकती है। मनुष्य को चाहिए कि यदि उसका विपरीत स्वर चल रहा हो तो भोजन से पांच मिनट पहले अपनी बायीं नाक के छिद्र को रूई से बंद कर ले तत्पश्चात् भोजन करे तो उसे मंदाग्नि अथवा पाचन संबंधी रोगों का भय नहीं रहेगा। सूर्य स्वर में किया गया भोजन अधिक तीव्रता से पच जाता है और उदर संबंधी रोगों पर भी नियंत्रण रखता है। अचानक अथवा बेध्यानी में किया गया भोजन जब व्यक्ति कर चुके तो वह अपनी जठराग्नि को तीव्र करने के लिए ओर भोजन पचाने के लिए उल्टे हाथ की करवट से लेट जाए, तो सूर्य (सीधा) स्वर स्वतः चलने लगेगा और जठराग्नि में अग्नि प्रज्ज्वलित हो जाएगी। भोजन आनंदपूर्वक पचाकर पाचन क्रिया पूर्णरूप से कार्य करेगी।

29. **स्नान मनुष्य का दैनिक कर्म है, जो उसे सारा दिन शक्ति, स्वास्थ्य, स्फूर्ति और तरोताजगी प्रदान करता है।** यदि स्नान सूर्य स्वर के प्रवाह में किया जाए। अन्यथा विपरीत स्वर में किया गया स्नान निष्फल हो जाता है। स्नान करने से पूर्व स्नानकर्ता अपने मुंह में पानी भर ले, तदुपरान्त स्नान करे। इस प्रकार स्नान करने से शरीर का तापमान सदैव ही स्थिर रहता है। नजला, जुकाम

नहीं होता। सिर के बाल नहीं झड़ते, जोड़ इत्यादि में दर्द नहीं होता। नेत्र ज्योति सदैव ही बनी रहती है। नजर कमजोर नहीं होती।

30. **दान देना परोपकारिता का पर्याय है,** इसलिए सूर्य स्वर में दिया गया दान कई गुणा अधिक फलदायक होता है। इसी प्रकार सूर्य स्वर मे ही दान ग्रहण भी करना चाहिए। अतएव दान लेना अथवा देना सूर्य स्वर में करना ही श्रेयस्कर है। सूर्य स्वर में दिया गया दान ग्रहणकर्ता के लिए शुभ होता है, इसी प्रकार सूर्य स्वर में ग्रहण किया गया दान दानकर्ता के लिए शुभ फलदायक होता है। विपरीत स्वरों में दिया गया अथवा ग्रहण किया गया दान निष्फल होता है, इसलिए इसका ध्यान रखना आवश्यक है कि उस समय सूर्य स्वर का प्रवाह हो रहा हो। यह कथन पुरुषों के लिए कहा गया है। लेने वाले को राहु, केतु, शनि का दान सदैव पृथ्वी पर ही रखवाना चाहिए। एकदम संकल्प लेकर इस प्रकार यदि स्वीकार किया जाता है तो दान लेने वाला व्यक्ति अनेकों विपदाओं से घिर सकता है।

31. शयन करना अथवा निद्रा देवी की गोद में जाते समय भी सूर्य स्वर के प्रवाह का चलना ही हितकर है। इससे स्वास्थ्य ठीक रहता है, नींद अच्छी आती है और आयु में वृद्धि होती है सोने वालों को सोने से पूर्व एक–डेढ़ सेकेंड या मिनट सर्वप्रथम श्वासन में अवश्य लेटना चाहिए, फिर अपने स्वर अनुसार करवट ले और सो जाए, इससे मांसपेशियों पर तनाव नहीं बनेगा और जीवन में सभी संकल्प पूर्ण होंगे।

32. किसी भी प्रकार के क्रूर कर्मों अथवा कठिन साधनाओं जैसे प्रेत आकर्षण, भूत, बेताल, यक्ष, यक्षिणी, विष आदि का निग्रह करना हो तो सूर्य स्वर में ही करना चाहिए, अन्यथा जान की हानि भी हो सकती है। अतएव साधक को चाहिए कि इस प्रकार की साधनाओं और गूढ़ एवं कठिन विद्याओं को करते समय सूर्य स्वर को ही चलाए, भले ही इसके लिए अपना स्वर ही क्यों न परिवर्तित करना पड़े। इन साधनाओं व विद्याओं हेतु चंद्र स्वर एवं सुष्मना स्वर का प्रवाह वर्जित एवं त्याज्य है। यह साधना केवल रात्रि काल में ही सूर्य स्वर में करना उपयुक्त है।

33. रत्नों को घिसना, लकड़ी को चीरना जैसे चर कर्मों को करते समय सूर्य स्वर का प्रवाहित होना ही लाभदायक होता है। इस प्रकार के कार्यों में रेवती नक्षत्र वर्जित एवं त्याज्य है।

34. विह्वलता जनक कार्यों को सूर्य स्वर में किया जाना हितकर है।

35. **दौड़ना, भागना, उछलना, कूदना अथवा गति का अभ्यास करना हो तो प्रारंभ सूर्य स्वर से ही करना चाहिए अन्यथा सांसों का क्षय अधिक होता है** और उसका प्रभाव आयु पर पड़ता है। विपरीत स्वरों में गति का अभ्यास करने से अथवा गतिमान कार्यों को करने से शारीरिक हानि होती है।

36. हे उमा, पुरुष को चाहिए कि स्त्री संसर्ग करते समय भी अपने पुरुषोचित स्वर अर्थात् सूर्य स्वर के प्रवाह को ध्यान में रखे, क्योंकि विपरीत स्वरों में स्त्री–समागम करने से वह अनेकों प्रकार के गुप्त रोगों से ग्रसित हो सकता है। अतएव इस समय में सूर्य स्वर का चलना ही श्रेयस्कर है। यदि स्त्री–समागम करना ही पड़े और विपरीत स्वर का प्रवाह हो रहा हो तो प्रथम अपना इच्छित स्वर परिवर्तित कर चलाए तभी उसके लिए श्रेयस्कर होगा। स्त्री समागम चाहे अपनी भार्या अर्थात् पत्नी संग करे अथवा वेश्या से, सदैव सूर्य स्वर में ही करे तो हितकर है।

37. स्त्रियों का आकर्षण, वशीकरण एवं सम्मोहन इत्यादि कर्मों को करते समय भी सूर्य स्वर का ध्यान रखना चाहिए तभी सफलता प्राप्त हो सकती है। इन्हें करने के लिए मंगलवार, शनिवार एवं रविवार को जल तत्त्व एवं पृथ्वी तत्त्व की उपस्थिति में सूर्य स्वर के प्रवाह में करने से निश्चित सफलता मिलती है। इसके विपरीत वारों एवं तत्त्वों में करने से सफलता मिलना असंदिग्ध हो जाता है, किन्तु असफल नहीं। अतएव यदि सूर्य स्वर के प्रवाह का ही ध्यान रखा जाए तो सफलता अवश्य मिलती है। यह कर्म केवल मात्र प्रातःकाल करने चाहिए। इससे शीघ्र फल प्रदान होते हैं।

उपर्युक्त सभी कर्मों को एवं उनके समान अन्य सभी कर्मों को जो क्रूर एवं कठिन तथा चर कर्मों की श्रेणी में आते हैं सूर्य स्वर अर्थात् पिंगला नाड़ी अथवा दक्षिण स्वर के प्रवाह में करने से सिद्धि प्रदान करने वाले होते हैं।

भगवान भोले भंडारी ने ठंडी पड़ती चिलम उठाकर एक लंबा कश खींचा और अपनी पारो की ओर मुस्कराकर निहारा और प्रश्नवाचक नेत्रों से मूक प्रश्न किया, मानो पूछ रहे हों ? आगे बढ़ें या थोड़ा विराम दें। अपने प्राणेश्वर के इस मूक प्रश्न का उत्तर मां भगवती ने मुस्कराकर यूं दिया कि प्रभु विराम न लगाएं और चन्द्र स्वर में किए जाने योग्य कार्यों का विवरण कहें। तत्पश्चात् भगवान शिव ने अपना कथन नियमित जारी रखते हुए मुस्कराकर कहा, हे मेंरी पारो, सुन तेरे पुत्रों–पुत्रियों के कल्याणार्थ मैं अब तुझे चंद्र स्वर अर्थात् इड़ा नाड़ी अथवा वाम स्वर जिसमें श्वास–प्रश्वास का प्रवाह बायें नासिका

छिद्र से होता है, के विषय में बताता हूं कि इस स्वर के प्रवाह में कौन–कौन से कार्यों को किया जाना सिद्धि प्रदायक है।

1. ग्रह प्रवेश करना
2. व्यवसाय का प्रारम्भ करना
3. मित्रता करना
4. सन्धि करना
5. शुभ कर्म करना
6. परोपकारितापूर्ण कार्य करना
7. विद्या का प्रारंभ करना
8. देवभूमि आदि स्थपित करना
9. स्तम्भ–स्थापित करना
10. कुआं अथवा जल स्त्रोत का निर्माण
11. दान लेना एवं देना
12. दिव्य औषधि सेवन करना
13. शान्ति कर्म करना
14. पौष्टिक कर्म करना
15. कृषि कर्म करना
16. बीज इत्यादि का वपन करना
17. उपवन–वाटिका संबंधित आदि कर्म
18. अन्न इत्यादि का संग्रह करना
19. कोष स्थापित करना
20. रसायन इत्यादि कर्म करना
21. वस्तुओं का संग्रह करना
22. चौपाए पशुओं का क्रय करना
23. काल व्याधि चिकित्सा कर्म करना
24. दक्षिण एवं पश्चिम दिशा में यात्रा करना
25. प्रस्थान करना अर्थात् यात्रा करना
26. धनुष धारण करना
27. हाथी घोड़ों को बांधना
28. हाथी घोड़ों की सवारी
29. भाई बन्धुओं के दर्शन करना
30. आश्रम में प्रवेश करना
31. धर्मशाला आदि का निर्माण
32. गुरु दर्शन
33. मोक्ष साधना कर्म
34. दीक्षा इत्यादि कर्म
35. मन्त्र साधना आदि कर्म
36. विज्ञान–सूत्र संबंधी कार्य
37. यज्ञ करना
38. ग्राम बसाना एवं ग्राम प्रवेश
39. तिलक धारण
40. शपथ ग्रहण करना
41. गुरु पूजन करना
42. आभूषण धारण करना
43. दूर की यात्रा करना
44. वस्त्र आदि धारण करना
45. स्वामी दर्शन करना
46. नौकरी कर्म करना
47. विवाह कर्म करना
48. विवाद इत्यादि

49. नृत्य इत्यादि अभ्यास करना	50. गीत इत्यादि अभ्यास करना
51. वाद्य–यंत्र आदि बजाना	52. दुःख एवं शोक नाशक उपाय करना
53. विष इत्यादि उतारना	54. स्त्रियों का नाक एवं कान इत्यादि छिदवाना
55. पेय पदार्थों को ग्रहण करना	56. मूत्र विसर्जन
57. नींव रखना	58. स्त्रियों द्वारा दांतों में चौप जड़वाना
59. स्त्रियों द्वारा श्रृंगार संबंधी कार्य करना	60. स्त्रियों द्वारा केश सज्जा इत्यादि

हे उमा इस प्रकार मेरे कहे गए इन सभी कार्यों के अतिरिक्त अन्य वे सभी कार्य जो अपनी प्रवृत्ति अनुसार स्थिर कर्मों के अंतर्गत आते हैं, इसी इड़ा नाड़ी अर्थात् चन्द्र स्वर में करने से सिद्धि दायक फल प्रदान करते हैं। यदि इन स्थिर कर्मों को करते समय श्वास प्रवाह के अतिरिक्त पृथ्वी तत्त्व एवं जल तत्त्व की उपस्थिति का भी ध्यान रखा जाए तो सफलता अधिक मिलती है और यदि शुक्ल पक्ष हो और सोमवार, बुधवार, बृहस्पतिवार एवं शुक्रवार का दिन हो और पृथ्वी एवं जल तत्त्व की उपस्थिति हो तो सफलता में संदेह रहता है।

हे उमा, अब मैं तुझे थोड़ा विस्तारपूर्वक वर्णन करता हूं, ध्यानपूर्वक सुन इतना कहकर प्रभु ने कहना प्रारंभ किया –

1. तेरे मानव पुत्रों–पुत्रियों के मन मस्तिष्क पर जीवन भर एक सुन्दर नीड़ बनाने का स्वप्न अंकित रहता है। प्रत्येक मनुष्य अपना स्वयं का बनाया हुआ घर बनाना चाहता है। वह घर भी बना लेता है, परन्तु उस घर में उसे शांति और सुख प्राप्त नहीं होता, क्योंकि वह उचित समय एवं निश्चित स्वर अनुसार गृह प्रवेश नहीं करता, इसलिए दुःखी रहता है। इसलिए उसे चाहिए कि **वह चन्द्र स्वर के प्रवाह में ही गृह प्रवेश करे ताकि उसे घर में सुख व शांति मिले और सभी परिवारजन सुख से रहें।** विपरीत स्वरों में किया गया गृह प्रवेश गृह स्वामी और अन्य कुटुम्बियों के लिए मानसिक अशांति और आपसी कलह का कारण बनता है अतएव गृह प्रवेश जैसा स्थिर कर्म करने हेतु चन्द्र स्वर का प्रवाह सर्वथा अनुकूल और सुखदायक होता है। गृह स्वामी और स्वामिनी को चाहिए कि वह जब उल्टे हाथ का स्वर चलता हो तो उल्टे तरफ का पैर ही प्रथम गृह प्रवेश के समय घर में रखें। इससे सभी रिद्धि–सिद्धियां स्वयं प्राप्त होती रहेंगी।
2. अपने जीविकोपार्जन हेतु मनुष्य अनेकों प्रकार के उद्यम करता है। कोई नौकरी करता है, तो कोई व्यवसाय करने वाले मनुष्यों को चाहिए कि व्यवसाय का प्रारंभ

चंद्रस्वर के प्रवाह में करे तो उसे दीर्घकालीन लाभ होगा और उसका व्यवसाय दिन दूनी रात चौगुनी तरक्की करेगा। क्योंकि व्यवसाय उसके जीविकोपार्जन हेतु एक स्थिर कर्म है, जिसके संचालन से वह अपना और अपने परिजनों का पालन–पोषण करता है। अतएव इसके लिए निश्चित किए गए **चंद्र स्वर में ही अपने व्यवसाय का प्रारंभ करे तो अत्युत्तम है,** अन्यथा विपरीत स्वरों में किया गया व्यवसाय विपरीत फल ही प्रदान करता है। घर से चलने से पहले अपने चंद्र स्वर को देखें और चंद्र स्वर में ही अपने घर से प्रस्थान करें और उल्टे पैर को सर्वप्रथम घर से बाहर रखें और दुकान में भी प्रथम अपने उल्टे पैर को अंदर रखें।

3. **मित्रता सदैव बराबर वालों से ही करनी चाहिए** क्योंकि वे आपस में एक–दूसरे के सुख–दुःख आसानी से बांट सकते हैं। अच्छा मित्र वही होता है जो सुख में ही नहीं दुःख में भी काम आए। अतएव अच्छे मित्र की पहचान करना मुश्किल कार्य है। यदि मित्रता की स्थापना अर्थात् मैत्री संबंधों का प्रारंभ चंद्र स्वर के प्रवाह में किया जाए तो मित्रता लंबी और अगाध होती है। सूर्य स्वर एवं सुष्मना के प्रवाह में स्थापित किया गया मैत्री–संबंध सदैव निकृष्ट फल प्रदान करता है। मित्र से मिलते समय चंद्र स्वर में गमन करें और चंद्रस्वर जब चलता हो तभी मित्र से वार्तालाप करें तभी सफलता मिलेगी और आनंद प्राप्त होगा।

4. सन्धि अर्थात् समझौता चाहे वो दो देशों के बीच हो, दो सेनाओं के बीच हो, दो मित्रों के बीच हो, दो शत्रुओं के बीच हो अथवा किन्हीं दो पक्षों के बीच हो। विवाद के पश्चात् सन्धि का प्रारंभ होता है। सन्धि एक दीर्घकालीन स्थिर प्रवृत्ति का कार्य है, जिसके लिए चंद्रस्वर के प्रवाह को निश्चित किया गया है, अतएव चंद्र स्वर नाड़ी प्रवाह में की गई सन्धि हर प्रकार से अनुकूल फल प्रदान करती है और विपरीत स्वरों में की गई सन्धि अल्पकालीन और हानिकारक होती है। व्यापार की साझेदारी अनुबंध, किराये के मकान का अनुबंध एवं अन्य अनुबंध, सभी चंद्र स्वर में सफलता प्रदान करते है। इन्हें समाप्त करते समय सूर्य स्वर का होना अनिवार्य है।

5. हे उमा, तेरे मानव पुत्रों–पुत्रियों को चाहिए कि सभी प्रकार के शुभ कर्मों को करते समय चंद्रनाड़ी के प्रवाह का ध्यान अवश्य रखें क्योंकि **इससे शुभ कर्म संचित होते हैं और अनेकों पीढ़ियों तक प्रभावित रहते हैं।** अतएव प्रत्येक शुभ कर्म के लिए चन्द्र स्वर को निश्चित किया गया है, इससे शुभ कर्मों की शुभता बढ़ जाती है। विपरीत स्वरों में किए गए शुभ कर्म लाभ की अपेक्षा हानि प्रदान

करते हैं। जैसे कथा करवाना, भागवत का शुभारंभ करना, रामायण व गीता का पाठ करना, और घर में वंदनवार आदि सजाना, सभी कर्म शुभ कर्मों में आते हैं। भंडारे आदि भी इसी स्वर में करने चाहिए।

6. **परोपकार मानव का परम धर्म है, परोपकार कभी निष्फल नहीं होता।** वह पीढ़ी दर पीढ़ी संचित रहता है और शुभ फल प्रदान करता है अतएव परोपकारी कर्मों हेतु चंद्र नाड़ी का प्रवाह सर्वथा उपयुक्त और शुभ फलदायक है। विपरीत स्वरों के प्रवाह में किया गया परोपकार निष्फल होता है। इसी अज्ञानतावश तेरे मानव पुत्र–पुत्रियां कहते हैं **नेकी कर जूते खा, जबकि ऐसा नहीं है, विपरीत स्वरों के कारण उनके परोपकार निष्फल हो जाते हैं और वह हताश हो जाते हैं** इसलिए चंद्र स्वर के प्रवाह का ध्यान उसे रखना ही चाहिए।

7. **विद्या अर्थात् शिक्षा अज्ञानता को मिटाकर ज्ञान को फैलाती है, सत्य का मार्ग दिखाती है और बुद्धि को प्रखरता प्रदान करती है।** अतएव विद्या प्रारंभ करते समय चंद्र नाड़ी अर्थात् चंद्र स्वर का प्रवाह सर्वथा उपयुक्त और अनुकूल फलदायक माना गया है। इसलिए जो प्राणी चंद्र स्वर के प्रवाह में विद्या प्रारंभ करता है, वह सदैव तीव्रता से विद्या ग्रहण करता है और उच्च स्तर की शिक्षा प्राप्त करता है। उसे समाज में मान–सम्मान की प्राप्ति होती है और वह विद्वान कहलाता है। विपरीत स्वरों में प्रारंभ की गई विद्या अनेकों प्रकार की बाधाएं उत्पन्न करती है। **छात्रों को चाहिए कि वे सरस्वती की मन ही मन प्रार्थना करें, दोनों हाथ जोड़कर उनके चरण स्पर्श करें और अपनी पाठ्य सामग्री उल्टे हाथ से छूकर फिर उठाएं और बस्ते को सर्वप्रथम बायें कंधे पर लटकाएं व स्कूल में भी उल्टा पैर रखकर प्रवेश करें। इससे छात्र मेधावी और विद्वान होगा।**

8. हे पारो, तेरे मानव पुत्रों–पुत्रियों को चाहिए कि अपने इष्ट देवी अथवा देवता की मूर्ति स्थापित करते समय भी चंद्र नाड़ी के प्रवाह का ध्यान रखें। इससे संबंधित देवी–देवता शीघ्रातिशीघ्र प्रसन्न होकर इच्छित फल प्रदान करते हैं। अतएव इस महत्वपूर्ण तथ्य का सदैव ध्यान रखें अन्यथा विपरीत स्वरों में स्थापित की गई देवमूर्ति की स्थापना एक स्थिर कर्म है, शुभ कर्म है जिसके लिए चंद्र नाड़ी को ही निश्चित किया गया है। देवमूर्त्तियों का अभिषेक, आवाहन, प्राण प्रतिष्ठा, धूप

दीप और भोग आदि भी इसी स्वर में लगाना अत्युत्तम होता है। क्योंकि देवता तो भाव के भूखे होते हैं इसलिए सुंदर भाव से उनकी आराधना करनी चाहिए।

9. इसी प्रकार यदि किसी प्रकार के स्तम्भ इत्यादि प्रतीक चिह्नों को स्थापित करना हो तो उन्हें भी चंद्र स्वर के प्रवाह में ही स्थापित करना शुभ फलदायक है। विपरीत स्वरों में स्तम्भ इत्यादि की स्थापना उसे नष्ट कर सकती है, उसकी पहचान मिटाकर उसे गर्त में मिला सकती है। अतएव इस प्रकार के कर्मों हेतु चंद्र नाड़ी ही उपयुक्त है।

10. **हे उमा, जल ही जीवन है इसलिए किसी भी प्रकार के जल स्त्रोत की स्थापना करनी हो तो ईशान्य कोण में या उत्तर दिशा में की जाती है क्योंकि ये शुभ दिशाएं हैं।** जल को प्रदूषित होने से बचाने के लिए प्रत्येक जल स्त्रोत की स्थापना चंद्र नाड़ी के प्रवाह में करनी चाहिए। चाहे वह कुआं खोदना हो, बावड़ी हो, नल लगाना हो अथवा पानी की टंकी की स्थापना करनी हो, इस प्रकार के सभी कर्मों हेतु चंद्र नाड़ी ही सर्वथा अनुकूल और जीवनदायी जल की सुरक्षा करने में सक्षम है। सुष्मना अथवा सूर्य स्वर में जल स्त्रोत की स्थापना करने से जल के दूषित होने की संभावना होती है और दूषित जल के कारण अनेकों प्रकार की व्याधियां पैदा हो सकती हैं। अतएव इन व्याधियों अथवा बीमारियों से बचने का सरल उपाय यही है कि जल स्त्रोत की स्थापना चंद्र स्वर में ही की जाए। जलाशयों का शुभ मुहूर्त चंद्र स्वर में यदि स्त्री–पुरुष दोनों ही मिलकर करें तो अत्युत्तम होता है। यदि स्त्री–पुरुष चाहें तो वह चंद्र स्वर में अपनी बड़ी पुत्री से भी इसका मुहूर्त करा सकते हैं जो कि दीर्घकालीन स्त्रोतों का मापदण्ड होता है।

11. हे उमा, मैंने बताया था कि पुरुषों के लिए सूर्य स्वर अर्थात् सूर्य नाड़ी के प्रवाह में दान लेना अथवा देना अत्यंत शुभ फलदायक है, इसी प्रकार स्त्रियों के लिए दान लेने अथवा देने के लिए चंद्र नाड़ी को उपयुक्त और शुभ फलदायक निश्चित किया गया है। इसलिए स्त्रियों को चाहिए कि वे दान–दक्षिणा कर्मों को करते समय चंद्र स्वर के प्रवाह का ध्यान रखें, इससे उन्हें दान का फल शीघ्र और उत्तम प्राप्त होगा। **चंद्रमा का दान स्त्री अपने पुरुष से ही दिलवाए। राहु, केतु, शनि का दान अपने पुत्रों से दिलवाए। बाकी अन्य प्रकार के दान स्त्री स्वयं अपने चंद्र स्वर में करे तो अत्युत्तम है।**

12. दिव्य जीवन प्रदायिनी औषधियों का सेवन यदि चंद्र स्वर के प्रवाह में किया जाए तो शीघ्रातिशीघ्र लाभ होता है और व्याधियों को दूर भगाकर मनुष्य शीघ्र स्वास्थ्य लाभ प्राप्त कर लेता है। **मंगलवार और बृहस्पतिवार को नवीन औषधियों का सेवन प्रारंभ न करे और आपरेशन इत्यादि से भी बचें तो उत्तम है।**

13. शान्ति प्रदायक पुष्टि कर्मों हेतु भी चंद्र नाड़ी को निश्चित किया गया है इससे शान्ति कर्मों में सफलता सुनिश्चित हो जाती है और विपरीत स्वरों में किए गए शान्ति कर्म विपरीत फल ही प्रदान करते हैं। इसमें उपदेश देना, प्रवचन करना, सामाजिक कार्य करना, लेखन पाठन करना अत्युत्तम होता है।

14. **पौष्टिक कर्म, मन मस्तिष्क की पौष्टिकता में वृद्धि करते हैं, इनसे तुष्टि एवं पुष्टि मिलती है।** अतएव पौष्टिक कर्मों के लिए भी चंद्र नाड़ी का प्रवाह ही उपयुक्त माना गया है। जैसे तेल मालिश करना, व्यायाम करना, तैरना, उबटन आदि सौंदर्य श्रृंगार आदि इसी स्वर में उपयुक्त हैं।

15. कृषि संबंधी कर्मों को करते समय भी चंद्र स्वर का ध्यान रखना उचित है। हल का चलाना, हैरो, टीलर, पटेला आदि चलाना, इसी स्वर में जमीन को उत्तम प्रकार की फसल प्रदान करते हैं। ट्यूबवैल से सिंचाई आदि भी इसी स्वर में करने से फसलें अति उत्तम, सघन, सुदृढ़ और समय पर पकने वाली होती है।

16. कृषि कर्मों के अंतर्गत बीज वपन करना अर्थात् उपजाना भी चंद्र स्वर के प्रवाह में करना चाहिए इससे फसल पौष्टिक और लाभदायक होगी। डाई और यूरिया, खाद, बिखेरना अथवा बिछाना और समतल करना इसी स्वर में उत्तम माना गया है।

17. उपवन, बाग–बगीचा, वाटिका इत्यादि के लिए भी चंद्र स्वर अर्थात् चंद्र नाड़ी उपयुक्त मानी गई है। फलदार वृक्ष, सुगंधित वृक्ष, सुगंधित फूल, पुष्प और औषधियों एवं वनस्पतियों का प्रत्यारोपण आदि भी इसी स्वर में करना शुभ फलदायक है।

18. अन्न एवं अन्य सभी प्रकार की खाद्य सामग्रियों का संग्रह करना भी चंद्र नाड़ी के अंतर्गत निश्चित किया गया है, इससे अन्न में कीड़ा नहीं लगता और वह विषाक्त भी नहीं होता। विपरीत स्वरों में संग्रहित अन्न के विषाक्त होने की संभावना हो जाती है। इसमें कीटनाशक औषधियां भी चंद्र स्वर मे ही रखी जाएं तो उत्तम है।

19. जिस प्रकार अन्न इत्यादि का संग्रह चंद्र नाड़ी में करना उपयुक्त है, उसी प्रकार धन संग्रह अथवा कोष की स्थापना करते समय भी चंद्र नाड़ी ही सब प्रकार से शुभ फलदायक मानी गई है। चंद्र नाड़ी मे स्थापित किया गया कोष कभी खाली नहीं होता किन्तु विपरीत स्वरों में स्थापित किया गया कोष अनुकूल फल प्रदान नहीं करता है। आधुनिक युग में बैंक में खाता खोलना इत्यादि इसी के अंतर्गत आता है। धन संचित करना, मुद्रा को गिनकर रखना इसी स्वर में मुद्रा को स्थिर रूप से उन्नत करना है। इससे दिन दुनी रात चौगुनी तरक्की होती है।

20. रसायन अथवा रासायनिक पदार्थों से संबंधित कर्मों को भी चंद्र स्वर के प्रवाह में करना सर्वथा उपयुक्त है। अतएव रसायन कर्मों हेतु चंद्रनाड़ी के प्रवाह का ध्यान रखा जाना अत्यंतावश्यक माना गया है। आज के युग में रसायन बम तक मानव निर्मित कर चुका है, किन्तु यह विकास का नहीं अपितु विनाश का प्रतीक है। औषधियों में तरल औषधियों, तेलों का निर्माण, आसवों का निर्माण इसी स्वर में उत्तम होता है।

21. वस्तुओं का संग्रह करना भी चंद्र नाड़ी के प्रवाह में निश्चित किया गया है, भले ही वे वस्तुएं किसी भी प्रकार की हो अथवा किसी भी उद्देश्य हेतु संग्रहित की जाएं, चंद्र नाड़ी में ही संग्रहित किया जाना उचित है। पुरातन वस्तुएं जैसे कि पात्र, चित्र, भित्ति चित्र, मूर्तियां, मुद्राएं, दुर्लभ टिकटें, दुर्लभ रत्न एवं आभूषण एवं कलाकृतियां इसी स्वर में संग्रहित किया जाना लाभदायक होता है।

22. चौपाये अर्थात् चार पैरों वाले पशुओं को घर लाना और बांधने संबंधी कर्म चंद्र स्वर के प्रवाह में किया जाना लाभदायक है, इससे पशु स्वस्थ रहता है और उत्तम फल प्रदान करता है। चौपायों को उत्तर दिशा की ओर मुख करके बांधना व उनका निवास दक्षिण की ओर रखना चाहिए। खोर, खल, चूरी आदि उत्तर की ओर ही उन्हें देनी चाहिए।

23. मृत्यु तुल्य व्याधियों अर्थात् काल–व्याधियों अथवा बीमारियों की चिकित्सा संबंधी कर्मों के लिए भी यही चंद्र नाड़ी का प्रवाह शुभ और व्याधिनाशक माना गया है। ऐसा करने से काल व्याधि टल जाती है और मनुष्य शीघ्र लाभ प्राप्त करता है। इस काल व्याधि को टालने के लिए औषधि देने से पूर्व रोगी को उल्टे हाथ से एक चम्मच शहद अवश्य चटा दें। फिर औषधि सेवनकर्ता अपनी औषधि लेना प्रारंभ करे तो वह उसकी चिकित्सा में लाभ प्रदान करेगी।

24. यात्रा गमन विशेषतौर पर दक्षिण एवं पश्चिम दिशा की ओर गमन करना हो तो चंद्र स्वर के प्रवाह में ही करना लाभदायक होता है। भले ही यात्रा का उद्देश्य कुछ भी हो। अन्य दिशाओं की ओर यात्रा गमन करने हेतु सूर्य स्वर ही उपयुक्त होता है किन्तु सुष्मना के प्रवाह में किसी भी दिशा में यात्रा हानिकारक होती है, ऐसा यात्री जाकर वापस नहीं आता। यात्रा का प्रस्थान अर्थात् प्रारंभ ही उसकी सफलता और असफलता निश्चित कर देता है, इसलिए यात्रा में निश्चित स्वर का प्रवाह अवश्य ध्यान में रखना चाहिए। वाहन में बैठते समय चंद्र स्वर में बैठें तो अति उत्तम है।

25. यदि आखेट और युद्ध के लिए न जाना हो तो केवल मात्र अस्त्र–शस्त्र से सुशोभित होकर प्रदर्शन मात्र करना हो तो चंद्र स्वर में अस्त्र–शस्त्र धारण करना उचित होता है। जैसे कि 26 जनवरी की परेड अथवा कोई प्रदर्शन अथवा कोई राष्ट्रीय पर्व अथवा धार्मिक उत्सव आदि के समय शस्त्र धारण किया जाना चंद्र स्वर में ही उत्तम होता है, जो कि शोभा के साथ–साथ व्यक्तित्व में आकर्षण उत्पन्न करता है।

26. हाथी–घोड़े इत्यादि चौपायों को घर में बांधना चंद्र स्वर में ही लाभदायक होता है, इससे ये जानवर अपने श्रम से अपने मालिक को लाभ पहुंचाते हैं और छोड़कर नहीं जाते। यह पशु मित्रों से अधिक वफादार होते हैं। इन्हें विश्राम देते समय चंद्र स्वर का विशेष ध्यान रखें, जिससे इनकी थकान उतर जाए।

27. भाई–बंधुओं, परिजनों इत्यादि से मिलन यदि समय अंतराल के पश्चात् हो रहा हो तो चंद्र स्वर में करने से प्रगाढ़ता बढ़ती है और आपसी भाई चारा और स्नेह में वृद्धि होती है। जब भी अपने भातृ भाव से मिलें सर्वप्रथम अपना उल्टा पैर आगे रखें व उल्टा हाथ पहले उठाकर तत्पश्चात् सीधे हाथ को मिलाकर नमस्कार करें।

28. जिस प्रकार गृह प्रवेश हेतु चंद्र स्वर निश्चित किया गया है, उसी प्रकार आश्रम में प्रवेश भी चंद्र स्वर के प्रवाह में किया जाना स्वयं के लिए भी और आश्रम के लिए भी लाभकारी सिद्ध होता है। आश्रम में प्रवेश से पूर्व उल्टे हाथ से आश्रम की चौखट को छूकर नमस्कार करें तदुपरान्त उल्टा पैर पहले रखकर प्रवेश करें।

29. इसी प्रकार धर्मशाला, आश्रम, देवालय, मन्दिर अथवा अन्य किसी भी धार्मिक स्थल इत्यादि का निर्माण प्रारंभ करना हो अर्थात् शिलान्यास करना हो तो प्रथम चंद्र

नाड़ी के प्रवाह से ही प्रारंभ करना श्रेयस्कर होता है। विपरीत स्वरों में निर्माण प्रारंभ अधिक खर्चीला और निर्माण कार्यों में बाधाएं उत्पन्न कर सकता है, साथ ही भवन निर्माण में त्रुटियां करवा सकता है, इसलिए इन सबसे बचाव हेतु चंद्र नाड़ी में ही निर्माण प्रारंभ करना एकमात्र उपाय है। भवन निर्माणकर्त्ता राज मजदूरों से पहले अपने भवन में उल्टे हाथ द्वारा प्रथम पांच ईंट रखे।

30. **गुरु बिना ज्ञान प्राप्त नहीं होता।** गुरु धारण करना गुरुदर्शन करना, गुरु पूजन करना शिष्य के लिए अत्यंत महत्वपूर्ण कार्य है क्योंकि यदि सही स्वर में ये सब किया जाए तो गुरु का शुभाशिर्वाद शीघ्र मिलता है, साथ ही गुरु की कृपादृष्टि भी प्राप्त होती है, यदि इन्हें चंद्र स्वर के प्रवाह में किया जाए, जो कि इन कार्यों हेतु निश्चित किया गया है। गुरु से निवेदन करते हुए देवी–देवता एवं गुरु को नमस्कार करते हुए पहले उल्टा हाथ आगे लाएं तदुपरान्त सीधा हाथ मिलाकर नमस्कार व अन्य क्रियाएं करें तो उत्तम फलदायक होता है।

31. **अपना मोक्ष साधने हेतु किए जाने वाले मोक्षसाध्य कर्मों को भी चंद्र स्वर में ही करना श्रेयस्कर होता है,** इससे मोक्ष साधन में शीघ्र सफलता प्राप्त होती है और किसी प्रकार का विघ्न भी उत्तम नहीं होता। इस हेतु यह साधना प्रातःकाल से ही प्रारंभ करें और प्रथम प्रहर में ही समाप्त करें तो उत्तम है।

32. **दीक्षा जैसा पुण्य कर्म करते समय भी चंद्र स्वर का प्रवाह अत्यंत ही आवश्यक है,** इससे दीक्षा सफलतापूर्वक संपन्न होती है, तथा गुरु एवं शिष्य दोनों के लिए शुभकारी होती है। दीक्षा हेतु चंद्र स्वर का प्रवाहित होना स्वयं में एक शुभ मुहूर्त के समान है। बीज मंत्र लेते हुए शिष्य को चाहिए कि वह चंद्र स्वर मे ही गुरु से अपने कान मे बीज मंत्र ले और गुरु को चाहिए कि वह शिष्य को बीज मंत्र देते समय अपना सूर्य स्वर रोके और चंद्र स्वर मे शिष्य को बीज मंत्र प्रदान करे।

33. **मन्त्र साधना हेतु किए जाने वाले कर्मों का प्रारंभ चंद्र स्वर के प्रवाह में किया जाना मंत्रों के लिए साध्य करने हेतु आवश्यक है।** अतएव मन्त्र साधकों को चंद्र स्वर के प्रवाह में मंत्र साधने चाहिए। मंत्र साधते हुए चंद्र स्वर में ही आसन ग्रहण करें और चंद्रमा से संबंधित वस्तुओं का पान करें जैसे खीर, कोई श्वेत मिठाई आदि। जिन पर चांदी का वर्क लगा हो।

34. **विज्ञान और विज्ञान संबंधी सूत्रों को साधने व प्रायोगिक प्रयोग करने हेतु चंद्र स्वर का प्रवाह उपयुक्त माना गया है।** अतएव विज्ञान सूत्र संबंधी कार्यों को चंद्र स्वर में ही किया जाना हितकर होता है। ऐसे समय मे गणितज्ञ भाषा न होकर प्रयोगात्मक दृष्टिकोण से चंद्र स्वर मे ही उत्पादन, निर्माण आदि किया जाना श्रेष्ठ है।

35. **यज्ञ, हवन, अनुष्ठान जैसे धार्मिक कार्यों को करने लिए चंद्र स्वर के प्रवाह को निश्चित किया गया है,** इन पुष्टि कर्मों को करते समय उनकी सफलता को सुनिश्चित करने हेतु चंद्र नाड़ी का ध्यान रखना ही श्रेयस्कर है। केवल मात्र ऐसे यज्ञों में शान्ति, दशांश, तुष्टि–पुष्टि कर्म ही फल देते हैं अन्य क्रूर कर्म नहीं।

36. किसी राज्य की स्थापना करनी हो अर्थात् किसी राज्य को बसाना हो या नया राज्य बनाना हो, राज्य में प्रवेश करना हो तो इन स्थिर कर्मों हेतु चंद्र स्वर के प्रवाह को ही निश्चित किया गया है। विपरीत स्वरों में स्थापित किया गया राज्य तरक्की नहीं कर सकता। **नवीन राज्य में प्रवेश हेतु प्रथम अपना उल्टा चरण प्रथम प्रवेश करते समय रखें। नए राज्य की घोषणा व स्थापना की घोषणा चंद्र स्वर में ही करें।**

37. तिलक धारण करना साधक के लिए एक महत्वपूर्ण कार्य है, अतः अपनी सफलता सुनिश्चित करने के लिए साधक को चाहिए कि चंद्र स्वर के प्रवाह में ही तिलक धारण करें तो उसके लिए शुभ एवं फलदायक होता है। विपरीत स्वरों में तिलक धारण करने से साधक भ्रष्ट हो सकता है व उसकी साधना में बाधाएं आ सकती हैं व वह अपयश का शिकार हो सकता है। तिलक धारण पूजा के पश्चात् ही धारण करना चाहिए।

38. पद और उसकी प्रतिष्ठा हेतु उस पद पर आसीन होने वाला व्यक्ति पहले उस पद की गरिमा और उसके लिए सुनिश्चित किए गए नियम कानूनों की रक्षा हेतु शपथ ग्रहण करता है, उसके पश्चात् ही पदासीन होता है। इसलिए शपथ ग्रहण करना स्वयं में अत्यंत महत्वपूर्ण कार्य है। सही स्वर मे ग्रहण की गई शपथ शपथकर्ता को मान–सम्मान और प्रतिष्ठा दिलाती है, इसलिए **शपथ ग्रहण करने के लिए चंद्र नाड़ी के प्रवाह का होना उसकी सफलता की गारंटी है।** विपरीत स्वरों में ग्रहण की गई शपथ उसके शपथकर्ता के अपयश

और अनेक चिंताओं का कारण बनाकर पदच्युत कराती है। अतएव इस महत्वपूर्ण कार्य के लिए चंद्र स्वर के प्रवाह का ध्यान अवश्य रखा जाना चाहिए, तभी सफलता मिल सकती है। शपथ ग्रहणकर्ता को शपथ पत्र को प्रथम उल्टे हाथ में ही पकड़ना चाहिए तत्पश्चात् वह सीधा हाथ उस शपथ पत्र के नीचे रखे व दबाए नहीं। उसके पश्चात् ही शपथ ग्रहण करे।

39. **आभूषण सुन्दरता में चार चांद लगा देते हैं। स्त्रियों में आभूषण धारण करना एक महत्वपूर्ण शृंगारिक कार्य है।** अपने पति को रिझाने व आकृष्ट करने के लिए वे आभूषण धारण करती हैं, इसलिए यदि इन्हें पता चल जाए कि किस स्वर में आभूषण धारण करने से ये अपने प्रियतम को अपनी ओर आकृष्ट कर उनका प्रेम पा सकती हैं तो सोने मे सुहागा हो जाएगा। **यदि चंद्र स्वर के प्रवाह में स्त्रियां आभूषण धारण करें तो निश्चित ही रूठा हुआ पति भी रूठना छोड़कर प्रेम करने लगेगा। अतएव स्त्रियों को चाहिए कि यदि अपने प्रियतम को अपने प्रेमवश में करके रखना हो तो चंद्र स्वर मे ही आभूषण धारण करें।** इसके विपरीत अन्य स्वरों में धारण किए गए आभूषण निष्फल होते हैं और उनके खोने, गिर जाने, चोरी हो जाने का भय लगा रहता है। चूड़ियों का पहनना, कंचुकी बंधन, महावर रचाना, मेंहदी रचाना, नेल पालिश लगाना, पाउडर लगाना अथवा मेकअप करना एवं सौंदर्य प्रसाधनों का प्रयोग करना एवं काजल लगाना, इन्हें उल्टे हाथ से किया जाना उचित है।

40. दूर देश अर्थात् विदेश यात्रा करनी हो तो चंद्र स्वर के प्रवाह से ही प्रारंभ करना लाभकारी होता है। पुरुषों को चाहिए कि सूर्य स्वर के प्रवाह से यात्रा प्रारंभ करे और स्त्रियों को चंद्र स्वर के प्रवाह से यात्रा प्रारंभ करनी चाहिए, सुष्मना प्रवाह में यात्रा करना वर्जित है।

41. वस्त्र धारण करना भी स्वर अनुसार ही उचित होता है, इसके लिए चंद्र स्वर निश्चित किया गया है स्त्रियों को चाहिए कि चंद्र स्वर के प्रवाह में ही वस्त्र धारण करें तो अत्युत्तम होगा। पेटिकोट अथवा सलवार में सर्वप्रथम अपना उल्टा पैर डालें, ऐसे ही ब्लाउज, कुर्त्ते, बनियान इत्यादि में अपना उल्टा हाथ पहले डालें तो श्रेष्ठ है।

42. किसी के अधीन कार्य करने वाले लोगों को चाहिए कि जब भी अपने स्वामी अथवा बॉस के पास जाएं तो चंद्र स्वर के प्रवाह में जाएं तो लाभ होगा। ऑफिस के कर्मचारियों को चाहिए कि अपने बॉस के पास जब भी किसी भी कार्य हेतु जाएं

तो सफलता के लिए चंद्र स्वर के प्रवाह का ध्यान रखें। सफलता अवश्य मिलेगी। अधिकारी के कमरे में प्रवेश करते समय प्रथम उल्टा पैर उसके कमरे में रखें, जब उल्टी नासिका का स्वर प्रवाह हो तो श्रेष्ठ है।

43. नौकरी करने वाले कर्मचारियों को चाहिए कि नौकरी पर जाते समय प्रारंभ चंद्र स्वर के प्रवाह से करें और अपने कार्य स्थल में चंद्र स्वर में ही प्रवेश करें तो निरंतर तरक्की मिलती जाएगी और नौकरी सुचारु रूप से चलती रहेगी।

44. विवाह और वैवाहिक कर्मों में सफलता हेतु चंद्र नाड़ी को ही निश्चित किया गया है। जिस प्रकार यज्ञ, अनुष्ठान, हवन इत्यादि कर्मों के लिए चंद्र नाड़ी उपयुक्त मानी गई है, उसी प्रकार विवाह कर्मों मे सफलता के लिए चंद्र नाड़ी के प्रवाह का ध्यान रखना चाहिए, इससे विवाह वर–वधू के पारिवारिक जीवन में खुशियां प्रदान करता है और दोनों में अगाध प्रेम बढ़ाता है। विपरीत स्वरों में करने से वैवाहिक संबंधों में कटुता आने की संभावना बढ़ जाती है। जयमाला, फेरे और कन्यादान, कन्या का घर से निर्गमन अपने चंद्र स्वर मे ही करना श्रेष्ठ रहता है।

45. मनुष्य को चाहिए कि किसी भी प्रकार के विवाद इत्यादि का अंत करने के लिए चंद्र स्वर का प्रयोग करे अर्थात् विवाद की समाप्ति हेतु समझौते के लिए वार्तालाप प्रारंभ करने जाते समय चंद्र नाड़ी के प्रवाह में जाएं तो सफलता निश्चित ही मिलती है। **पंचायत हो, कोर्ट कचहरी हो, मजिस्ट्रेट हो, पुलिस स्टेशन हो अथवा कोई अन्य स्थान जहां भीड़ हो, तो बायीं नासिका का जब प्रवाह होता हो तो उल्टे पैर को प्रथम प्रवेश करवाना उचित होता है।**

46. स्त्रियो को चाहिए कि नृत्य इत्यादि के अभ्यास हेतु प्रारंभ चंद्र स्वर से करें तो नृत्य में पारंगतता शीघ्र प्राप्त होती है और नृत्य में प्रवीणता आती है। इस प्रकार करने से नृत्य से मान–सम्मान, यश और धन का लाभ होता है। इसके विपरीत अन्य स्वरों में नृत्य प्रारंभ करने से शारीरिक पीड़ा, थकान, कमजोरी इत्यादि का भय रहता है। **उल्टे पैर में घुंघरू पहले बांधें, उल्टे हाथ से अपने वाद्य यंत्रों को स्पर्श करें। आरोह–अवरोह की ध्वनि पर उल्टे हाथ व पैर को ही प्रथम थिरकाएं तत्पश्चात् नृत्य प्रारंभ करें तो सफलता मिलती है।**

47. स्त्रियों को चाहिए कि गीत इत्यादि का अभ्यास प्रारंभ करना हो तो चंद्र स्वर के प्रवाह से ही करें, तो गीत लय और ताल के साथ गीतकार

को यश, धन और मान–सम्मान दिलाते हैं। ऐसा करने से गले में सरस्वती का वास हो जाता है और स्वरों में ओजस्विता भी स्वयं आ जाती है, स्वर कोकिला की भांति मधुर हो जाते हैं। विपरीत स्वरों मे फल भी विपरीत ही प्राप्त होते हैं। **चंद्र स्वर मे गणेश आराधना व सरस्वती आराधना के पश्चात् ही गायन प्रारंभ करे।**

48. बिना वाद्यों के गीत और नृत्य दोनों का आनंद नहीं आता, अच्छे नृत्य और गीत के लिए अच्छा संगीत भी आवश्यक है, इसलिए वाद्य यंत्रों का अभ्यास करने हेतु चंद्र स्वर के प्रवाह का ध्यान रखने से संगीत में नवीनता और प्रवीणता आती है। वाद्य यंत्रों को चंद्र स्वर में ही बजाना एवं ताल देना एवं स्वर देना प्रारंभ करें तो उत्तम है। **ताल और सुर के संगम से ह्रदय की लहरियां तरंगित हो उठेंगी।**

49. स्त्रियों को चाहिए कि नाक एवं कान छिदवाते समय चंद्र स्वर के प्रवाह का ध्यान रखें। ऐसा करने से वे ठीक से और बिना किसी प्रकार की पीड़ा के छिद जाते हैं। विपरीत स्वर में छिदवाने से कष्ट होता है। इसी प्रकार स्त्रियों को दांतों में चौप भी चंद्र नाड़ी के प्रवाह में जड़वानी चाहिए। **कर्ण छेदन से पूर्व स्त्रियां अपनी उल्टी नाक के सांस चलते समयः प्रथम उल्टा कान छिदवाएं। दंत चिकित्सक के पास भी चंद्र नाड़ी में जाएं।**

50. **स्त्रियों को शृंगार अथवा शृंगारिक कर्मों को करते समय चंद्र स्वर के प्रवाह का ध्यान करना चाहिए, ऐसा करने सें वे अपने पति को अपने प्रेम से रिझा सकती हैं व वश में भी कर सकती हैं।** केश, सज्जा, उबटन इत्यादि कर्म भी चंद्र स्वर के प्रवाह में ही करें तो अति उत्तम होता है। एवं स्नान, इत्र फुलेल लगाना, पान का बीड़ा चबाना, दंडासा मलना आदि इसी नाड़ी में शुभ होते हैं।

51. **सभी प्रकार के पेय पदार्थों को चंद्र स्वर में ग्रहण करना स्वास्थ्य की दृष्टि से लाभदायक माना गया है, इससे वे अपनी संपूर्ण पौष्टिकता प्रदान करते हैं और स्वास्थ्य लाभ पहुंचाते हैं।** सूर्य स्वर एवं सुष्मना में पेय पदार्थों को ग्रहण करने से विपरीत फल प्राप्त होता है और उनकी पौष्टिकता निष्फल हो जाती है। केवल मात्र प्रकृति प्रदत्त फलों के रस और प्राकृतिक औषधियों के बने आसव ही श्रेयस्कर है।

52. किसी भी प्रकार के दुःख, शोक अथवा क्षोभ इत्यादि का उपाय करने के लिए चंद्र नाड़ी का प्रवाहित होना अत्यंत आवश्यक है, ऐसा करने से उपाय तुरंत लाभ प्रदान करते हैं और दुःखों का नाश होता है। विपरीत स्वरों में उपाय करने से वे निष्फल होकर दुःखों को और बढ़ाते हैं। इसमें टोटके, ग्रहपीढ़ा, शांतिनिवारणार्थ करने वाले उपाय और दान पुण्य इसी नाड़ी में किया जाना शुभ होता है।

53. **विष अथवा जहर इत्यादि उतारना अथवा निकालना हो तो चंद्र स्वर में ही करना चाहिए, जिससे विष का प्रभाव तुरंत समाप्त हो जाता है और रोगी शीघ्र निरोगी होकर स्वास्थ्य लाभ प्राप्त कर लेता है।** सर्प का विष, किसी विषैले कीट–पतंगे द्वारा दंषित अथवा औषध विष ही इस चंद्र नाड़ी में उपचार द्वारा संपूर्ण सुखों को देने वाले होते हैं। कृत्रिम विष जीवन को अतिशीघ्र समाप्त कर देते हैं, इनका उपचार केवल मात्र शल्य चिकित्सा ही है।

तो हे उमा, मैंने अपने शीश पर जो चंद्रमा सुशोभित किया हुआ है, वो इसीलिए कि मैं सदैव तरंगित होते हुए गतिमान रहूं और मृत्युंजय कहलाऊं। मेरे विष्णु अवतार ने जब नर रूप में राम का अवतार लिया तो उस समय शीश पर सूर्य को रखकर उसके द्वारा पहुंचाई गई पीड़ाओं को उस रूप में ही मैंने अनंत काल तक भोगा है।

हे हिमनंदिनी, हे हिमाचलनंदिनी, तो तू मेरे इस चंद्रमा का भी रहस्य समझ, यही मुझे नटराज बनाता है और यही मुझे योगिश्वर और तपेश्वर बनाता है। इस चंद्र स्वर का वर्णन मैं जितना भी करूं उतना ही थोड़ा है। इसकी आख्या और व्याख्या में युग–युगांतर समाप्त होते चले जाएंगे परन्तु यह आख्या व्याख्याएं समाप्त नहीं हो सकतीं। हे महादेवी, नाना प्रकार की कलाओं को, ओजों को देने वाले यह संपूर्ण चंद्रमा ही हैं। इसको चंचल और चपल शब्दों से संबोधित किया गया है और यही जब समुद्र को तरंगित करता है तो समुद्र भी नृत्य करने को उन्नत हो जाता है जिसके फलस्वरूप समुद्र में ज्वार भाटा आते हैं अतएव हे देवी मैं अपना ये प्रसंग कुछ समय के लिए यही शांत करता हूं, आगे की व्याख्या मैं तुझे थोड़ी देर पश्चात् बताऊंगा।

हरीरज की तरंगों से आनंदित भगवान शिव की ओर देख मां भगवती मुस्कराई और बोलीं हे मेरे प्राणेश्वर, आपने सूर्य स्वर और चंद्र स्वर के विषय में ज्ञान देकर मुझ किंकरी पर बड़ा उपकार किया है, कृपया सुष्मना के विषय में भी कुछ बतलाएं ताकि मेरे मानव पुत्रों–पुत्रियों का कल्याण हो। भगवान शिव ने मौन स्वीकृति दे दी मानों कह रहे हों कि अभी बताता हूं और भगवती प्रश्नवाचक मुद्रा में प्रभु के मुख की ओर निहारने लगीं।

हे मेरी प्राणेश्वरी, हे उमा, जब दोनों नासिका छिद्रों से एक समय में एक साथ श्वास–प्रश्वास का आवागमन होता है तो उसे सुष्मना स्वर अथवा शम्भू स्वर कहते हैं। स्वर जब भी परिवर्तित होते हैं चाहे सूर्य स्वर से चंद्र स्वर में अथवा चंद्र स्वर से सूर्य स्वर में परिवर्तित हों तो परिवर्तन की स्थिति में सुष्मना का प्रवाह होता है।

हे महादेवी, सुष्मना जब प्रकट होती है तो मस्त हाथी की चाल से शनैः शनैः झूमती हुई चलती है। नासिका के दोनों छिद्र अपनी श्वसन क्रियाओं को इस प्रकार संचालित कर देते हैं मानों किसी पर्वत श्रेणी पर दो झरने एक साथ प्रवाहित हो रहे हों। दोनो नासिका छिद्र एक साथ ही श्वसन–प्रश्वसन का क्रम पूर्ण करते हैं। जब वायु दोनों नासिका छिद्रों से एक साथ बाहर आए और एक साथ अंदर जाए तब शम्भू नाड़ी परिपूर्ण से महानाड़ी हो जाती है। इसकी अवधि कम से कम 15 या 20 मिनट से लेकर अधिक से अधिक 6 घंटे भी होती है। इससे अधिक यदि यह अपनी गतिहीनता नहीं छोड़ती है तो व्यक्ति की मृत्यु बहुत शीघ्र होने की संभावना रहती है। 6 घंटे से अधिक सुष्मना नाड़ी चले तो उसे मानसिक और शरीरिक रोग मानना चाहिए। द्युत कर्म अर्थात् जुआ, रेस–कोर्स (अश्व दौड़), उँट दौड़, हाथी दौड़, वृषभ दौड़, बकरा मेढ़ा दौड़ या धावकों द्वारा प्रतियोगिताएं एवं पासे और कौड़ियों का खेलना, चौपड़ का खेलना, जुआ चक्र पर दांव लगाना, बावन पत्तों का खेलना एवं जितने भी प्रकार के कौड़ियों व अन्य साधनों से खेले जा सकने योग्य जुए हैं, वह सभी कर्म सुष्मना में शीघ्र सिद्ध होते हैं। घंटे दो घंटे के भविष्य भी शुभ फल प्रदान करती है जिसमें तेजी–मंदी, तेल–तिलहनों का सट्टा बाजार, सोने चांदी का सट्टा, बड़ी–बड़ी कंपनियों में लगाई गई पूंजी का सट्टा, आदि भी इसी स्वर मे बिक्री के लिए शुभ है। लम्बी अवधि तक जब सवा माह व्यतीत हो जाए तब, हे देवी, व्यक्ति की मृत्यु, घंटे, 2 घंटे या 3 घंटे बाद होना निश्चित है। अतएव एक माह मे 10 दिन अथवा 12 दिन चलना ही श्रेयस्कर है। इसमें भी कृष्ण पक्ष एवं शुक्ल पक्ष की शम्भू नाड़ी होती है। अतएव कृष्ण पक्ष में रात्रि का जुआ फलदायक होता है व शुक्ल पक्ष में दिन में जुआ खेलना लाभदायक होता है। **सास बहुओं का झगड़ा यदि शम्भू स्वरों मे हो जाए तो सास अथवा बहू दोनों मे से किसी एक को सदैव काल के लिए घर छोड़ना ही पड़ेगा और यह घड़ी ऐसी होती है कि मृत्युपर्यन्त तक जो भी प्राणी इस घड़ी में (जल, थल, आकाश और भूमि) घर त्यागता है वह कदापि घर वापस नहीं आता।** ऐसे व्यक्ति की साल भर में मृत्यु निश्चित होती है। इस घड़ी में लाया हुआ पशु, कोई मशीन, खरीदा गया भवन एवं किसी प्रकार का नवीन कार्य प्रारंभ

करना, पाठन–पठन के अतिरिक्त, अमंगल कारक होता है। **चिमटा, लोहे का तवा, चूल्हा, चक्की और सिलबटना, मूसली, झाड़ू आदि भी घर के लिए इस स्वर मे खरीदकर नहीं लानी चाहिए।**

हे उमा, सुष्मना स्वर में प्रत्येक कार्य का फल निष्फल होता है भले ही वह स्थिर कर्म हो, सौम्य कर्म हो, चर व क्रूर कर्म हो अथवा कठोर कर्म हो। इस स्वर में सभी कर्म त्याज्य एवं वर्जित हैं। यह स्वर सभी कार्यों को निष्फल कर नष्ट कर देता है क्योंकि इस स्वर में मनुष्य की नाड़ी में प्रज्ज्वलित अग्नि काल के समान होती है, इसलिए सभी कार्य इसमें नष्ट हो जाते हैं। विद्वान इसे विषैला स्वर भी कहते हैं, उनके अनुसार इसमें विष के समान क्रूरता होती है। यदि सुष्मना एवं सूर्य स्वर क्रमशः बार–बार प्रवाहित हो तो उस समय दिया गया वरदान और श्राप दोनों ही निष्फल होकर विपरीत फल प्रदान करते हैं।

इस सुष्मना नाड़ी के संक्रमण काल में किसी भी प्रकार का दान–पुण्य व शुभ कर्म करना निष्फल होता है। विशेषतौर पर यात्रा करना अत्यंत हानिकारक, कष्टदायक और मृत्युतुल्य फल प्रदान करता है। इसके प्रवाह में किसी भी प्रकार के कार्य का चिन्तन नहीं करना ही श्रेयस्कर है।

हे उमा, आय–व्यय, लाभ–हानि, जय–पराजय, जीवन–मृत्यु, प्रश्न–उत्तर के समय यदि सुष्मना प्रवाहित हो रही हो तो जगदीश्वर का ध्यान करना ही हितकर है।

हे प्राणेश्वरी इस नाड़ी के प्रवाह काल में करने योग्य मात्र एक ही कार्य है जो मोक्ष और सिद्धिप्रदायक है। वह है ध्यान, धारणा और परमात्मा का चिंतन, अन्य कोई कर्म नहीं।

अतएव इसका सार यह हुआ कि चंद्र स्वर में पृथ्वी तत्त्व एवं जल तत्त्व की उपस्थिति में स्थिर एवं सौम्य कर्मो को करना चाहिए तथा सूर्य स्वर की उपस्थिति में क्रूर एवं कठिन कर्मों को करना चाहिए और सुष्मना की उपस्थिति में सभी कार्यों का त्याग करना चाहिए।

अध्याय 6

स्वरोदय तंत्र के उपयोग द्वारा रोगों का उपचार

योगेन्द्र ने एक भरी पूरी अंगड़ाई ली और दीर्घ उश्वासन से श्वास छोड़ते हुए बोले, हे मातंग्नि, हे भुवनेश्वरी, हे भुवनधरा, हे भवभाविनी, अब मैं तुझे अनेक शगुनों एवं अपशगुनों के विषय में वर्णन करता हूं, ये भी इतने रोचक और परिपूर्ण हैं कि तेरा ये मानव प्राणी यदि तनिक सा भी इस ओर ध्यान दे तो स्वयं को आपदाओं एवं विपदाओं से बचा सकता है।

प्रातः काल जब सूर्य स्वर चले और चंद्र स्वर का समय हो या चंद्र स्वर चले और सूर्य स्वर का समय हो तो यह प्राकृतिक स्वर परिवर्तन अनेक बाधाओं को, अनेक आपत्तियों को, अनेक बनते कार्यों को बिगाड़ते हुए व अनेक प्रकार की योजनाओं को ध्वस्त करने के लिए निकृष्ट एवं दुःखदायी समय होता है। जातक को चाहिए कि वह धीरे–धीरे इन श्वासन–प्रश्वासन क्रियाओं को अपने ज्ञान द्वारा समझने की चेष्टा करें। ऐसे परिवर्तनीय समय मे कोई भी शुभ कार्य न करें तो आने वाला समय जो उसका वर्तमान होने वाला है, कष्टों से रहित हो जाएगा। अनेकानेक ये कष्ट इनके अचूक परिवर्तन द्वारा भी मानव को प्राप्त होते रहते हैं और अचानक ही शम्भु नाड़ी का उदय हो जाना तो मृत्युतुल्य कष्टों का पाना है। अतएव हे महेश्वरी, मैं तुझे इससे प्राप्त होने वाले शगुन–अपशगुनों का बोध करा रहा हूं, हे रमणी, इसे ध्यानपूर्वक सुन –

दक्षिण और वामस्वरों में दिनों में परिवर्तन का बोध मैं तुझे करवा रहा हूं, वो तू चित्त लगाकर सुन।

यदि शुक्ल पक्ष की प्रतिपदा को वाम स्वर न चलकर दक्षिण स्वर चले तो आगामी पूर्णिमा तक या तो कोई भयानक रोग या गर्मी द्वारा शरीर में होने वाले उत्पातों का उदय अथवा कोई बड़ी हानि होने का भय रहता है।

यदि कृष्ण पक्ष की प्रतिपदा को दक्षिण स्वर न चलकर वाम स्वर चले तो अमावस्या तक कफ या सर्दी जनित रोग उत्पन्न हो सकते हैं अथवा कोई बड़ी हानि की संभावना हो सकती है। इसी प्रकार यदि दो पक्ष तक उल्टे स्वर चलते रहें तो अपने किसी रिश्तेदार की मृत्यु का समाचार अथवा स्वयं पर कोई विशेष संकट अथवा व्यापार की बड़ी हानि या किसी भी रूप से कोई प्रतिवाद का बन जाना सुनिश्चित है।

यदि किन्हीं दो पक्षों तक नियमित विपरीत स्वर प्रवाहित होते रहें, अर्थात् जो स्वर नियमानुसार प्रवाहित होना हो, वह न चलकर उसके विपरीत दूसरा स्वर चले। इसका तात्पर्य यह है कि ऐसा होने से जातक पर स्वयं पर किसी प्रकार का विशेष संकट आ सकता है अथवा उसके किसी नजदीकी परिजन पर कोई कठिन संकट आना संभावित होता है अथवा उसकी मृत्यु हो सकती है या उसे मृत्युतुल्य कष्ट हो सकता है।

इसी प्रकार यदि किन्हीं तीन पक्षों तक नियमित विपरीत स्वर प्रवाहित हो अथवा श्वास–प्रश्वास का विपरीत आवागमन होने लगे तो जातक को मृत्यु समीप ही समझनी चाहिए।

यही स्वरों का प्रवाह यदि नियमित तीन दिनों तक विपरीत चले तो कलह के साथ ही किसी न किसी प्रकार की बीमारी की संभावना का संकेत समझें।

यदि यही विपरीत स्वर नियमित एक माह तक चंद्र स्वर के प्रवाह में चले तो किसी न किसी प्रकार की कठिन बीमारी का संकेत समझें।

हे मेरे प्राणेश्वर, क्या इन विपरीत स्वरों के प्रवाहित होने पर सदैव अशुभ फल ही प्राप्त होते हैं ? मां भगवती ने प्रश्नवाचक मुद्रा में भगवान शिव से पूछा। भोलेनाथ ने मुस्कराते हुए कहा, हे मेरी पारो, ऐसा बिल्कुल नहीं है। स्वरों के प्रवाह में होने वाले परिवर्तन सदैव अशुभ फल नहीं देते। चंद्र स्वर के परिवर्तन में अर्थात् वाम स्वर के परिवर्तन में शुभ फल प्राप्त होते हैं तथा अशुभ फल दोनों स्वरों के परिवर्तन के फलस्वरूप ही होते हैं। अतएव पहले मैं तुझे इन स्वरों के परिवर्तन के फलस्वरूप वाम स्वर अर्थात् चंद्र स्वर के परिवर्तन से प्राप्त होने वाले शुभ फलों के विषय में बताता हूं, ध्यान पूर्वक सुन –

हे उमा, यदि किसी प्राणी का वाम स्वर अर्थात् चंद्र स्वर लगातार 4, 8, 12 और 20

दिन तक प्रवाहित होता रहे तो ऐसा व्यक्ति लम्बी आयु को प्राप्त कर दीर्घायु हो जाता है, इतना ही नहीं इस परिवर्तन के फलस्वरूप उसे ऐश्वर्य एवं भोग की प्राप्ति भी होती है।

इसी प्रकार यदि नियमित 2 दिनों तक सूर्य स्वर एवं चंद्र स्वर दोनों आधे-आधे प्रहर तक चलते रहें तो ऐसा व्यक्ति सौभाग्यशाली होता है और उसके मान-सम्मान में वृद्धि होती है।

किसी व्यक्ति का सूर्योदय से सूर्यास्त पर्यन्त चंद्र स्वर प्रवाहित होता रहे और सूर्यास्त से अगले सूर्योदय के समय सूर्य स्वर प्रवाहित होकर चले तो ऐसा व्यक्ति दीर्घायु को प्राप्त कर 120 वर्ष की लंबी आयु प्राप्त करता है।

हे उमा, किसी मानव का चंद्र अर्थात् वाम स्वर नियमित 24 घंटे अथवा एक दिन तक चलता रहे तो उसे सुख, सम्मान, वैभव और ऐश्वर्य की प्राप्ति होती है।

यदि किसी प्राणी का वाम स्वर अर्थात् बायीं नासिका से श्वास-प्रश्वास का आवागमन 1 घंटा 36 मिनट (4 घड़ी) तक नियमित चलता रहे तो उसे किसी न किसी प्रकार का सुख अथवा वस्तु की प्राप्ति होती है। और वाम स्वर का यही प्रवाह यदि लगातार 3 घंटे 12 मिनट (8 घड़ी) तक चलता रहे तो ऐसे प्राणी को सुख की प्राप्ति होती है।

इसी क्रम में यदि इसी चंद्र स्वर का प्रवाह यदि 5 घंटे 36 मिनट अर्थात् 14 घड़ी तक लगातार प्रवाहित हो तो ऐसा व्यक्ति प्रेम, स्नेह और मित्रता का सुख प्राप्त करता है। उसे उसकी इच्छित वस्तु की प्राप्ति होती है।

हे उमा, सूर्य स्वर एवं चंद्र स्वर अर्थात् दक्षिण स्वर एवं वाम स्वरों के परिवर्तन से प्राप्त होने वाले अशुभ फलों के विषय में बताता हूं। प्रथम सूर्य स्वर के प्रवाह में परिवर्तन से प्राप्त होने वाले अशुभ फलों के विषय में सुन –

यदि सूर्य स्वर अर्थात् दक्षिण स्वर नियमित एक सूर्योदय काल से दूसरे सूर्योदय काल तक प्रवाहित होता रहे तो ऐसे मानव की आयु क्षीण हो जाती है और उसकी मृत्यु तक होने की संभावना बनी रहती है।

यही दक्षिण स्वर अर्थात् दायें नासिका छिद्र से श्वांस लगातार 8 घंटे 40 मिनट अर्थात् 21 घड़ी चलता रहे अर्थात् प्रवाहित होता रहे तो ऐसे मनुष्य का विनाश होना संभावित है।

इसी दायीं नासिका से श्वास-प्रश्वास का आवागमन नियमित अर्थात् लगातार एक मास तक प्रवाहित होता रहे तो ऐसे मनुष्य का नाश होना संभावित होता है।

इसी प्रकार पिंगला नाड़ी अर्थात् सूर्य स्वर लगभग 1 घंटा 36 मिनट तक यही दक्षिण स्वर लगातार प्रवाहित हो तो ऐसा मनुष्य किसी न किसी प्रकार के शारीरिक एवं मानसिक कष्ट से पीड़ित हो सकता है तथा उसे किसी न किसी वस्तु की हानि भी हो सकती है।

हे उमा, अब मैं तुझे चंद्र स्वर अर्थात् वाम स्वर या बायीं नासिका छिद्र से श्वास–प्रश्वास के आवागमन में परिवर्तन से प्राप्त होने वाले अशुभ फलों की व्याख्या करता हूं, ध्यानपूर्वक सुन –

यदि चंद्र स्वर का प्रवाह लगातार 5 दिन अर्थात् 120 घंटे तक होता रहे तो ऐसा मनुष्य उद्विग्न हो जाता है और उसमें उद्वेग उत्पन्न हो जाता है।

इसी प्रकार यदि यही वाम स्वर अर्थात् चंद्र नाड़ी जिसे इड़ा नाड़ी भी कहा जाता है, लगातार 1 मास अर्थात् 30 दिन तक प्रवाहित हो तो उस मनुष्य को धन की हानि होना संभावित होता है।

यही इड़ा नाड़ी रोगों की उत्त्पति का कारण भी बन जाती है। यदि किसी प्राणी का चंद्र स्वर लगातार 2 या 3 दिन तक प्रवाहित होता रहे।

इसी प्रकार इस इड़ा नाड़ी अर्थात् वामस्वर के लगातार 4 घंटे 48 मिनट अर्थात् 12 घड़ी तक प्रवाहित होने के फलस्वरूप ऐसे मनुष्य के अनेकों शत्रु पैदा हो सकते हैं अथवा शत्रुओं द्वारा प्रताड़ित होना संभावित है। और यही वाम स्वर लगातार 4 घंटे अर्थात् 10 घड़ी प्रवाहित होता रहे तो ऐसा मनुष्य शारीरिक कष्ट के साथ–साथ मानसिक कष्टों को भी प्राप्त करता है।

हे मेरी तंरगानन्दिनी, हे मेरी प्राणवल्लभा तू चिंतित सी क्यों हो गई, भगवान शिव ने मां भगवती की ओर देखकर मुस्कराते हुए कहा। मां परांबा तो मानों इसी प्रत्युत्तर का इंतजार कर रही थीं, तुरन्त बोली हे मेरे प्राणवल्लभ, हे मेरे प्राणेश्वर, मेरे मानव पुत्रों–पुत्रियों के कल्याणार्थ इन अशुभ फलों के निवारण हेतु उपाय भी तो बतलाइए।

तदुपरान्त भगवान शिव ने सुखद मुस्कान के साथ कहना प्रारंभ किया कि हे उमा, अब मैं तुझे तेरे मानव पुत्रों–पुत्रियों के कल्याणार्थ इन अशुभ फलों के निवारणार्थ कुछ उपाय बतलाता हूं, ध्यानपूर्वक सुन – तेरा ये मानव यदि इन श्वासों–प्रश्वासों के आवागमन की नियमितता का नियमित ध्यान रखे तो उसे इनमें होने वाले परिवर्तनो का आभास स्वतः ही हो सकता है।

इसका प्रथम और सरल उपाय तो यही है कि वह परिवर्तित विपरीत स्वर को

इच्छानुसार अपने इच्छित स्वर में बदल ले जिससे उसके कष्टों का पूर्णतया निवारण तो संभवतः नहीं होगा किन्तु हानि की संभावना अत्यंत क्षीण हो जाएगी, **क्योंकि जो उसके जीवन में घटना है, वह पूर्णतया निष्फल तो नहीं होता किन्तु उससे होने वाली हानियों से बच पाना भी लाभ ही होगा।** अतएव यदि उसका विपरीत स्वर वाम स्वर अर्थात् चंद्र स्वर हो और उसे सूर्य स्वर की इच्छा हो तो वह बायीं करवट लेकर लेट जाए अथवा अपनी बायीं नासिका के छिद्र को बंद कर ले इससे थोड़ी देर में उसका इच्छित सूर्य स्वर स्वतः ही प्रवाहित होना प्रारंभ हो जाएगा और इच्छित स्वर के प्रवाहित होने पर उसे चाहिए कि वह खट्टी और तीखी चीजों का सेवन करे जिससे उसका पृथ्वी एवं आकाश तत्त्व भी साथ ही उदय हो जाए, इससे उसे अत्यधिक लाभ होगा।

हे उमा, इसी प्रकार यदि मानव का विपरीत स्वर सूर्य स्वर हो और उसे चंद्र स्वर की इच्छा अथवा आवश्यकता हो तो उसे चाहिए कि वह दायीं ओर करवट लेकर लेट जाए अथवा अपनी दायीं नासिका के छिद्र को थोड़ी देर के लिए बंद कर दे, जिससे स्वतः ही उसका इच्छित स्वर चंद्र स्वर प्रवाहित होने लगेगा। जब यह चंद्र स्वर प्रवाहित होना प्रारंभ हो जाए तो उसे मिष्ठान अथवा मीठे पेय पदार्थों का सेवन अवश्य करना चाहिए जिससे उसका जल तत्त्व भी उदय हो जाएगा और चंद्र स्वर अधिक प्रभावी होकर लाभ प्रदान करेगा।

हे उमा, इन स्वरों को परिवर्तित कर इच्छित स्वर में बदलने के तो अनेकों उपाय हैं, जो मैंने तुझे पहले भी वर्णित किए हैं, परन्तु इनके परिवर्तन के पश्चात् उनसे संबंधित अनुकूल तत्त्वों को भी यदि उदित कर लिया जाए तो निश्चित ही आगामी हानि को टाला जा सकता है।

हे मेरी गोविन्द सुरती, हे मेरी हरीरजनंदिनी, तू अब थोड़ा सा विश्राम कर ले और मुझे मेरी चिलम भरकर दे दे तो मैं भी इस हरीरज की तरंगों से स्वयं को तरंगित कर लूं, उसके पश्चात् मैं तुझे इन स्वरों के द्वारा रोगों पर विजय प्राप्त करने के संबंध में वर्णन करूंगा। इतना सुनकर मां भगवती प्रसन्न मुद्रा में उठीं और चिलम भरने चली गईं।

थोड़ी देर पश्चात् ही भगवती अपने दोनों कोमल हाथों से चिलम थामकर भोलेनाथ की ओर बढ़ाती हुई बोलीं, प्रभु मुझ किंकरी को भला विश्राम की क्या आवश्यकता है। हिमालय का यह सुंगधित वातावरण, हिम खंडों में स्वर लहरी सी गूंजती ये झरनों की

ताल और ये पुष्पों की मनमोहक सुगंध तथा इन सबसे बढ़कर आपका साथ तो मेरे तन और मन में सदैव उल्लास और हर्षातिरेक का तादात्म्य प्रदान कर मुझमें स्फूर्ति और शक्ति का संचार कर रहे हैं। इसलिए हे मेरे कामरत्नाकर, हे मेरे दिव्यानंद, हे मेरे प्राणेश्वर, आपने तो मेरी जिज्ञासा की अग्नि में घी सा डाल कर इसे और भड़का दिया है, फिर ये मेरे मानव पुत्र–पुत्रियों के कल्याण से भी संबंधित है जिनका मुझे सदैव ख्याल रखना पड़ता है। अतएव हे मेरे शिवानंद आप कृपया मेरी इस सौतन चिलम से हरीरज की तरंगों का आनंद लें, तत्पश्चात् आगे का वर्णन प्रारंभ कर मुझ किंकरी पर अपने श्री मुख से प्रस्फुटित अमृततुल्य प्रवचनों की वर्षा कर कृतार्थ करें।

मां भगवती की यह अनुनय–विनय सुनकर भगवान मानो गदगद् होकर कह उठे, हे मेरी कामाग्नि, हे मेरी प्रिया, तेरा अपने पुत्रों–पुत्रियों के प्रति यह अगाध स्नेह देखकर मुझे अत्यंत प्रसन्नता हो रही है, अतएव अब मैं तुझे तेरे पुत्रों–पुत्रियों के कल्याणार्थ स्वरों द्वारा रोगों के प्रतिकार अर्थात् रोगों से बचाव हेतु वर्णन करना प्रारंभ करता हूं, ध्यानपूर्वक सुन। ओर भगवान भोले भंडारी ने बम बोल से हिमालय को गुंजायमान करते हुए चिलम में एक लम्बा कश लगाया मानो हिमखंडों सहित संपूर्ण वातावरण को सोते से जगाना चाहते हों और ऐसा ही हुआ भी क्योंकि बम बोल का गुंजारित मधुर स्वर शनैः–शनैः हिमखंडों में चहुं ओर गुंजारित होने लगा और संपूर्ण वातावरण स्तब्ध हो इसका आनंद लेने को आतुर हो उठा।

भगवान शिव ने कहना प्रारंभ किया। हे उमा, मानव को शारीरिक एवं मानसिक रोग स्वरों की निश्चित प्रक्रिया के विपरीत चलने के कारण ही उत्पन्न होते हैं। जब भी यह स्वर अपनी निश्चित प्रक्रिया से थोड़ा भी परिवर्तित होकर विपरीत स्वर में बदल जाते हैं तो मानव को समझ जाना चाहिए कि वह यह किसी न किसी रोग अथवा कष्ट की प्रथम सूचना है। अतएव इन रोगों से बचाव हेतु तथा अपना शारीरिक एवं मानसिक स्वास्थ्य बरकरार रखने के लिए उसे मेरे बतलाए इन उपायों पर अमल करना होगा, जिससे उसे निश्चित ही लाभ प्राप्त होगा।

हे मेरी माधुर्य मुग्धा, शनैः–शनैः अभ्यास से संपूर्ण जीर्ण–क्षीण एवं वृद्धावस्था रोगों के उत्पात, दुर्घटना क्रम, दुर्भाग्य का होना, आपदा–विपदाओं एवे संकटों से मुक्ति यह तेरा मानव मेरे कथनानुसार अभ्यास द्वारा इन सभी से मुक्ति पा सकता है और अपना जीवन हर्षोल्लासित करते हुए अपनी आनंदमय परिणति को संवार सकता है।

रक्तचाप : उच्च एवं निम्न

उच्च रक्तचाप : जब भी उच्च रक्तचाप हो तब तेरा ये मानव सूर्य स्वर का घटबंधन करे और चंद्र नासिका से शनैः–शनैः दो अंगुल प्रमाण में अपने स्वर की निकासी करता जाए। इस क्रम को लगभग–लगभग 21 बार क्रम से दोहराए और शांत भाव से स्थिर होकर सुरक्षित स्थान पर बैठ जाए। चलते–फिरते किसी कार्य को करते हुए यह अभ्यास नहीं करना चाहिए। यदि कार्य में तल्लीन होकर यह अभ्यास किया जाए तो अभ्यासकर्ता को बहुत भयानक हानि का सामना करना पड़ सकता है और उसके हृदय की स्पंदन गति को रोकने के लिए यह मृत्युतुल्य कष्ट भी दे सकता है। अतएव इस अभ्यास को बैठकर ही किया जाए तो अत्युत्तम है।

निम्न रक्तचाप : हे मधुमालती, निम्न स्तर की रक्त नाड़ियों में प्रवाहित होने वाली गति गतिहीन होने लगे तब उस समय में यह मानव चंद्र घटबंधन करके सूर्य स्वर से शनैः–शनैः संचालित करे। इस क्रिया को कम से कम 21 बार दोहराएं तब रक्तचाप अपनी सामान्य गति में आ जाएगा। अग्नि तत्त्व के अधिक उदय होने पर उष्णता धारण करके यह रक्त उच्च रक्तचाप में परिणत हो जाता है। एवं वायु तत्त्व की अधिकता के कारण निम्न रक्तचाप प्रारंभ होता है जिसमें पृथ्वी तत्त्व और वायुतत्त्व के असंतुलन के कारण यह रोग उत्पन्न होता है। इसलिए पृथ्वी तत्त्व को शीघ्रातिशीघ्र संतुलित करने के लिए चीनी अथवा कोई मीठा पेय पदार्थ तेरा मानव उस समय भक्षण करे तो पृथ्वी तत्त्व शीघ्र अपनी सही स्थिति में स्थिर होकर वायु तत्त्व को भी स्थिर होने के लिए बाध्य कर देता है। **स्वर भेदन कर्ता को चाहिए कि इन दोनों ही प्रकार के रक्तचापों में पंचमुखी रुद्राक्ष गले मे धारण करे तो दोनों प्रकार के रक्तचापों में लाभ प्राप्त होगा।**

गठिया – बाय

जब भी पृथ्वी तत्त्व असंतुलित होगा और वायु तत्त्व प्रभावित होगा मानव को गठिया बाय रोग के रूप में प्रकट होगा। अधिक मीठा खाने वालों को, प्रातःकाल संभोग करने वालों को, खड़े होकर पेशाब करने वालो को, कब्ज होने पर अथवा प्रातःकालीन रतिक्रिया करने पर और खाना खाने पर तुरंत ही सो जाने पर एवं पेट भर कर खाना न खाने पर, ये दोनों तत्त्व मिलकर उत्पात मचा देते हैं। इन उत्पातों से बचाव हेतु तेरे मानव को यह चाहिए कि वह सर्वप्रथम अपनी दिनचर्याओं को परिवर्तित करे। पंजों के बल उकड़ूं बैठकर मलमूत्र का त्याग करे, मलमूत्र के त्याग के पश्चात् अपना मुखारविंद शुद्ध

जल से स्वच्छ करें तदुपरांत प्रातःकाल के प्रथम प्रहर में आनंदपूर्वक शांत भाव से बैठ जाएं और अपना सूर्य स्वर का घटबंधन करे और शनैः–शनैः चंद्र स्वर से निकाले और इस क्रिया को 21 बार करें। इस क्रिया की पुनरावृत्ति दिन में दो बार और रात्रि को एक बार करे और आनंदपूर्वक सो जाए। खाना खाते समय इस बात का विशेष ध्यान करे कि खाना खाने के पश्चात् धीरे–धीरे 300–400 कदम टहले तदुपरांत भोजन को शीघ्र हजम करने के लिए उल्टा हाथ कान के नीचे लगाए और सूर्य स्वर में उल्टी करवट लेट जाए। इस प्रकार इस मुद्रा में 5 या 6 मिनट लेटा रहे इससे भोजन शीघ्र पच जाएगा और इस सूर्य स्वर के माध्यम से गठिया बाय मे शनैः–शनैः सुलभ आराम प्राप्त होना प्रारंभ हो जाएगा।

ज्वर अर्थात् बुखार

हे मृदंगा, मानव शरीर में ऊर्जा अर्थात् अग्नि तत्त्व संचित करने की एक निश्चित सीमा है। जब भी यह ऊर्जा अपनी सीमा से अधिक हो जाती है तो शरीर से बाहर निकलने के लिए छटपटाती है। इसके अतिरिक्त ऊर्जा के परिणामस्वरूप शरीर का तापमान बढ़ जाता है और शरीर में हरारत जैसी प्रतीत होती है। अग्नि तत्त्व की अधिकता से उत्पन्न इस प्रतिक्रिया को ज्वर अथवा बुखार कहा जाता है। इसका तात्पर्य यह हुआ कि ज्वर अग्नि तत्त्व की अधिकता के परिणामस्वरूप उत्पन्न होता है, इसलिए यदि इस अग्नि को शीतल कर दिया जाए तो ज्वर उतर जाता है। इसके लिए मानव को चाहिए कि वह, जब भी उसे ज्वर होने का अभ्यास होने लगे तो अपने प्रवाहित स्वर को देखे कि उस समय उसका कौन सा स्वर चल रहा है, इसके पश्चात् उस स्वर को बन्द कर दे और तब तक बन्द रखे जब तक कि ज्वर पूर्णरूप से न उतर जाए। स्वर को बन्द करने हेतु वह अपने प्रवाहित स्वर की नासिका छिद्र में थोड़ी सी साफ रूई डाल कर बंद कर ले अथवा हाथ की अंगुली की सहायता से प्रवाहित स्वर को बंद करने का प्रयत्न करे तो शीघ्रता से ज्वर से छुटकारा मिल सकता है। साथ ही अपने अग्नि तत्त्व को जल तत्त्व में परिवर्तित करने के लिए कोई पेय पदार्थ पिए जिससे अग्नि तत्त्व शांत होकर जल तत्त्व में परिवर्तित हो जाएगा और सहज ही ज्वर समाप्त हो जाएगा। **ज्वर को समाप्त करने के लिए रोगी के सिरहाने एक जल का पात्र भरकर उसमें एक चम्मच चीनी ड़ालकर रख दें और प्रातः काल यह जल नाली में प्रवाहित कर दें। इससे जल तत्त्व और पृथ्वी तत्त्व संतुलित हो जाएगा और अग्नि तत्त्व शांत हो जाएगा। यह क्रिया तीन रात्रि नियमित करें।**

दमा

हे प्रिया, श्वास–प्रश्वास की इस क्रिया के अवरूद्ध हो जाने के कारण मनुष्य का श्वास फूलने लगता है, जिसे दमा कहते हैं। वायु तत्त्व और आकाश तत्त्व की प्रक्रिया में कमी होने के कारण यह रोग उत्पन्न होता है, अतएव यदि इन तत्वों को सुचारु रूप से चलाया जाए तो लाभ होगा। मानव को चाहिए कि जब भी उसका श्वास फूलने लगे तो तुरंत अपने स्वर की जांच करे और चलते स्वर को बंद कर लें और कम से कम 21 मिनट तक बंद ही रखे तो शनैः–शनैः उसे आराम का अनुभव होने लगेगा। नियमित रूप से खट्टे–कसैले, चटपटे, रसीले पदार्थों का सेवन रूक–रूककर करता रहे। गरिष्ठ पदार्थों का सेवन इस रोग में वर्जित एवं त्याज्य है। अधिक भाग–भागकर काम करने से और अधिक तेज मिर्च व गरम मसालों का सेवन करने से इस रोग की उत्पत्ति होती है, इसका पथ्य रखना अनिवार्य है।

ऐसे रोगी को चाहिए कि वह जितना हो सके अपने मुख को बंद रखे कठिन समय में वार्तालाप न करे तो अच्छा है। जितना भी हो सके शनैः–शनैः अपनी चंद्र नाड़ी को रोके और सूर्य नाड़ी से श्वासन–प्रश्वासन की क्रियाएं करता रहे, एक दिन में नियमित दो बार गर्म जल का सेवन अवश्य करे। **सूर्य स्वर में शहद अथवा छोटी बछिया का मूत्र हल्का सा नमक डालकर चम्मच, दो चम्मच नियमित रूप से लेता रहे।** आज के आधुनिकीकरण के कृत्रिम वातावरण से बचने की पूर्ण चेष्टा करें।

जहां तक संभव हो मास पर्यन्त तक अपना सूर्य स्वर ही चलाता रहे। चंद्र स्वर को यथा संभव रोके रखे। अत्याधिक शीतलता व उष्णता से यह श्वांस का रोग जिसे दमा कहते हैं, प्रदूषण आदि के कारण भी हो सकता है।

पीलिया (पांडुरोग)

जल तत्त्व की अधिकता के कारण और अग्नि तत्त्व के शांत होने पर यह रोग उत्पन्न होता है। शनैः–शनैः शरीर में हे उमंगे, हे तरंगे, रक्त अल्पता जल को ग्रहण करने लगती है और शरीर के उष्ण भागों में प्रवाहित होकर वाष्प बनकर उड़ जाती है। इससे जिगर और तिल्ली बढ़ने लगती है और रक्त बनना शरीर में कम हो जाता है। इस रक्त अल्पता के कारण पांडुरोग उत्पन्न होता है। इस रोग में अग्नि तत्त्व बहुत ही शनैः–शनैः राख में दबे अंगारों की भांति सुलगता रहता है। यह धीमी गति का दाह मध्यम–मध्यम शरीर के रक्त कोष को रिक्त करता चला जाता है। इस रोग को समाप्त करने के लिए रोगी को चाहिए कि वह इस रोग से मुक्ति पाने के लिए अपने चंद्र स्वर

को अधिक से अधिक चलाए, जहां तक संभव हो सूर्य स्वर को उदरस्थ भोजन के पचाने के लिए ही संचालित करे। शम्भू स्वर को भूल से भी उदय न होने दे, इससे अनेक प्रकार की हानियां हो सकती हैं। चंद्र स्वर में मीठे पदार्थों का सेवन करें एवं पेय पदार्थों में गन्ने का रस, मूली का रस, आदि का प्रयोग श्रेयस्कर होता है। इसमें सरसों का तेल, हल्दी, गरम मसाले, किसी भी प्रकार के चिकनाई युक्त पदार्थ, दूध एवं मांस, अन्न आदि वर्जित एवं त्याज्य हैं। हल्का भोजन ही दलिया आदि एवं पूर्ण विश्राम ही श्रेयस्कर होता है। ऐसी रूग्ण अवस्था में मलमूत्र की हाजत (इच्छा) को रोकना भी हानिकारक हो सकता है। यह रोग कुभोजन से, बासी खाने से, भक्ष–अभक्ष खाने से एवं नियमित संयम न करने से प्रारंभ होता है।

बवासीर अर्थात् अर्श

अर्श खूनी, बादी और आबी तीन प्रकार के होते हैं। खूनी अर्श अग्नि तत्त्व की अधिकता के कारण एवं आबी अर्श जल तत्त्व की अधिकता के कारण उत्पन्न होते हैं। पेट में कब्ज, मलद्वार को परिपूर्ण रूप से स्वच्छ न करना, तीव्र, चटपटे, लाल मिर्चों से युक्त भोजन एवं पदार्थों का सेवन, अधिक अचार इत्यादि का सेवन इत्यादि से यह व्याधि उत्पन्न होती है। जब वायु तत्त्व की अधिकता हो तो रोगी अर्जुनारिष्ट ले, अग्नि की अधिकता हो तो अशोकारिष्ट ले और जल तत्त्व की अधिकता हो तो पंथारिष्ट आदि का सेवन करे। अपनी इड़ा से 16 अंगुल श्वास–प्रश्वास लेने का प्रयत्न करे और नियमित रूप से सवा महीना दिन में जितनी बार संभव हो चलाए। जहां तक संभव हो अग्नि तत्त्व का समावेश करते हुए चंद्र स्वर से 16 अंगुल श्वास–प्रश्वास चलाएं तो इससे जल तत्त्व की अधिकता होगी और अग्नि तत्त्व शांत हो जाएगा। बादी अर्श जो वायु तत्त्व की अधिकता के कारण होता है, समाप्त करने के लिए अग्नि तत्त्व उदय करें और सूर्य स्वर से 4 अंगुल श्वास–प्रश्वास का नियमित 1 माह तक चलाने का अभ्यास करें। इसी से आबी अर्श भी ठीक हो जाता है। इस प्रकार इन स्वरों के माध्यम से यह व्याधि समाप्त हो जाती है।

क्षयरोग (टी.बी)

हे उमा, श्वासन–प्रश्वासनों के बिगड़े हुए संचालन, एवं इनका दिशाहीन होकर समय अनुरूप न चलना शनैः–शनैः अग्नि तत्त्व का क्षीण होना व जल तत्त्व का कम होना, वायु तत्त्व का कम होना और इन तीनों के रिक्त स्थान को आकाश तत्त्व द्वारा पूर्ण करना इस भयानक रोग की मूल उत्पत्ति का कारण है। सर्वप्रथम रूग्णावस्था में रोगी

के फेफड़ों में छिद्र होने लगते हैं और कफ रोग की उत्पत्ति होते हुए कफ इतना बढ़ जाता है, जो कि अग्नि और वायु का इतना विकृत रूप है कि फेफड़ों पर जम–जमकर दीमक की भांति फेफड़ों को खोखला करता चला जाता है। मस्तक से लेकर सिर तक रोगी के शरीर के किसी भी अंग को अपने आक्रमण का केन्द्र बना लेता है। कई बार तो यह अग्नि तत्त्व के कुपित होने पर रक्त विकारीय क्षय का रूप भी धारण कर लेता है। क्षय का अर्थ है समाप्त। रोगाणु इस प्रकार आक्रमण करते हैं कि ओज और तेज शनैः–शनैः अस्त होने लगता है और स्वास्थ्य दिन–प्रतिदिन गिरता ही चला जाता है। पाचन क्रियाओं में अनियमितताएं होने लगती है। मुंह से बलगम का जाना, तीव्र दस्तों का लगना, बदन का बार–बार टूटना अथवा मुंह से थूक जाना, कृषकाय हो जाना अथवा स्थूलतम हो जाना इस रोग के लक्षण हैं। इस रोग को समाप्त करने के लिए रोगी को चाहिए कि वह नियमित रूप से अपने अग्नि तत्त्व को उदय करे और सूर्य स्वर को शनैः–शनैः अवधि में परिवर्तन करते हुए बढ़ाना शुरू कर दें। इस रोग के लिए चंद्र स्वर उतना ही उपयोग करे जितना कि उसे आवश्यकता है। प्रातःकालीन धूप शरीर पर लेना एवं पीठ पर लेना अति हितकर होता है। इस रोग में दूध, मक्खन और पौष्टिक आहारों का लेना अनिवार्य है और अग्नि तत्त्व से संबंधित पदार्थों का सेवन शरीर का हित करते हुए शरीर के खोखलेपन को समाप्त कर देता है। इस तत्त्व में जहां तक सम्भव हो सूर्य तत्त्व को उदय करते समय सोना नहीं चाहिए। चंद्र स्वर के उदय होने पर सोने की क्रिया की जाए तो शीघ्र लाभ होने की संभावना होती है। अग्नि तत्त्व को संपूर्ण करने से जल तत्व और वायु तत्त्व शनैः–शनैः स्वतः ही संतुलित होने लगते हैं। इस अग्नि तत्त्व का उदय करने की क्रिया लगभग सवा तीन महीनें तक करनी चाहिए। पृथ्वी तत्त्व को संतुलित करने के लिए कभी–कभी ऐसे रोगी को मखाने की खीर, बादाम की खीर इत्यादि खानी चाहिए एवं दूध से बने पदार्थ जैसे पनीर, छैना और छेने की मिठाई आदि खाने चाहिए। इस पृथ्वी तत्त्व के सहयोग से और अग्नि तत्त्व के सहयोग से जल तत्त्व स्वयं ही संतुलित हो जाता है। 4 अंगुल सूर्य स्वर चलाने से अग्नि तत्त्व स्वतः ही उदय हो जाता है।

हृदय–रोग

हृदय का तीव्र धड़कना, हृदय का मध्यम धड़कना, हृदय शिराओं का अवरोध होना, इनमें रक्त के थक्के जम जाना एवं श्वास–प्रश्वास में कठिनाई का उत्पन्न हो जाना और हृदय में पीड़ा का अधिक होना इस बात का संकेत है कि हृदय किसी रोग से पीड़ित

है। अग्नि तत्त्व व वायु तत्त्व के असंतुलित होने से हृदय की पीड़ा अति घातक स्वरूप और क्रूर रूप भी धारण कर सकती है। हृदय की कौशिक शिराओं में जब रक्त का जमना प्रारम्भ होता है और वायु का प्रवाह परिपूर्ण नहीं होता तब इसे वायु का प्रकोप समझना चाहिए। इसके लिए सर्वप्रथम रोगी को चाहिए कि वह अपनी श्वास–प्रश्वास को 8 अंगुल सूर्य स्वर में चलाए और इस स्थिति को कभी–कभी 4 अंगुल भी चलाता रहे। रात्रि के समय चार अंगुल चलाने पर यह रोग शीघ्र पलायन कर जाता है और रोगी हृदय पीड़ा से मुक्त हो जाता है। इस स्थिति को नियमित 15 से 20 दिन तक ही करना चाहिए। प्रातःकाल प्रतिदिन लहसुन की एक कली शुद्ध जल से सेवन करने से वायु तत्त्व एवं अग्नि तत्त्व दोनों ही संतुलित होकर रोगी को इस रोग से मुक्ति दिलाते हैं। इस कार्य के लिए यदि हो सके तो शुद्ध शहद का प्रयोग भी यथा इच्छा करना श्रेयस्कर रहता है।

किसी भी प्रकार के हृदय रोग के लिए सूर्य स्वर का अधिक चलना अनिवार्य एवं हितकर है। चंद्र स्वर यदि अधिक चलेगा तो रोग असाध्य और दिन–प्रतिदिन कठिन होता चला जाएगा। हृदय पर रक्त के प्रवाह का कम होना अथवा अधिक होना अथवा हृदय के वाल्व का सुचारु रूप से कार्य न करना अथवा दो से तीन तक वाल्वो का क्षतिग्रस्त हो जाना। हृदय की रक्त प्रवाह नाड़ियों में रक्त के थक्के जम जाना अथवा वायु का कम या अधिक होना एवं रोगाणुओं का संक्रामक आक्रमण होना, अत्यधिक भय, अत्यधिक चिंता, अत्यधिक हर्षोल्लास, अत्यधिक अनायास शोक का उत्पन्न होना, प्रिय से बिछोह होना अथवा किसी के द्वारा धोखा होना, व्यापार में हानि होना, अत्यधिक कर्जदार होना, ऐसी समस्या जिसका चिंतन द्वारा समाधान न हो सके, ऐसा अज्ञात गुप्त कार्य जिसके प्रकट होने पर इज्जत प्रतिष्ठा का दांव पर लगना एवं मस्तिष्किय संरचनाओं में परिपूर्ण रूप से शुद्ध वायु का प्रवाह न होना, अशुद्ध बदबू भरे, दम घोंटू वातावरण में रहना, किसी भी प्रकार से उत्पन्न हुआ क्लेश, जय–पराजय, हर्ष और शोक आदि हृदय रोग को उत्पन्न करते हैं, इसके अतिरिक्त चर्बी का अधिक बढ़ जाना भी हृदय रोग का एक प्रमुख कारण है। इन सभी प्रकार की आपदा पूर्ण परिस्थितियों से बचाव हेतु रोगी को चाहिए कि वह सूर्य में अपना अग्नि तत्त्व स्थापित करते हुए सूर्य स्वर को 4 अंगुल चलाने का प्रयास करे। दिन भर में 2–2 घंटे अग्नि तत्त्व चलाए और 2 घंटे तक प्राकृतिक रूप से जो स्वर चल रहा हो उसी को चलाए। वायु तत्त्व, आकाश तत्त्व पर जहां तक संभव हो परिपूर्ण रूप से अंकुश रखे। इस प्रकार नियमित 40 दिन करने से हृदय रोगों से विशेष लाभ मिलना प्रारंभ हो जाएगा और हृदय रोग के कारण जो–जो शरीर को क्षति संभावित होगी वह भी परिपूर्ण रूप से समाप्त होकर स्वास्थ्य लाभ में

हितकर होगी। इस अभ्यास के समय में किसी भी प्रकार का तरल व पेय पदार्थ ग्रहण करना हानिकारक हो सकता है। वास्तव में जब भूख और प्यास लगे तभी भोजन ग्रहण करें और भोजन ग्रहण करने के 2 घंटे पश्चात् अभ्यास प्रारंभ करें।

शिरो पीड़ा अर्थात् सिर दर्द

हे उमा, वायु तत्त्व का मस्तिष्कीय शिराओं पर आक्रमण के परिणामस्वरूप शिरो पीड़ा उत्पन्न होती है। यह वायु तत्त्व नासिका से, नेत्रों से, कर्णों से अथवा मुख से, कहीं से भी प्रवेश कर सकती है। इसमें रोगी को मस्तक के दोनों ओर की नसों में तीव्र स्पंदन का आभास होता है और मस्तक पीड़ा से दुखने लगता है। इस पीड़ा से छुटकारा पाने के लिए मानव को चाहिए कि वह अपने स्वर की परीक्षा करे और जो स्वर चल रहा हो, उसे तुरंत बंद करे व तब तक बंद रखे जब तक कि पीड़ा समाप्त न हो जाए। इसके अतिरिक्त सूर्य स्वर से श्वांस खींचकर चंद्र स्वर से छोड़े तो भी इस पीड़ा से आराम पा सकता है। एक बार में इस क्रिया को कम से कम 11 बार अवश्य करे।

आधासीसी का दर्द

जब सिर के आधे भाग में पीड़ा का अनुभव हो अर्थात् सिर के दायें अथवा बायें हिस्से में पीड़ा का अनुभव हो, उसे आधासीसी का दर्द कहते हैं। यह वायु तत्त्व और आकाश तत्त्व के असंतुलन के कारण उत्पन्न होता है। इसका निवारण इस प्रकार है कि मनुष्य के सिर के जिस ओर के हिस्से में पीड़ा हो उस ओर के हाथ को कोहनी से कंधे की ओर मोड़ लें और उसके पश्चात् कोहनी को किसी रस्सी अथवा वस्त्र की सहायता से बांध ले और तब तक बंधा रहने दें जब तक पीड़ा समाप्त न हो जाए। यह क्रिया तब–तब दोहराए जब–जब पीड़ा उत्पन्न हो। सिर के जिस ओर पीड़ा हो उस ओर के स्वर को बंद कर दे तो अधिक लाभ होगा। इस प्रकार 4–5 बार यह क्रिया करने से यह सदा के लिए समाप्त हो जाएगा।

आंखों का उपचार

आंखों की पीड़ा अनेक कारणों से हो सकती है। अत्यधिक धूप का लगना, अत्यधिक शीत का लगना, शिरोरोगों का होना, समय–असमय कुभोजन करना, भोजन में पौष्टिक तत्त्वों की कमी होना, अत्यधिक भयातुर रहना, तीव्र रोशनी का प्रयोग करना, काफी समय तक पलकों को विश्राम न देना, अत्यधिक लेखन अथवा कुव्यसनों मे फंसे रहना, आंखों को स्वच्छ न रखना, धूल–मिट्टी गिरने पर जोर से रगड़ देना, यह सब आंखों की पीड़ा का कारण बनते हैं। नेत्र–पीड़ा और नेत्र–रोगों से मुक्ति पाने के लिए पीड़ित को चाहिए कि वह प्रातःकालीन सूर्य की रोशनी में बैठे और आंखें बंद करके सूरज को देखता रहे और शनैः–शनैः अपने अग्नि तत्त्व को उदय करे और नासिका के सूर्य स्वर से श्वासन–प्रश्वासन को संचालित करे और सूर्य स्वर में घटबंधन करते हुए चंद्र स्वर से उस स्वर को छोड़ दे। इस प्रकार 10 बार चंद्र से छोड़े और सूर्य स्वर से श्वास ले, फिर चंद्र स्वर से घटबंधन करके सूर्य स्वर से छोड़े रात्रि के समय यदि यह क्रिया करनी हो तो चंद्रमा को आंखें बंद करके देखे और चंद्र स्वर से घटबंधन करे और सूर्य स्वर से छोड़ दे। पीड़ित इस बात का विशेष ध्यान रखे कि चंद्रमा की रोशनी को केवल मात्र 2 या 3 सेकेंड तक ही देखे और यह अभ्यास करे। इससे अधिक करने पर आंखों पर विपरीत प्रभाव पड़ सकता है। अतएव यह अभ्यास प्रातःकाल की वेला में ही करना शुभ है।

बदहजमी अर्थात् अजीर्ण अथवा कब्ज

हे उमा, अपच अर्थात् भोजन का न पचना शरीर में अनेकों रोग उत्पन्न करता है। जिनमें बदहजमी, कब्ज प्रमुख हैं। शरीर में वायु तत्त्व व अग्नि तत्त्व की असंतुलनता के परिणामस्वरूप भोजन पच नहीं पाता और वायु–विकार के साथ ही बदहजमी पैदा करता है। इसके शिकार मनुष्य को चाहिए कि जब भी भोजन करे अथवा कुछ खाए तो सूर्य स्वर में ही खाए, इससे खाया हुआ अन्न आदि शीघ्र पच जाते हैं और शरीर को उसका संपूर्ण लाभ मिलता है। यदि भोजन करते समय सूर्य स्वर प्रवाहित न हो रहा हो तो उसे परिवर्तित कर चलाना चाहिए जिसके लिए अपनी बायीं नासिका के छिद्र को

भोजन से 5 मिनट पूर्व रूई की सहायता से बंद कर लेना चाहिए तथा भोजन के पश्चात् निकाल देना चाहिए। भोजन सदैव आराम से चबा–चबाकर ही खाना उचित है तथा भोजन के आधे घंटे पश्चात् ही जल ग्रहण करना पाचन तंत्र के लिए लाभदायक होता है। इसी प्रकार पेय–पदार्थों को सदैव चंद्र नाड़ी के प्रवाह में ग्रहण करना लाभदायक होता है। **यदि स्वर परिवर्तन संभव न हो तो मनुष्य को चाहिए कि वह भोजन के पश्चात् थोड़ी देर के लिए बायीं करवट लेट जाए, इससे उसका सूर्य स्वर स्वतः ही प्रवाहित होना प्रारंभ हो जाएगा। इससे उसका अजीर्ण अर्थात् बदहजमी धीरे–धीरे स्वतः ही समाप्त हो जाएगी और पाचन प्रक्रिया सुचारु रूप से कार्य करने लगेगी।**

यदि यह भी संभव न हो तो उसे चाहिए कि प्रतिदिन प्रातःकाल 15 से लेकर 20 मिनट पद्मासन लगाकर बैठे और अपनी दृष्टि अपनी नाभि पर स्थिर कर ले तो ऐसा करते रहने से लगभग एक सप्ताह में बदहजमी की शिकायत स्वतः ही दूर हो जाएगी।

रक्त विकार अथवा रक्त जनित रोग

हे उमा, मानव शरीर में 72000 नाड़ियां होती हैं जिनमें रक्त संचालित होता रहता है, इसी रक्त संचालन प्रक्रिया से संपूर्ण शरीर क्रियाशील रहता है। यदि अग्नि तत्त्व, पृथ्वी तत्त्व एवं वायु तत्त्व की शरीर में असंतुलनता उत्पन्न हो जाए तो रक्त में अनेकों विकार उत्पन्न हो जाते हैं, जिसके फलस्वरूप रक्त जनित रोग पैदा हो जाते हैं। अग्नि तत्व रक्त में उष्णता की अधिकता कर देता है जिससे शरीर की उष्णता फोड़े–फुंसी के रूप में निकलती है। इसी प्रकार वायु तत्त्व की असंतुलनता के कारण बदहजमी, हृदय संबंधी रोग तथा पृथ्वी तत्त्व के असंतुलन के कारण पागलपन, दौरे आना, मन का न लगना, मस्तिष्क संबंधी विकारों का उत्पन्न होना, उदासीन रहना, जैसे रोग उत्पन्न हो जाते हैं। अतएव इन तत्त्वों के असंतुलन को दूर कर दिया जाए तो रक्त विकार व रक्त जनित व्याधियों से मुक्ति मिल सकती है। अग्नि तत्त्व को संतुलित करने के लिए जल तत्त्व का उदय करना चाहिए जिसके लिए शीतल एवं मीठे पेय पदार्थों को नियमित ग्रहण करना चाहिए जिससे अग्नि तत्त्व शांत हो जाएगा। इसी प्रकार वायु तत्त्व की अधिकता को संतुलित करने के लिए प्रातःकाल नियमित आधा घंटा भ्रमण करना चाहिए ताकि

शरीर में ताजी वायु (हवा) प्रविष्ट होकर वायु के विकार को बाहर निकाल सके। पृथ्वी तत्त्व के असंतुलन को संतुलित करने के लिए मीठी चीजें खाएं। प्रातःकाल भ्रमण हेतु साफ–सुथरे स्थान का चयन करें। इसके अतिरिक्त यदि श्वास–प्रश्वास को अग्नि तत्त्व हेतु 4 अंगुल चलाने का प्रयास करें तथा वायु तत्त्व को संतुलित करने के लिए 8 अंगुल चलाएं तथा पृथ्वी तत्त्व को संतुलित करने के लिए श्वास को 12 अंगुल चलाएं। जिस प्रकार के रक्त विकार जनित रोग हों उसी प्रकार के तत्त्व को संतुलित करने का प्रयास करना चाहिए।

सूजन का उतारना

रक्त विकार के कारण, वायु के प्रकोप के कारण, अग्नि प्रकोप के कारण, शरीर में सूजन का आ जाना एक स्वाभाविक प्रतिक्रिया है। इससे ओज और तेज का भी क्षय हो जाता है। इस ओज व तेज को बरकरार रखने के लिए पथ्यापथ्य का विचार अनिवार्य है। पीड़ित को चाहिए कि वह अपने सूर्य स्वर में जल तत्त्व का उदय करे और सूर्य स्वर से हर तीन–तीन घंटे बाद 16 अंगुल नासिका के श्वासों का प्रवाहित कर चलाए। यह क्रिया केवल मात्र 24 घंटे में 2 या 3 बार ही दोहराए। तदुपरांत 2 या 3 बार पुनः पृथ्वी तत्त्व को उदय करे और फिर अपने सूर्य स्वर को 12 अंगुल चलाए। इस प्रकार नियमित करते रहने से 10 अथवा 15 दिन में सूजन उतरनी प्रारंभ हो जाती है और पीड़ित शनैः–शनैः स्वास्थ्य लाभ करने लगता है।

दंत रोग

दंत रोग में पीड़ित को चाहिए कि वह अपने सूर्य स्वर में अग्नि तत्त्व कदापि भूल से न चलाए। वह केवल मात्र लेटकर पृथ्वी तत्त्व को ही सूर्य स्वर से उदय–अस्त करे। इस प्रकार संचालन से दो या तीन घंटे में दांतों की भयंकर से भयंकर पीड़ा भी शांत होने लगती है।

नासिका पीड़ा

नजले के कारण, किसी चोट के कारण अथवा हड्डी बढ़ने के कारण, श्वसन नलिकाओं में अवरोध के कारण, संक्रामक रोग के कारण अथवा किसी गुप्त रोग के कारण नासिका पीड़ा उत्पन्न होती है। इस पीड़ा से मुक्ति पाने के लिए पीड़ित को चाहिए कि वह स्वच्छ वायु जहां अधिक मात्रा में हो, ऐसे स्थान पर उत्तर की ओर मुख करके शनैः–शनैः सूर्य स्वर से इस प्रवाहित वायु को अंदर खींचना प्रारंभ करे और सूर्य स्वर

का घटबंधन करने के पश्चात् सूर्य स्वर से ही 3 बार उस वायु को निकाल दे। इस प्रकार यह क्रिया 10 या 11 बार करे और फिर प्राकृतिक स्वर चलने दे। इस प्रकार यह क्रिया सप्ताह पर्यन्त तक करें। इसमें अग्नि तत्त्व ही चलाना चाहिए। इससे नासिका पीड़ा शीघ्र समाप्त होना प्रारंभ हो जाती है।

कंठ पीड़ा एवं कर्ण पीड़ा

कंठ रोग में गले का रूक जाना, गले का बंद हो जाना, स्वर का न निकलना और गले के ऊपर छाती तक गांठ–गांठ बनकर माला सी बन जाना जिसे कंठ बेल भी कहते हैं। यह सब रोग छूत के और अशुद्ध भोजन से अथवा विषैले भोजन से उत्पन्न होते हैं। रोगी को चाहिए कि वह चंद्र स्वर से शनैः–शनैः श्वास–प्रश्वास लेता जाए और छोड़ता जाए। इस प्रकार यह क्रिया कम से कम 51 बार प्रातःकाल और रात्रि 12 बजे के बाद करनी प्रारंभ करे तो 10 दिन में यह रोग समाप्त हो जाता है। चंद्र स्वर में जल तत्त्व की क्रिया को ही करना श्रेयस्कर रहता है। यही क्रिया यदि कानों में उंगली देकर चंद्र स्वर को ही संचालित करते हुए, मुंह से श्वास छोड़ते हुए की जाए तो कंठ शूल आदि भी ठीक हो जाते हैं।

कद बढ़ाना

छोटे कद की स्त्री और पुरुषों को चाहिए कि वह प्रातःकाल जब भ्रमण को निकलें तो दौड़ते हुए अपना चंद्र स्वर संचालित रखें और सूर्य स्वर से अपनी प्रश्वास को छोड़ते जाएं। इस प्रकार 10 बार चंद्र स्वर से व 10 बार सूर्य स्वर से करें। यह नियम सवा साल तक नियमित करें। तीव्र ग्रीष्म हो अथवा तीव्र शरद ऋतु हो, तो उसमें इस नियम का पालन नहीं करना चाहिए और बरसात के मौसम में यह नियम कमरे में बैठकर करना चाहिए।

मोटापा कम करना

मोटापा कम करने के लिए रोगी को चाहिए कि वह खाना खाने के थोडी देर बाद 1000 कदम चले और सूर्य स्वर मे लेट जाए। उल्टे हाथ को कान के नीचे रखे व आनंदपूर्वक लेटा रहे। इस नियम का नियमित पांच महीने तक प्रयोग करने के पश्चात् मोटा व्यक्ति देखेगा कि वह शनैः शनैः शरीर की चर्बी घटा रहा है और भोजन सुपाच्य होकर उसके अंग–अंग में स्फूर्ति पैदा कर रहा है।

नोट : इस क्रिया को करने के पश्चात् मोटे व्यक्ति को शौच और मलमूत्र त्यागने की इच्छा बनेगी, इसमें आलस्य न करें और तुरंत ही त्याग करे और अपने कार्य में संलग्न हो जाए। इससे शरीर की फालतू चर्बी, पेट का अफारा सभी कुछ अपनी प्रथम स्थिति में आने प्रारंभ हो जाएंगे और मोटापा कम हो जाएगा।

आकस्मिक रोग

शारीरिक क्रियाओं–प्रतिक्रियाओं के परिणामस्वरूप मामूली सी चूक शरीर के विभिन्न हिस्सों में अचानक दर्द पैदा कर सकती है। ऐसा दर्द आकस्मिक रूप से होता है व इसकी किसी भी प्रकार से पूर्व सूचना प्राप्त नहीं होती। जरा सा झुके कि कमर में दर्द हो जाता है, गर्दन घुमाते ही गर्दन में दर्द आदि–आदि हो तो इस प्रकार उत्पन्न होने वाले आकस्मिक दर्द पैदा होने की स्थिति में रोगी को चाहिए कि शीघ्रता से अपने स्वर की पहचान करे कि उस समय उसका कौन सा स्वर प्रवाहित हो रहा है, उसके पश्चात् शीघ्रता से अपने प्रवाहित स्वर को बन्द करके, विपरीत स्वर को चलाए। स्वर परिवर्तन के साथ ही उसका आकस्मिक दर्द समाप्त होना प्रारंभ हो जाएगा और दर्द तुरन्त शान्त हो जाएगा। यदि स्वर बदलने में कठिनाई का अनुभव हो तो जो स्वर चल रहा हो उसी ओर करवट लेकर लेट जाए। इससे स्वर स्वतः ही परिवर्तित हो जाएगा और दर्द भी शान्त हो जाएगा।

दीर्घ यौवन प्राप्ति

इड़ा, पिंगला और सुष्मना नाड़ियों में श्वास–प्रश्वास का प्रवाह एक प्राकृतिक नियम के अंतर्गत होता है अर्थात् स्वर अपनी निश्चित समय सीमा और गति से प्रबाध संचालित होते रहते हैं। यदि इन स्वरों को कभी–कभी उनके विपरीत प्रवाहित किया जाए तो उत्तम फल प्राप्त होते हैं। अतएव दिन में कभी–कभी अवसर के अनुसार स्वरों को परिवर्तित करने का प्रयास किया जाना चाहिए। इससे मनुष्य काल की गणना से परे हो जाता है।

स्वर परिवर्तित करने हेतु अनेकानेक विधियां प्रचलित हैं, इसलिए अपनी सामर्थ्य अनुसार किसी एक विधि का चयन कर उसी से स्वर परिवर्तित करना लाभप्रद होता है।

विपरीतकरणी मुद्रा, खेचरी मुद्रा, स्वर को किसी माध्यम की सहायता से बन्द कर परिवर्तित करना, चलते स्वर की ओर करवट करके लेटना, गर्दन द्वारा स्वर परिवर्तित करना आदि–आदि।

दीर्घायु प्राप्ति

शरीर पंचतत्त्वों से निर्मित है। इन्हें यदि सूर्य स्वर से चलाया जाए तो प्राण स्थिर हो जाते हैं। जिसके लिए स्वरों के प्रवाह को बांधकर यदि सूर्य घटबंधन किया जाए तो मनुष्य सूर्य की काल गणना से परे होकर दीर्घ जीवन जी सकता है। कुम्भक, पूरक और रेचक इन तीनों प्राणायामों को जानना आवश्यक है। कुम्भक का कार्य स्तम्भन करना है, जिससे जीवन रक्षा करने में लाभ मिलता है। पूरक सभी धातुओं अर्थात् तत्त्वों को समान कर अमृत बरसाता है।

रेचन का कार्य है सभी पापों को समाप्त कर मुक्ति प्रदान करना। **अतएव इड़ा, पिंगला और सुष्मना को क्रमशः गंगा, यमुना, सरस्वती समझना चाहिए व इन तीनों के आपसी संगम को प्रयाग।**

अध्याय 7

स्वरोदय तंत्र द्वारा इच्छित संतानोत्पत्ति

भोले भंडारी के कमल नयनों में झांकते हुए भुवनेश्वरी ने कहना प्रारंभ किया हे मेरे व्याघ्रकोमल, हे मेरे नागभूषण, हे मेरे पुष्पलोचन, हे मेरे आत्मप्रसन्न, हे मेरे क्षमाक्षेम, तनिक मेरी इस सौतन चिलम पर भी कृपादृष्टि डालिए, ठंडी होकर यह भी अपना क्षोभ प्रकट कर रही है। इसका रसास्वादन कर इसमें प्राण फूंक दीजिए अन्यथा मुझे इसे रसातल में मिलाकर पुनः प्रज्ज्वलित करना पड़ेगा।

अपनी कोमलांगी के इन मधुर वचनों को सुनकर भगवान शिव मुस्कराए बिना न रह सके और मुस्कराकर चिलम उठाते हुए बोले हे मेरी आनन्दी, हे मेरी हिमगिरी, तेरा यह मधुर वचनों युक्त कटाक्ष भी आनंदित ही करता है। अतः तू कहती है तो मैं तनिक इस चिलम से निपट लूं तत्पश्चात् तेरी जिज्ञासाओं का समाधान प्रस्तुत करूंगा। इतना कहकर प्रभु ने चिलम में लंबा कश खींचा और नेत्र बंद कर हरीरज का रसास्वादन करने लगे।

मीठी मंद–मंद बहती सुगंधित पवन, हिमखंडों का दर्शनीय दृश्य, झरनों का कल कल बहता जल और उसकी मधुर स्वर लहरी, ऊपर से हरीरज की तरंगे, सभी मिलकर भोले भंडारी को सुखद आनन्द प्रदान करने का प्रयास कर रही थीं।

इस मुग्ध वातावरण से प्रभु भोलेनाथ विमुग्ध होकर अपनी सहचरी कलेन्द्री से कहने लगे हे उमा, मैं तुझे संतानोत्पत्ति के विषय में ज्ञानार्जन करा रहा हूं। वैसे तो सृष्टि

की निर्माणकर्ता तू ही है, तेरे से कुछ छिपा हुआ तो नही है। हे जगतधात्री, हे ममतामयी, देवी संतानोत्पत्ति तो जड़, चैतन्य, स्थावर और जंगम सभी कर लेते हैं और यहां तक कि प्रकृति में ऐसे भी जीव उत्पन्न होते हैं जिनकी उत्पत्ति का कारण उनके माता–पिता नहीं होते। आश्चर्यचकित होकर मां ने सहज भाव से अनायास ही पूछा वो कैसे प्रभु ? तो भोले भंडारी ने ज्ञान दर्शन हेतु कहना प्रारंभ किया, कि हे उमा, गोबर में जब पेशाब मिल जाता है तब कुछ काल पश्चात् उसमें स्वतः ही बिच्छु उत्पन्न हो जाते हैं। जब ये बिच्छु वयस्क होते हैं। तब ये अपनी संतानोत्पत्ति की इच्छा से लैंगिक संबंध स्थापित करते हैं। उसके पश्चात् इनकी वंशबेल की वृद्धि प्रारंभ हो जाती है। इसी प्रकार हे मदनमोहा, हे कामनी, प्राणी यदि अपने बालों को स्वच्छ अथवा साफ न रखे तो पसीने की बदबू और बालों के सम्मिश्रण से जूँ उत्पन्न हो जाती है, जब यह अपनी वयस्क अवस्था में पहुंचती है तब यह अपने लैंगिक संबंध स्थापित कर अपने वंशबेल की वृद्धि करती है।

इस प्रकार के अनेक कीट–पतंगे, कृमियां उत्पन्न होती रहती हैं और तो और काले रंग का भंवरा तो इतना चतुर है कि वह खपरे (तिलचट्टे) के छोटे–छोटे शिशुओं को उठाकर ले जाता है और उनके पर कतरकर रख देता है, फिर सभी भंवरे मिलकर उनपर इतना दंश प्रहार करते हैं कि वह तड़प–तड़पकर इतना तड़प जाता है कि मरणासन्न स्थिति में पहुंच जाता है। उस मरणासन्न स्थिति का भय उसे इतना दग्ध कर देता है कि भय की स्थिति के कारण इसका रंग श्याम हो जाता है। तब वह उसको पालने–पोसने लगते हैं। उस भय की कुंठा में जो उसे उनसे अपने आप को मुक्त करने के लिए होती है, इतने सशक्त उसकी इच्छाशक्ति से पर निकल आते हैं कि वह मीलों उड़ा चला जाता है। जबकि तिलचट्टा मीलों नहीं उड़ सकता। इस परिवर्तन के कारण इसका रंग रूप भंवरे के समान ही हो जाता है व वह भंवरा कहलाता है। यांवनावस्था तक आते–आते यह अपने लैंगिक संबंध तो स्थापित करते हैं लेकिन उत्पत्ति बिल्कुल नहीं हो पाती। वह केवल मात्र क्षणिक ही संभोग का सुख प्राप्त करते है। अपनी वंशबेल वृद्धि के लिए इन्हें मीलों मील तिलचट्टों के स्थानों को खोजना होता है और ये उनकी दुर्गंध से उन्हे खोज लेते हैं, और ये तब तक उन पर नजर रखते हैं जब तक कि उनके बच्चे उड़ने लायक न हो जाएं और जहां बच्चों के प्रथम पर निकलने प्रारंभ हुए वहां झुंड के झुंड आकर इन बच्चों का अपहरण कर ले जाते हैं। इस वेदनामय स्थिति में तो, जो इनके द्वारा बच्चों को दी जाती है, भयातुर होकर अनेक बच्चें तो दम तोड़ देते हैं।

हे गौरा, हे देवी पार्वती, हे गजानंद माता, यह मैंने तुझे लैंगिक और अलैंगिक सृष्टि

के विषय की एक अतिसूक्ष्म जानकारी दी है और तेरा यह मानव पशुओं से भी गया गुजरा है। मादा पशु अपने ऋतुकाल में ही संभोग को आतुर होती हैं। संभोग की तुष्टि, पुष्टि और संतुष्टि जो सुदृढ़ नर कर पाए उससे अपनी यौन क्षुधा को शांत कराने हेतु लैंगिक संबंध स्थापित करती हैं। यह संबंध एक महीने के परिपूर्ण चक्र में समाप्त हो जाता है, मगर तेरा यह मानव यौवन अवस्था प्राप्त करने के पश्चात् मृत्युपर्यन्त तक भी इस काम केली कला में योजनाबद्ध विधि से संलिप्त रहता है। भोजन हो या न हो पर नारी को पुरुष व पुरुष को नारी का सुख अवश्य होना चाहिए, यह उसका वह चरमोत्कर्ष आनन्द है जिसमें वह मुझे और तुझे सभी को भूल जाता है और मुक्तभाव से अपने आनंदमंगल को उत्सव की भांति मनाते हुए गहन निद्रादेवी की गोद में एक थके हुए शिशु की भांति विश्राम करता है।

हे उमा, संभोग कोई बुरी क्रिया नहीं, यह तो हर क्षण आंनद को देने वाला एक किल्लौल है। किल्लौल कर्ता यदि इसे किल्लौल की दृष्टि से करे तो उसे स्वास्थ्य लाभ रहेगा। उसे किसी भी रोग का सामना नहीं करना पड़ेगा। यदि इसे भोग की दृष्टि से करता है तो वह शीघ्र रोगी होकर काल के ग्रास को प्राप्त होगा। इस संभौगिक क्रिया का मुख्य उद्देश्य प्रकृति ने संतानोत्पत्ति के लिए नियमबद्ध विधि का निर्माण किया। इस विधि के विपरीत चलना ही कुसंतानों को जन्म देने का कारण बना। इतना कहकर भोलेनाथ अपनी चिलम में मस्त हो गए और नेत्रों को बंदकर इस प्रकार चिंतन मग्न बैठ गए मानो प्रभु अपनी तरंग में कोई नवीन खोज की उत्पत्ति में लगे हों। इस चुप्पी को देखकर मां जगदीश्वरी व्याकुल नेत्रों से उन्हें निहारने लगीं और स्नेहित भाव से अपने कोमल कर कमलों से प्रभु के कपोल और मस्तक को शनैः–शनैः सहलाने लगीं। भगवती के हस्त स्पर्श का आंनद लेते हुए आनंदकद श्री भगवान शंकर जी अलसायी दृष्टि से अपनी प्राणप्यारी को निहारने लगे। दो नयनों का मिलन जब अपने विपरीत लिंगी नयनों से हुआ तो व्याकुल प्रेमी ने अपनी प्रेमिका को अपने आतुर भुजदंडों में समाहित कर लिया। एक मधुर मध्यम उमा के होठों का चुंबन लेते हुए भोले ने व्यंग्य किया कि देख मैंने तेरी सौत को अपने पास से हटा दिया है, इस तीक्ष्ण व्यंग्य को सुन भगवती अपने आपे में न रहीं और छिटककर उनकी बाहों से दूर हो गईं और हाथ जोड़कर कहने लगीं हे प्राणेश्वर आप अपने विषय–वस्तु पर तो आइए। कृपया अपने दिव्य ज्ञान से मुझे अवगत कराते हुए यह मार्गदर्शन दें कि वह कौन सा उचित समय होता है जब नारी अपने योग्य पुत्रों व पुत्रियों की उत्पत्ति करे अथवा वह कौन सा शुभ समय होता है जब पुरुष मनचाही संतान प्राप्त कर सके। उस समय स्त्री और पुरुष का क्या कर्त्तव्य है

कृपया मुझे थोड़ा सा मार्गदर्शन दें। भोले भंडारी ने बड़े ही स्नेहित भाव से हुंकार भरी और कहा " हुं " मैं तुझे अभी बताता हूं। इस प्रकार चंद्रशेखर ने कहना शुरू किया कि हे मेरी श्वास तरंगिनी, हे मेरी हृदय स्वर मंजूषा, इस ज्ञान को तू ध्यान पूर्वक सुन।

यह कालचक्र स्त्री के रजस्वला होने से लेकर पुनः रजस्वला होने तक चलता है। जिसके फल प्रतिफल विभिन्न प्रकार के हैं। स्त्री के रजस्वला निवृत्ति के पश्चात् पहला, दूसरा, तीसरा, पांचवें, दिन केवल मात्र काम पिपासा तृप्त करने के लिए यदि संभोग किया जाए तो किसी प्रकार की कोई ज्ञात–अज्ञात हानि नहीं होती। यदि संतानोत्पत्ति के लिए यह संभोग किया जाता है तो अनर्थकारी संतानों को जन्म देने के लिए पर्याप्त है। रजस्वला निवृत्ति के छठे, आठवें, नौवें, तेरहवें और सोलहवें दिन जो स्त्री संभोगरत होकर गर्भ धारण करेगी, वह सुंदर और सुशील एवं योग्य संतानों की जननी होगी। सोलह दिन के पश्चात् कालचक्र अनुसार 20 और 30 दिन तक जो संभोग किया जाएगा वह केवल मात्र आनंद देने वाला, क्षतिहीन एवं मानसिक तनाव और शारीरिक थकान को दूर करने वाला होता है। 28 वें दिन का संभोग और 29 वें अथवा 30 वें दिन का संभोग यदि गर्भधारण कर ले तो चक्रवर्ती राजा अथवा साधु अथवा सिद्ध पुरुष को जन्म देने वाला होता है। उसकी कथनी और करनी में कोई अंतर नही होता। अतएव हे उमा, अरबों–खरबों स्त्री पुरुषों में एक ही ऐसा युगल होता है जो इस क्रिया में सफल हो पाता है। इसमें सफलता का कारण स्त्री की मानसिकता के ऊपर अधिक निर्भर करता है। वह अपने पुरुष को आत्मिक और मानसिक रूप से इतना चाहती है कि उसके समर्पण को वह आत्मा द्वारा समर्पित हो अपना जीवन धन्य कर लेती है। हे कामेश्वरी, इस संसार में सभी स्त्रियों की मानसिक दशा सदैव ही एक जैसी नहीं रहती। इसलिए संतानोत्पत्ति के समय ऐसी भी बाधाएं आती हैं कि जिनका अकारण ही निवारण होना संभव नहीं।

संभोग की इच्छा मानवजीवन में प्रकृतिप्रदत्त एक अति मोहनीय अनमोल उपहार है। इस उपहार को देने–वाला सदैव आत्मा से ही अपने को उत्सर्ग करता है। यह उत्सर्ग की गरिमा सैंकड़ों–सैंकड़ों स्वर्गों को भी अपने पीछे छोड़ जाती है। उपहार लेने वाला भयातुर हो जाए संकोच करने लगे अथवा उसकी मानसिकता बिगड़ी हुई हो या मनः स्थिति में क्रोध अथवा प्रतिशोध की भावना हो तो यह उपहार संपूर्ण रूप से निस्तेज होकर व्यर्थ चला जाता है। उपहार प्रदाता का कभी कोई दोष नहीं होता, वह तो दानी है और दान देने वाला मुक्त हर्षोल्लास से बिना किसी चिंतन व भय के, बिना किसी शोक के स्वयं को उपहार देने के लिए प्रस्तुत रखता है। उपहार देने वाला निर्भीक, निःस्संकोच, स्वतंत्र रूप से उपहार देने को लालायित रहता

है। हे भगवती, कामनी की मनोदशा जब काम की तरफ ही नहीं होगी तो ऐसे उपहार का क्या फायदा। उस समय उपहार एक व्यर्थ की वस्तु हो जाता है। उस व्यर्थ की वस्तु में आत्मग्लानि, मानसिक कुंठाएं और शरीर में क्रोध का संचार होता है। विश्राम की जगह क्रंदन जन्म लेता है। क्रंदन कुंठाओं को जन्म देने वाला होता है। यही कुंठाएं जो स्त्रियों द्वारा प्रदत्त होती है और मानव का स्वर्ग सरीखा जीवन नरकमय बना देती हैं। इसी से अनेकों वाद विवाद उत्पन्न होते हैं और विवादों से त्याग–परित्याग की परिभाषाएं प्रारंभ हो जाती हैं।

हे हिमनंदिनी, स्वीकारकर्ता को चाहिए कि वह धैर्य और स्नेहपूर्ण, जब–जब उसका प्रेमी उसे उपहार प्रदान करे तब–तब वह मन वचन से एक ताल, एक स्वर में उसे अपना समर्पण कर दे, इससे कदापि कोई कुंठा उत्पन्न नहीं होगी और संतानोत्पत्ति की बाधाएं भी समाप्त हो जाएंगी। इसके लिए दोनों पक्षों को चाहिए कि वह पहले अपना यह विचार बनाएं कि वह योग्य संतान किस प्रकार प्राप्त कर सकते हैं। इसके लिए पुरुष का सूर्य स्वर चलना और स्त्री का चंद्र स्वर चलना अनिवार्य होता है। यह क्रिया रात्रि के प्रथम प्रहर से रात्रि के अंतिम प्रहर तक यदि संपन्न होती है तो भविष्य में होने वाली शारीरिक हानि से बचा जा सकता है।

प्रातःकाल स्त्री के स्तनदर्शन और योनिदर्शन, घोर दरिद्रता को प्रदान करने वाले होते हैं। इसी प्रकार प्रातःकाल का संभोग भी अन्य कई प्रकार के रोग, द्वेष व दुर्भाग्य को देने वाला होता है। यह कुकर्म में सम्मिलित होते हैं। मानव को इसका त्याज्य ही उसके सौभाग्य की कुंजी है। प्रातःकालीन चुम्बन ही पर्याप्त है।

पुरुष का सूर्य स्वर चलता हो और उसमें पृथ्वी तत्त्व समाहित हो, स्त्री का चंद्र स्वर चलता हो और उसमें जल तत्त्व समाहित हो और रात्रि का प्रथम अथवा द्वितीय प्रहर हो, इसमें की गई कामकेली क्रिया में सदैव कठोर परिश्रमी एवं सफलता के साथ जीने वाले ही प्राणियों का जन्म होता है।

पुरुष का सूर्य स्वर चलता हो और उसमें अग्नि तत्त्व समाहित हो तथा स्त्री का चंद्र स्वर चलता हो और उसमें आकाश तत्त्व समाहित हो और रात्रि का अंतिम प्रहर हो तो ऐसे समय में किया गया संभोग ऐसे पुत्रों–पुत्रियों को जन्म देगा जो छोटी अवस्थाओं में ही घर–बार छोड़कर चले जाएंगे। इससे बचने के लिए प्रत्येक स्त्री सोने से 2 घंटे पूर्व भोजन कर ले तो अत्युत्तम है।

पुरुष का सूर्य स्वर चलता हो और उसमें अग्नि तत्त्व समाहित हो तथा स्त्री का

चंद्र स्वर चलता हो और उसमें अग्नि तत्त्व समाहित हो तो ऐसे समय हुई संतान चोर, दगाबाज, कुकर्मी होती है।

पुरुष का सूर्य स्वर चलता हो और उसमें जल तत्त्व समाहित हो तथा स्त्री का चंद्र स्वर चलता हो और उसमें पृथ्वी तत्त्व समाहित हो तो ऐसी संतान कुल को कलंकित करने वाली होगी।

पुरुष का सूर्य स्वर चलता हो और उसमें वायु तत्त्व समाहित हो तथा स्त्री का चंद्र स्वर चलता हो और उसमें जल तत्त्व समाहित हो तो ऐसी संतानें तीर्थ यात्रा व घूमने–फिरने का शौक रखने वाली होती हैं।

पुरुष का सूर्य स्वर चलता हो और उसमें आकाश तत्त्व समाहित हो तथा स्त्री का चंद्र स्वर चलता हो और उसमें जल तत्त्व समाहित हो तो ऐसी संतानें पागल, विकलांग व अल्प आयु की होती हैं।

पुरुष का सूर्य स्वर चलता हो और उसमें वायु तत्त्व समाहित हो तथा स्त्री का चंद्र स्वर चलता हो और उसमें वायु तत्त्व समाहित हो तो ऐसी संतानें माता–पिता को अपमानित करने वाली होती हैं।

कहने का तात्पर्य यह है कि स्त्री–पुरुष में जब–जब विपरीत स्वरों में एक ही तत्त्व की व्युत्पत्ति होती है, उसके समागम से जो भी संतान उत्पन्न होगी वह अशुभ लक्षणों वाली व अशुभ फल प्रदान करने वाली होती है। इसलिए स्त्री–पुरुष दोनों को चाहिए कि वह एक–दूसरे के विपरीतार्थक, जो कि आपस में विरोधी होते हैं, उन तत्त्वों में भूलकर भी समागम न करे और यदि करें तो मात्र मनोरंजन के लिए, संतानोत्पत्ति के लिए कदापि नहीं।

इस किल्लौल क्रीड़ा में स्त्री यदि स्नेहपूर्ण ढंग से पुरुष को आनंदित करते हुए समर्पण करती है तो वहां अनेकों प्रकार से वैभव व लक्ष्मी का वास होता है। यही समर्पण सौभाग्य को प्रदान करते हुए वरदान साबित होता है और हे उमा, संतानोत्पत्ति का रहस्य आगे इस प्रकार है, जिसकी तालिका मैं प्रस्तुत कर रहा हूं, तू ध्यानपूर्वक इसका मनन कर –

1. हे उमा, यदि सर्वगुण संपन्न पुत्र की इच्छा हो तो युगल को चाहिए कि वह स्त्री के ऋतुस्राव से लेकर सोलहवीं रात्रि में गर्भ धारण का प्रयास करे, जिससे उसे इच्छित पुत्र का वरदान प्राप्त होगा।
2. यदि श्रेष्ठ व गुणी पुत्र की अभिलाषा हो तो युगल को चाहिए कि ऋतुस्राव की

चौदहवीं रात्रि का चयन करे और स्त्री गर्भ धारण करे, तो उसे इच्छित पुत्र की प्राप्ति होती है।

3. इसी प्रकार यदि उत्तम श्रेणी का पुत्र पाने की अभिलाषा हो तो युगल को चाहिए कि वे ऋतुस्राव से बारहवीं रात्रि का चयन गर्भाधान हेतु करे तो उत्तम पुत्र का जन्म होता है।
4. यदि स्त्री पुरुष की अभिलाषा चतुर पुत्र को जन्म देनी की हो तो वे ऋतुस्राव से लेकर दसवीं रात्रि का चयन कर समागम करें और गर्भधारण करें तो चतुर पुत्र का जन्म होता है।
5. इसी प्रकार ऋतुस्राव की आठवीं रात्रि में गर्भधारण करने वाली स्त्री ऐश्वर्यशाली पुत्र को जन्म देकर कुल का नाम रोशन करती है।
6. यदि ऋतुस्राव की छठी रात्रि गर्भधारण करे तो वह सामान्य श्रेणी व सामान्य आयु वाले पुत्र को जन्म देती है।
7. इसी प्रकार ऋतुस्राव की चौथी रात्रि में स्त्री गर्भधारण करे तो वह दरिद्र व अल्प आयु पुत्र को जन्म देती है।

हे उमा, इसी प्रकार पुत्री के जन्म फल के नियम सुन –

1. यदि युगल को सौभाग्यशाली कन्या की अभिलाषा हो तो वे ऋतुस्राव से लेकर पंन्द्रहवीं रात्रि का चयन कर समागम करें और स्त्री गर्भ धारण करे तो वह सौभाग्यशाली कन्या का जन्म देती है।
2. ऋतुस्राव से लेकर तेरहवीं रात्रि में गर्भधारण करने वाली स्त्री वर्णसंकर संतति करने वाली कन्या को जन्म देती है।
3. इसी प्रकार यदि कोई स्त्री ऋतुस्राव की ग्यारहवीं रात्रि में गर्भधारण कर पुत्री को जन्म दे तो वह दुश्चरित्र कन्या को जन्म देती है।
4. यदि ऋतुस्राव की नौवीं रात्रि में स्त्री गर्भधारण कर ले तो वह ऐसी कन्या को जन्म देती है जो ऐश्वर्यशाली होती है।
5. ऋतुस्राव की सातवीं रात्रि में गर्भधारण करने वाली स्त्री वंध्या कन्या को जन्म देती है।
6. इसी प्रकार ऋतुस्राव से लेकर पांचवीं रात्रि में धारण करने वाली स्त्री पुत्रवती कन्या को जन्म देती है।

हे कौमुदा, अब मैं तुझे वन्ध्या स्त्री अर्थात् बांझ स्त्री द्वारा संतानोत्पत्ति का मार्ग बताता हूं, अतएव ध्यान पूर्वक सुन –

हे उमा, जिस स्त्री के संतान उत्पन्न न होती हो अर्थात् जो स्त्री बांझ कहलाती है, संतान उत्पन्न करने हेतु यह क्रिया करे –

वन्ध्या स्त्री ऋतुस्राव के चौथे दिन से विषम दिनों का चयन करे और समागम के पूर्व अपने पति को सूर्य स्वर चलाने के लिए कहे और थोड़ा सा गर्म मसाला चटाए इससे उसके साथी के सूर्य स्वर में अग्नि तत्त्व समाहित हो जाएगा और स्त्री को चाहिए कि वह मिश्री या कोई मीठी वस्तु ग्रहण करे और साथ ही अपना चंद्र स्वर चलाए जिससे स्त्री के चंद्र स्वर में पृथ्वी तत्त्व अथवा जल तत्त्व समाहित हो जाएगा। इस प्रकार ऐसे समय में किए गए समागम के परिणामस्वरूप वन्ध्या स्त्री भी गर्भधारण कर पुत्र को जन्म देती है।

अर्थात् ऋतुस्राव के विषम दिनों का चयन कर समागम से पूर्व पुरुष को चाहिए कि वह बायीं ओर करवट लेकर लेट जाए तथा स्त्री दायीं ओर करवट लेकर लेट जाए तथा पुरुष गर्म मसाला अथवा किसी तिक्त पदार्थ को ग्रहण करें व स्त्री मीठा पदार्थ अथवा मिश्री ग्रहण करके समागम करें तो वह गर्भधारण कर पुत्र को जन्म देती है। इस प्रकार लेटने व पदार्थों को ग्रहण करने से पुरुष का सूर्य स्वर स्वयं चलने लगता है व उसमें अग्नि तत्त्व समाहित हो जाता है तथा स्त्री का भी चंद्र स्वर स्वयं प्रवाहित होना प्रारंभ हो जाता है व उसमें जल अथवा पृथ्वी तत्त्व समाहित हो जाता है। इस संयोग के निर्माण होने से वन्ध्या अर्थात्त बांझ स्त्री भी अपने कलंक को धो लेती है। यह समागम दक्षिण और उत्तराभिमुख होकर करना चाहिए। स्त्री का सिर दक्षिण की ओर व पैर उत्तर की ओर हो एवं पुरुष का सिर भी उसी अनुसार हो, इस प्रकार पुरुष को, स्त्री को उसी प्रकार प्रेरित करना चाहिए जिस प्रकार वह चाहती है। यह स्थान दक्षिण में, अग्नि और नैऋत्य के मध्य का हो तो अति उत्तम है अथवा ईशान्य और वायव्य के मध्य हो तो उचित है। ईशान्य कोण में किसी भी प्रकार से संभोग वर्जित एवं त्याज्य है।

हे ऋतुसजनी, हे ऋतुआनंदिनी, हे ऋतुश्रेष्ठा, हे ऋतुप्रदायिनी गर्भधारण संबंधी कुछ अन्य ज्ञातव्यों के विषय में बताता हूं, इससे संतानोत्पत्ति के संदर्भ में तेरी जिज्ञासा की पूर्ण संतुष्टि हो जाएगी। अतएव ध्यान से सुन –

भिन्न–भिन्न तत्त्वों के उदयकाल में भिन्न स्वरों में समाहित होने के परिणामस्वरूप अनेकों स्थितियां उत्पन्न हो जाती हैं, जो इस प्रकार है –

हे उमा, पृथ्वी तत्त्व के समाहित होने की स्थिति में गर्भधारण करने से उत्पन्न होने

वाली संतानें सौभाग्यशाली होने के साथ–साथ धनी और सुखी भी होती हैं। इस तत्त्व के उदयकाल में पुत्र का जन्म होता है।

इसी प्रकार जल तत्त्व के उदयकाल में स्त्री गर्भधारण करती है, तो उत्पन्न होने वाली संतान धनवान होने के साथ–साथ अपने और अपने कुल की मर्यादा और कीर्ति बढ़ाने वाली होती है। जल तत्त्व के उदयकाल मैं पैदा होने वाली संतान कन्या ही होती है।

वायु तत्त्व के साथ समाहित होने की स्थिति में यदि स्त्री गर्भधारण कर ले तो उत्पन्न होने वाली संतान अल्पायु होती है और जीवन भर दुःखी रहती है।

हे उमा, यदि पुरुष व स्त्री का आकाश तत्त्व उदित हो और गर्भाधान हो जाए तो उसका गर्भपात होना संभावित है। यदि संतान हो भी जाए तो पैदा होते ही समाप्त हो जाती है, इसलिए आकाश तत्त्व के उदयकाल में गर्भधारण हेतु समागम करने से बचना ही हितकर है।

आकाश तत्त्व की भांति अग्नि तत्त्व भी संतानोत्पत्ति हेतु ठीक नहीं है, क्योंकि अग्नितत्त्व के उदयकाल में स्त्री गर्भधारण कर ले तो उसका गर्भपात हो जाता है। यदि संतान उत्पन्न हो भी जाए तो वह शीघ्र ही मृत्यु को प्राप्त हो जाती है।

हे उमा, तू तो जानती ही है कि सभी शुभ कार्यों में सुष्मना का प्रवाह शुभ नहीं है, इसी प्रकार सुष्मना के उदयकाल मे यदि गर्भधारण किया गया हो तो पैदा होने वाली संतान कृशकाय तथा हीन अंगों वाली होती है। अतएव सुष्मना मे गर्भधारण हेतु समागम वर्जित एवं त्याज्य माना गया है।

हे कोमलांगी, समागम के प्रारंभ में पुरुष का सूर्य स्वर प्रवाहित हो रहा हो तथा वीर्य स्खलन के पश्चात् परिवर्तित होकर चन्द्र स्वर चलने लगे तो स्त्री गर्भधारण नहीं कर सकती अर्थात् उसे गर्भ नहीं ठहरता।

इसी प्रकार समागम के समय यदि स्त्री पुरुष दोनों का एक ही स्वर चल रहा हो तो भी स्त्री गर्भवती नहीं होती।

इस प्रकार संतानोत्पत्ति के विषय में विस्तारपूर्वक बतलाने के पश्चात् भगवान शिव ने मुस्कराकर भगवती की ओर देखा और मौन प्रश्न किया, मानो पूछ रहे हों कि भगवती को उनका यह व्याख्यान कैसा लगा। मां भगवती ने भी मुस्कराकर भोले भंडारी की आंखों में आंखे डालकर निहारा और तिरछी नजरों से चिलम की ओर देखने लगीं, मानो कह रही हो प्रभु हरीरज का रसास्वादन कीजिए। इस मौन मुस्कराहट द्वारा मां भगवती ने अपने आनंद को प्रकट किया।

अध्याय 8

स्वरोदय तंत्र द्वारा भाग्योदय

हे महानंदिनी, हे शैलिनी, हे शैलजा, हे शैलपुत्री तेरा यह प्राणी गर्भ से बाहर आने के पश्चात् प्रथम क्षण से ही भूख से तृषित रहता है, उस भूख एवं क्षुधा को शांत करने के लिए जब तक इसकी बाल्यावस्था होती है तो यह प्राणी अपनी मां के शुभ आंचल में छुपकर उसका स्तनपान कर अपनी क्षुधा को शांत करता है और ज्यों–ज्यों बाल्यावस्था समाप्त होती है उसकी ममतामयी मां उसको आवश्यकतानुसार शनैः–शनैः आहार आदि देना प्रारंभ कर देती है। जब यह युवा हो जाता है तो इसी आहार की प्राप्ति के लिए यह अपनी सामर्थ्य का प्रयोग करता है और उन्हें इनकी भाषा में रोजी–रोजगार कमाना कहते हैं। इस रोजगार का कमाना कईयों को अति उत्तम कार्य लगता है और वह परिश्रम से डरते नहीं है और अपने परिश्रम अनुसार अपने परिवार का पालन पोषण करते हैं। इस प्रकार कुछ जीव दूसरों की संचित कमाई पर पलते हैं और कुछ इतने निकृष्ट होते हैं कि वे अपने दूरगामी परिणामों का बोध तक नहीं कर पाते और उस अबोधता के कारण इतने निकृष्ट व आलसी हो जाते हैं कि सामाजिक जीवन में बोझ बनकर उस इकाई का निर्माण करते हैं, जिसे समाज स्वीकार तो नहीं करता परन्तु घृणित भाव से उसके उदर पूर्ति के साधनों को जुटाता रहता है।

व्यापार, संतान, व्यवहार, गण्वेश यह सभी इन चेष्टाओं पर निर्भर करता है कि परिश्रम करने वाला अपने परिश्रम में कितना निपुण होता है। **अनेक जीव अनंतकाल तक परिश्रम तो करते हैं परन्तु जीवन निर्वाह परिपूर्ण रूप से नहीं हो पाता।** वह आश्रय और आश्रित बनकर दर–दर भटकते हैं। अतएव जिसे रोजगार कहा जाता है, जिसे आत्मिक और शारीरिक क्षुधा शांति की एक इकाई के रूप में स्वीकार किया जाता

है, उस दिशा में सफल होने के लिए मैं तुझे स्वर ज्ञान के माध्यम से प्रयोगात्मक ज्ञान का बोध दे रहा हूं। इससे अनेकों प्राणियों को लाभ भी होगा और उनका व उनके आश्रितों का भविष्य भी सुंदर होगा।

हे त्रैलोक्यमोहिनी, सर्वप्रथम मैं तुझे तेरे पुत्रों–पुत्रियों के कल्याणार्थ भाग्योदय की विधि विस्तारपूर्वक सुनाता हूं। अतएव ध्यानपूर्वक सुन –

तेरे पुत्रों–पुत्रियों को चाहिए कि प्रातःकाल जब निद्रा से जागें तो सर्वप्रथम अपना स्वर जांचें कि कौन सा स्वर प्रवाहित हो रहा है। स्वर की जांच करने के पश्चात् स्वर में समाहित तत्त्व की पहचान करें, क्योंकि यदि स्वर का प्रवाह प्राकृतिक रूप से ठीक प्रवाहित हो रहा हो तो ठीक है, अन्यथा विपरीत स्वर को परिवर्तित करना चाहिए। स्वर चाहे सूर्य स्वर हो या चंद्र स्वर, अग्नि तत्त्व और आकाश तत्त्व का समावेश नहीं होना चाहिए। जिस प्रकार किसी भी कार्य का शुभारंभ यदि शुभ मुहूर्त में किया जाए तो उस कार्य के संपूर्ण होने में कोई संदेह नहीं रहता। इसी प्रकार प्रातःकाल सोकर उठने के पश्चात् प्रथम प्रयास अथवा प्रथम कार्य यदि शुभ मुहूर्त से और अनुकूल हो तो पूरा दिन ठीक प्रकार से बीत जाता है और शुभ फल प्रदान करता है, इससे भाग्योदय में वृद्धि होती है।

मनुष्य को चाहिए कि वह प्रातःकाल सूर्योदय से कम से कम 30 मिनट अर्थात् आधा घंटा पूर्व सोकर उठ जाए तो अत्युत्तम है। जैसे ही सोकर उठने के पश्चात् निद्रा देवी विदा ले नेत्रों से प्रस्थान करें तो नेत्र खुलते ही बिस्तर पर लेटे हुए ही अपना स्वर जांचे उस समय जो स्वर प्रवाहित हो रहा हो अर्थात् जिस नासिका द्वार से श्वास–प्रश्वास का आवागमन हो रहा हो, उसी ओर के हाथ की हथेली को अपने मुख पर तीन बार फेरे, तत्पश्चात् उठकर बैठ जाए। इसके पश्चात् उसी ओर के पांव को बिस्तर से नीचे रखे। इसका तात्पर्य यह है कि यदि मनुष्य का चंद्र स्वर प्रवाहित हो रहा हो तो उसे अपने बायें हाथ की हथेली से मुंह पर हाथ फेरना चाहिए व प्रथम बायां पैर ही बिस्तर से नीचे रखना चाहिए। इसी प्रकार यदि उसका सूर्य स्वर प्रवाहित हो रहा हो तो अपने दायें हाथ की हथेली मुंह पर फेरे और अपना दायां पैर ही बिस्तर से नीचे रखना चाहिए। इसी प्रकार यदि उसका सूर्य स्वर प्रवाहित हो रहा हो तो अपने दायें हाथ की हथेली मुंह पर फेरे और अपना दायां पैर ही बिस्तर से नीचे रखे। प्रतिदिन प्रातःकाल नियमित रूप से इस क्रिया को करने वाले मनुष्य का भाग्योदय होना प्रारंभ हो जाता है।

इसमें विशेष तौर पर सुष्मना के प्रवाह का ध्यान रखना अत्यंत ही आवश्यक है,

क्योंकि सुष्मना प्रत्येक कार्य के लिए अशुभ मानी गई है, अतएव मनुष्य को चाहिए कि यदि प्रातःकाल उसका सुष्मना स्वर प्रवाहित हो रहा हो तो वह बिस्तर से नीचे कदापि न उतरे और स्वर परिवर्तित होने का इंतजार करे। स्वर परिवर्तित होने के पश्चात् ही बिस्तर छोड़े अन्यथा हानि की संभावना बलवती हो जाती है। बिस्तर छोड़ने के पश्चात् पांच कदम आगे बढ़ें उसके पश्चात् ही दैनिक कार्य प्रारंभ करे।

स्व इच्छा–कार्य सिद्धि

हे उमा, मनुष्य यदि चाहे तो स्वर ज्ञान का अधिकाधिक उपयोग कर अपनी इच्छाओं के अनुसार अपने कार्यों की सिद्धि कर सकता है, आवश्यकता है मात्र स्वरों व तत्त्वों की पूर्ण जानकारी की। जिस प्रकार भाग्योदय हेतु प्रवाहित स्वर अनुसार प्रथम पांव बढ़ाना लाभप्रद है, उसी प्रकार मनुष्य को चाहिए कि जब भी किसी कार्य हेतु प्रस्थान करें तो शुरुआत अपने प्रवाहित स्वर अनुसार ही करें, जिसका तात्पर्य यह है कि यदि सूर्य स्वर चल रहा हो तो वह प्रथम अपना दायां पैर आगे बढ़ाए व चंद्र स्वर के प्रवाह में बायां पैर आगे बढ़ाएं और यदि सुष्मना का प्रवाह हो तो कार्य हेतु प्रस्थान न करें, क्योंकि कार्यों में असफलता की संभावना ही अधिक होती है।

सूर्य स्वर एवं चंद्र स्वर के प्रवाह में जल तत्त्व एवं पृथ्वी तत्त्व ही समाहित हो तो उचित है, वायु तत्त्व, अग्नि तत्त्व व आकाश तत्त्व के समावेश में कार्यों की सफलता संदिग्ध हो जाती है। वायु, आकाश और अग्नि तत्त्व, इन्हें दूर करने के लिए आयुर्वेदाचार्यों ने दैनिक नियमों में प्रातःकाल उठते ही तांबे की लुटिया में जल पीना बताया था, वह इसलिए कि जिससे व्यक्ति सौभाग्यशाली हो, इन तीनों में से कोई भी तत्त्व यदि चलता हो तो उस समय यह प्रभावहीन हो जाता है, और जल तत्त्व उदय हो जाता है। पेट की सफाई स्वास्थ्य हेतु अनिवार्य है। इससे पेट की सफाई तो होती ही है साथ ही जीव सौभाग्यशाली बनता है। इस नियम को आजीवन करने से मन चाही इच्छाओं की पूर्ति होती है और दरिद्रता घर में नहीं आती। इच्छित फलों की प्राप्ति के लिए और अपने स्वर में जल तत्त्व की स्थापना के लिए यह अनुपान अति शुभ फल प्रदान करता है। कुछ बच्चे प्रातः उठते ही मीठा मांगते हैं, यह कदापि नहीं खाना चाहिए। इससे पितृदोष, भूत दोष, बुरे आक्षेप और अनेकों प्रेत दोष उत्पन्न होते हैं, जबकि प्रातः मीठा खाने से पृथ्वी तत्त्व की उत्पत्ति तो होती ही है, परन्तु यह पृथ्वी तत्त्व निशाचरी विद्याओं को देने वाला होता है। इससे अनेकों रोग भी उत्पन्न हो सकते हैं। इसी प्रकार रात्रि को कुल्ला दातुन करके सोना चाहिए। इसके पीछे यह कारण है कि वायु, आकाश और अग्नि तत्त्व के उदय

होने पर रात्रि को दुःस्वप्न व मस्तिष्कीय भयावह वातावरण ग्रसित हो जाता है। इससे मुक्त होकर स्वतंत्र रूप से सुदृढ़ नींद का आनंद लेते हुए यह प्राणी संपूर्ण स्वास्थ्य लाभ कर सके व दिन भर के सारे कार्यकलापों से जो शरीर की ऊर्जा नष्ट होती है, उस ऊर्जा का पुनः निर्माण हो और जब प्रातःकाल यह प्राणी उठे तो ओजस्वी, उत्साही, तेजस्वी बने और उसके स्वकार्य सिद्ध होते चले जाते हैं। पृथ्वी तत्त्व को संपूर्ण रूप से संतुलित करने के लिए ऋषियों ने बताया है कि प्रातः बिस्तर छोड़ने के बाद पहले भूमि को छुएं। वह इसलिए बताया था कि यदि जल पीने की इच्छा न हो अथवा जल पीने की व्यवस्था न हो तो धरती माता के पैर छूकर आंखों से लगा लेने पर भी पृथ्वी तत्त्व की उत्पत्ति हो जाती है। पृथ्वी का गुरूत्वाकर्षण जब हाथों के माध्यम से शरीर को संचारित करता है तो पृथ्वी तत्त्व अपना कार्य करना प्रारंभ कर देता है। इसीलिए प्रातः काल उठकर मां वसुन्धरा के चरण स्पर्श सौभाग्य को देने वाले होते हैं।

प्रवासी पी और पिया की बातें

पिया का घर छोड़कर सजनी जब अपने पीहर चली जाती है, तब साजन मन से व्याकुल होते हुए उसके आने की प्रतीक्षा में रातें करवटें बदल–बदलकर गुजारता है। ऐसे ही पी के पिया जब परदेस चले जाते हैं, तब पी भी अपने प्रेमी के वियोग में आकुल–व्याकुल होकर घायल हिरणी की भांति इधर से उधर निहारती रहती है। जी की बात किससे कहे और किससे न कहे, इसलिए अनेक प्रश्न व्याकुल मन में उत्पन्न होते हैं। वह कब आएंगे अथवा वह कब आएगी। इन प्रश्नों के समाधान हेतु इन बिछुड़े हुए युगलों को ऐसे परिपक्व जीव की आवश्यकता होती है जो इनके प्रश्नों का सही–सही उत्तर देकर इनकी जिज्ञासाओं को शांत करा सके। तब ऐसे जीव किसी साधु–संन्यासी, ओझा, तांत्रिक, किसी प्रकांड पंडित या ज्योतिषी के पास चोरी छिपे जाते हैं और संकोच करते हुए अपना प्रश्न पूछते हैं कि मेरा वो या मेरी वह कब तक आ जाएंगे या जाएंगी।

हे उमा, यदि प्रश्न करने वाला अथवा करने वाली ऐसे समय में प्रश्न करे जबकि उत्तर देने वाले का सूर्य स्वर में पृथ्वी तत्त्व चल रहा हो तो इसका तात्पर्य है कि प्रवासी जहां भी है ठीक और सकुशल है व शीघ्र ही अपने घर वापस आ जाएगा।

इसी प्रकार यदि प्रश्नकर्ता ऐसे समय में प्रश्न करे जब उत्तर देने वाले का जल तत्त्व प्रवाह हो रहा हो तो इसका तात्पर्य यह है कि प्रवासी बाढ़ से घिरा हुआ है और यदि प्रवासी किसी निश्चित स्थान पर है तो वह वहां ठीक प्रकार से है।

प्रश्नकर्ता यदि प्रवासी व्यक्ति के संबंध में प्रश्न पूछे और ऐसे समय उत्तर देने

वाले का वायु तत्त्व प्रवाहित हो रहा हो तो इसका तात्पर्य यह है कि प्रवासी अपने स्थान पर नहीं है वह कहीं और प्रस्थान कर गया है, शीघ्र नहीं लौटेगा।

जब उत्तर देने वाले का अग्नि तत्त्व प्रवाहित हो रहा हो और ऐसे समय में प्रश्नकर्ता प्रवासी के संबंध में प्रश्न करे तो इसका तात्पर्य यह है कि प्रवासी ज्वर, सर्दी, कंपन आदि से पीड़ित है, अतः शीघ्र वापस नहीं आएगा।

इसी प्रकार उत्तर देने वाले का यदि आकाश तत्त्व विद्यमान हो और कोई प्रश्नकर्ता प्रवासी व्यक्ति के संबंध में प्रश्न कर बैठे तो यह समझना चाहिए कि प्रवासी व्यक्ति किसी रोग से पीड़ित होकर मृत्यु तुल्य कष्ट पा रहा है।

प्रस्थान विचार

प्रश्नकर्ता सदैव जब भी अपने घर से प्रस्थान करे तो वह अपने स्वर का विचार अवश्य करे। रोजी–रोजगार कमाने के लिए, व्यापारिक सलाह मशवरा के लिए, व्यापारिक कार्य कलापों के लिए एवं लाभ हेतु और जीवन यापन हेतु जब भी अपने निवास स्थान से प्रस्थान करे तो सर्वप्रथम यह देखे कि उसका कौन सा स्वर चल रहा है। व्यापारी जब भी अपने चंद्र स्वर में घर से बाहर अपना बायां अथवा उल्टा पैर निकालेगा और चंद्र स्वर में ही अपने व्यापार स्थान को ग्रहण करेगा तब उसे उत्तम व्यापारिक लाभ होगा।

यदि सूर्य स्वर चल रहा हो तो व्यापारी को चाहिए कि वह अपना चंद्र स्वर चलाना प्रारंभ करे और तुरंत कोई मीठा खाकर घर से प्रस्थान करे। इस प्रकार करने से व्यापारी को लाभ मिलता है।

पुत्र–पुत्री के विवाह के लिए लड़का अथवा लड़की देखने जब जाएं तो जाने वालों की संख्या विषम होनी चाहिए, सम नहीं और गोद के छोटे बच्चे को न ले जाएं। घर के मुखिया को जिसके साथ सब जा रहे हैं, उसका चंद्र स्वर चलता हो तो वह घर से निकलते समय अपना बायां पैर पहली बार निकाले। बेटी अथवा बेटे वाले के घर में प्रवेश करते समय चंद्र स्वर चलाकर उल्टा पैर ही उनके दरवाजे के भीतर रखे व इस प्रकार पांच कदम चलें तो रिश्ता आनंदपूर्वक तय हो जाएगा और मनचाहे लोग मिलेंगे और उनसे रिश्ता करने में आनंद आएगा व मान–सम्मान में वृद्धि होगी।

अतिथि सत्कार ग्रहण करने के लिए मीठे और सुमधुर भोजन प्राप्ति के लिए अपने घर से प्रस्थान करते समय प्रथम अपना बायां पैर ही बाहर रखें और जिस अतिथि के यहां जाना हो वहां प्रवेश करते समय भी अपना बायां पैर अंदर रखें तो आतिथ्य करने

वाला अपने अतिथि से अति सुंदर प्रकार से व्यवहार करेगा और नाना प्रकार के सुंदर भोजन खिलाएगा और अपना सौभाग्य समझेगा। 'अतिथि देवो भवः' यह कहावत वहां परिपूर्ण रूप से चरितार्थ होगी।

पढ़ाई–लिखाई करते समय बच्चे और परिक्षार्थी को चाहिए कि वह चंद्र स्वर में ही किताबें खोलकर पढना प्रारंभ करे। इस प्रकार करने से उन्हें याद जल्दी होगा और उसके उपरान्त बच्चे परीक्षाओं में सफल भी होंगे। परीक्षाकक्ष में प्रवेश करते समय विद्यार्थियों को इस बात का ध्यान रखना चाहिए कि वे अपने चंद्र स्वर में ही परीक्षाकक्ष में प्रवेश करें और परीक्षापत्र भी अपने चंद्र स्वर की ओर से लें। इसके पश्चात् ही इच्छानुसार अपना परीक्षाफल को प्राप्त कर सकेंगे।

संबंधियों के यहां की यात्रा करने व कुशल क्षेम पूछने जाने के लिए चंद्र स्वर में प्रस्थान करना ही शुभ होता है। उधार मांगने के लिए चंद्र स्वर में ही प्रस्थान करना चाहिए। किसी बात की सुलह के लिए भी चंद्र स्वर का प्रयोग करें। भजन, भोजन, तीर्थयात्रा में भी चंद्र स्वर का ही प्रयोग करना चाहिए।

स्त्री को वश में करने के लिए अथवा पुरुष को वश में करने के लिए दोनों पक्ष जब भी चंद्र स्वर में वार्तालाप करें तो प्रबल आकर्षण होगा और प्रेम संबंधी वार्तालाप संपूर्ण रूप से सफल होगी। विवाद आदि में विजय प्राप्त करने के लिए सूर्य स्वर का प्रयोग करना चाहिए। आक्रमण में विजय प्राप्त करने के लिए व शत्रु पक्ष से बात करने के लिए सदैव सूर्य स्वर का प्रयोग करना चाहिए। औषधी सेवन सूर्य स्वर में करना चाहिए। द्युत क्रीड़ा मे चंद्र स्वर व प्रतियोगिताओं में सूर्य स्वर का प्रयोग करना चाहिए।

भवन निर्माण करते समय भवन निर्माता को चाहिए कि वह अपनी पत्नी सहित जब भवन की नींव रखे तो चंद्र स्वर का ध्यान रखे।

शिशु पालन

शिशु के कोमल ह्रदय को मां भली–भांति समझती है। यदि माता अपने स्वर का बोधकर शिशु को स्तनपान कराए, दुलार कराए और सुलाए एवं लोरी गाकर सुनाए तो मां के इन क्रिया–कलापों से शिशु का वात्सल्य अमृत तुल्य होते हुए शारीरिक और मानसिक विकास की ओर अतिशीघ्र चल देता है और ऐसा शिशु अपने परिवार के हित में युवा होकर वह सभी कुछ करता है जो एक अच्छे नागरिक को करना चाहिए। माता की अबोधता के कारण अनेक शिशु अपना अबोधत्व त्यागकर क्रूर और हत्यारे हो जाते हैं। इसके लिए माता को चाहिए कि जब माता का चंद्र स्वर चलता हो तो शिशु को अपना

स्तनपान कराए। इस स्तनपान से शिशु को विशुद्ध अमृत ही प्राप्त होगा और उसका बौद्धिक विकास तीव्र होगा और शारीरिक व्याधियां भी नहीं होंगी। अस्सी प्रतिशत शिशुओं को माताओं की अबोधताओं के कारण बाल्यकाल में ही अनेकों भयानक बीमारियों का शिकार होना पड़ सकता है माता का जब सूर्य स्वर चलता हो तब वह शिशु को मीठी झिड़की, हल्की फटकार, मारे तो ठीक रहता है और सूर्य स्वर में ही उसे संबंधों का बोध कराए। चंद्र स्वर में शिशु को गोद में लेकर स्वयं किलकारियां मारकर शिशु के साथ क्रीड़ाएं करे तो उसका शारीरिक विकास होता है। चंद्र स्वर में ही शिशु को निद्रा कराए। शिशु को स्नान आदि सूर्य स्वर में कराए। इससे शिशु को वैचारिक पुष्टता मिलती है और शिशु नजले जुकाम से बचता है। शिशु को भ्रमण चंद्र स्वर में कराए। इस प्रकार शिशु की जीवन में चहुंमुखी प्रतिभा का विकास होता है।

अध्याय 9

स्वरोदय तंत्र द्वारा साधना और सिद्धि

प्रभु के श्री चरणों का ध्यान करते हुए साधक जब निर्मल और शांत मन से अपने इष्ट देवता की पूजा अर्चना में तन्मय भाव से तल्लीन हो जाता है, तब उसे अपनी आत्मा में शनैः–शनैः ऐसा प्रतीत होता है मानों धूप में चले हुए पथिक को छाया युक्त कोई आश्रय मिल गया हो और शीतल पवन का झोंका उसके संपूर्ण शरीर के वातावरण को एक अनोखी आत्मिक शांति प्रदान कर गया। इस शीतल पवन के झोंके की सुंदरता को प्राप्त करने व आत्मिक शांति का मार्ग प्रशस्त करने के लिए साधक इसे अपने दैनिक जीवन का नियम बना लेता है। जिस प्रकार शरीर की शारीरिक ऊर्जा संचालित करने के लिए भोजन की आवश्यकता होती है उसी प्रकार आत्मा की ऊर्जा को संचालित करने के लिए प्रभु भजन की आवश्यकता होती है। भजन तो भजन ही है चाहे वह ज्ञान से किया जाए अथवा अज्ञान से। भजन में ज्ञान व अज्ञान की कोई सीमा नहीं है। प्रभु के श्री चरणों में जाना ही स्वयं में जीवन के मधुरतम क्षणों को प्राप्त करना है और मधुरतम आनंद को प्राप्त करना है। संसार के जितने भी आनंद हैं, वह सब क्षणिक और रसिक हैं व भोग के सिवा कुछ भी नहीं हैं। प्रभु भजन और साधना हर अवस्था में, हर स्थिति में, हर परिस्थिति में, मानव के लिए कल्याणकारी ही है। किसी भी क्षण किसी भी पल, किसी भी स्थिति–परिस्थिति में यह आनंदपूर्वक की जा सकती है। समय का, **व्यस** का, इससे कोई सीमा बंधन नहीं है। अन्य सांसारिक लोगों के लिए शरीर की स्थिति–परिस्थिति पर इतना निर्भर करता है जितना कि उसकी आवश्यकता होती है। उससे अधिक यह शरीर भी बर्दाश्त नही करता और थकान महसूस करता है। अपने सैयां से मिलने को जव

दुलहन घूंघट काढ़कर पिया को अपनी ओर आकर्षित करती है, तब उसकी मुस्कान और पलकों के पीछे छिपा संसार बड़ा ही असमंजसपूर्ण क्षणों से लड़ता हुआ होता है। यही लड़ाई आत्मा की परमात्मा से होती है। **परमात्मा तो स्वयं में वर है और वर ही वरदान देने की क्षमता रखता है और आत्मा उसकी वधू है और वधू सभी ओर से प्राप्त करने की इच्छा रखती है। क्या यह सभी इच्छाएं परिपूर्ण होती है ? क्या वधू इतनी आकर्षित है कि वर रीझ जाए और उस पर अपना संसार न्यौछावर कर दे। इस परमपिता परमेश्वर स्वरूपी वर को प्राप्त करने के लिए इस वधू को नाना प्रकार के श्रृंगारों की आवश्यकता होती है। यदि नई नवेली वधू सोलह श्रृंगार न करे तो फिर उसे वधू कौन कहेगा ? इन्हीं श्रृंगारों में वधू को स्वर ज्ञान का ज्ञान हो तो वह इसके सोलह श्रृंगारों में चार चांद लगा देता है।**

तो हे रणचण्डी, संसार में तेरा यह भोला मानव आजीवन अपनी वासनाओं और उदरपूर्ति के संग्राम में रत रहता है परन्तु उसे इतना अवकाश नहीं मिलता कि वह तुझे और मुझे संयोग के द्वारा संयोजित करते हुए न तो कृपा का पात्र ही बन पाता है और न ही स्मरण कर पाता है और उसके उपरांत यह डींगे हांकता फिरता है कि मैं नियमित इतना पूजा पाठ करता हूं और पाखंडी सिद्ध हो गया हूं।

तुझे तो मालूम है कि मुझे **छल छिद्र** से और पाखंडों से परिपूर्ण रूप से घृणा है और मैं इस प्रकार के साधक को जिनमें लोक दिखावा हो, वाक्‌युद्ध हो और संपूर्ण रूप से समाज को दर्प करने की कुयोजनाएं हों।

हे मेरी प्राणेश्वरी उमा, यह तेरा मानव इतना बड़ा पाखंडी है कि मेरे नाम की भभूत बांटता है, कोई तेरे नाम का जल और साधना, माला के नाम पर इनके पास न तो समय ही है और न भाव। केवल पाखंड की चाह करते हुए यह लोग इतने अधिक गर्त की ओर जा रहे हैं कि इन्हें देखकर अंधकार भी रोने लगा है। अब तू ही बता मैं मृत्युंजय इन सबका चुन–चुनकर नाश करूं अथवा नहीं।

इतना सुनना था कि श्री अम्बेजी ने अपने प्राण प्रिय से करबद्ध निवेदन किया। हे प्रभु यह मेरे पुत्र–पुत्रियां तो भोले–भाले हैं। कृपया इनके सन्मार्ग के लिए आप सत् मार्ग का दर्शन बताएं, जिससे इनका कल्याण हो और यह मिथ्याचार से, अहंकार से, लोक दिखावे से और अन्य पाखंडों से मुक्त होते हुए आपके श्री चरणों में निर्मल मन से अपना ध्यान लगा सकें और आपकी और मेरी अनुकम्पा प्राप्त करते हुए अपना जीवन सफल कर सकें।

उमा की बात सुनकर आदरणीय भोले शंकर ने कहा हे कोमलांगी, तू ध्यानपूर्वक सुन। स्वरों की गति से जीवन की तालमेल किस प्रकार झंकृत होती है और ये स्वर मानव के मापदण्डों व मूल्यांकों को संपूर्ण रूप से परिवर्तित कर देते हैं। मैं तुझे क्रमवार समझा रहा हूं। इसे तू ध्यानपूर्वक समझ। इस पर जगदम्बा ने कहा हे प्रभु, आप धन्य हैं जो आपने मेरी और मेरे पुत्रों की अंतर्वेदना को समझते हुए उन पर उपकार करने की बड़ी अनुकम्पा की, तत्पश्चात् प्रभु ने कहना प्रारंभ किया।

हे उमा, साधक जब अपने आसन को ग्रहण करे सर्वप्रथम उसकी नासिका का जो श्वास चल रहा हो उसी पैर को आगे बढ़ाए व उसी हाथ से माता वसुन्धरा का चरण स्पर्श करते हुए चरण वन्दना करें और आंख से लगाएं। तदुपरान्त माता वसुन्धरा से प्रार्थना करे हे माता, मैं आपके सुंदर अंग में अपने पवित्र आसन को बिछाकर ग्रहण कर रहा हूं, कृपया मेरी और इस आसन की रक्षा, हे माते बालक जानकर करना। इस प्रकार साधक उसी स्वर में जो स्वर उसका चलता है पैर बढ़ाकर आसन के ऊपर रख दे, तदुपरान्त वही नितम्ब प्रथम रखे व उस आसन के नीचे तांत्रिक प्रणव बीज लिखें। तदुपरान्त अपने इष्ट देवता को प्रणाम करने से पूर्व विघ्ननाशक और ज्ञान के प्रकाश पुंज अपने आदरणीय गुरु को स्मरण करते हुए प्रणाम करे इसके उपरांत विघ्नहर्ता श्री गणेशजी को नमस्कार करे, तदुपरान्त संसार को चलाने वाले सूर्य देवता का ध्यान कर उन्हें नमस्कार करें। इसके पश्चात् अपने कुलदेवता का स्मरण करते हुए ध्यान करते हुए नमस्कार करें। इसके पश्चात् अपने इष्ट देवता का ध्यान करें और उन्हें नमस्कार करें तदुपरान्त स्थान देवता और ग्राम देवता का ध्यान करें और उन्हे नमस्कार करें। इसके पश्चात् समस्त देवी–देवताओं को नमस्कार करें तब दत्तचित्त होकर इसके पश्चात् " **नमः शिवाय** " पंचाक्षरी मंत्र का 21, 51 अथवा 108 बार जाप करें। फिर अपने कुल धर्मानुसार अपनी पूजा पाठ में तल्लीन हों।

हे उमा, सात्विक वृत्ति की पूजा बिना किसी लोक दिखावे के जब की जाती है तो मुझ सहित सभी देवी–देवता उसे शीघ्र स्वीकार कर लेते हैं। परन्तु इन मानवों ने अपनी विकसित बुद्धि से मुझ तक पहुंचने के लिए स्वतः ही नये–नये मार्गों का निर्माण किया और नए–नए मापदंड बना लिए। इन कठिन मार्गों से गुजरकर ये मुझ तक पंहुचने का सतत् प्रयत्न करते हैं और रास्ते में भटककर दूर हो जाते हैं।

हे उमा, मैं तुझे इनके कुछ नए मार्गों के विषय में बताता हूं। इनका एक मार्ग है हठमार्ग, दूसरा है त्रिशित मार्ग, तीसरा है आनंद मार्ग, चौथा है तप का मार्ग, पांचवां

है त्याग का मार्ग (इसमें दिगम्बर मार्ग सबसे कठिन है)। हे उमा कोई पेड़ से उल्टा लटका रहता है, कोई व्रत उपवास करके अपनी काया को कष्ट देता है कोई सात–सात धुने रचाकर उसके बीच में बैठ जाता है, कोई रात और दिन तप करते–करते अपनी काया को पिंजर कर लेता है, कोई फलाहारी हो जाता है, कोई घास–फूस, तृणहारी हो जाता है, कोई घोर दिगम्बर अवस्था में बैठकर मुझे याद करता है और कोई रास रचाकर आनंद लीलाओं को मनाते हुए आनंदित होता है। इस भक्ति मार्ग में जहां अनेकों कठिन मार्ग हैं वहां इनकी भी शाखाएं बना दीं। वैष्णव मार्गी अलग हो गए और शैव मार्गी अलग और शाक्य मार्गी अलग। इस प्रकार वामाचारी और दक्षिण मार्गी बने। जो शक्ति के रूप में तेरी आराधना करने लगे वे वामाचारी और शाक्त कहलाए। जो मेरी उपासना करने लगे वे शैव कहलाए और इन सबसे दुःखी होकर कुछ दुखियारों ने पुष्टि मार्ग अपना लिया और इन पुष्टि मार्गों से दुखी होकर संतुष्टि मार्ग अपनाया। मैं और तू इन्हें फिर भी नहीं मिले। आखिरकार इन्होंने अपने भजन को और अपने आप को नासिका के चलते स्वरों से जोड़ लिया। हर श्वास–प्रश्वास के आदान–प्रदान में अपने को प्रमुख रूप से ऐसा जोड़ा कि अमोघ सिद्धियां, अपार अपरिमित ऊर्जा इन्हें प्रकृति से प्राप्त होने लगी। इस प्रकार इन्होनें अपने सूर्य–चंद्र ज्ञान द्वारा श्वासों की माला पर इस प्रकार अपने आपको गुंथित किया कि ऊर्जा के स्त्रोतों के ये भंडार बनने लगे, लेकिन मैं इन्हें फिर भी नहीं मिला क्योंकि इनका अहंकार ही इनके पतन का कारण रहा।

हे उमा, अब मैं यह बताता हूं कि श्वास की इस क्रिया–प्रतिक्रिया से किस समय क्या किया जाए तो तेरी मेरी अनुकम्पा भी इन साधकों को मिले।

सीधा स्वर चलता हो, उसमें कोई भी तत्त्व हो तो साधक को पूरब दिशा की ओर बैठकर जाप करना चाहिए। जब चंद्र स्वर उदित हो, चाहे उसमें कोई भी तत्त्व समाहित हो तो साधक को चाहिए कि वह उत्तर की ओर मुख करके पूजा अर्चना करे। सुष्मना स्वर में साधक को चाहिए कि वह जब भी साधना करे अपने मोक्ष का मार्ग प्रशस्त करे और हम दोनों की अनुकम्पा प्राप्त करे।

पिंगला स्वर दोनों ही ऋद्धि–सिद्धियों को देने वाला होता है।

इड़ा स्वर सौम्य, .द्धि–सिद्धियों को देने वाला होता है।

सुष्मना स्वर में साधक जब घटबंधन कर करके अपनी साधना प्रशस्त करता हुआ अपने मार्ग को शनैः–शनैः उन्नत करता है तब उसे अनेकों प्रकार के चमत्कृत करने वाले और भ्रमित करने वाले अनेकों प्रकार के बोध होते हैं, इन बोध्र भावों के कारण तुच्छ

सिद्धियों को वह मुझे और तुझे समझ बैठता है और यहीं उसका साधना संबंधी जीवन का पूर्ण विराम लग जाता है।

इसलिए हे उमा, सूर्य स्वर में क्या–क्या करना चाहिए वो मैं बता रहा हूं, अतः ध्यानपूर्वक सुन –

हे उमा, सूर्य स्वर में जब भी साधक साधना करने बैठे अपने इष्ट देवता से रुपया–पैसा, भौतिक जगत की वस्तुएं न मांगे। इन वस्तुओं को मांगने से देवता रूष्ट हो जाते हैं। केवल मात्र इतना ही मांगे कि बंद मुट्ठी की कीमत रह जाए। और वह ऋद्धि–सिद्धियां प्राप्त हों जो आयुष्मान करते हुए।

हे उमा, स्वास्थ्य का लाभ दे सके। हे उमा, इस प्रकार करने से तेरा मानव जो बौद्धिक विकास के कारण बिगड़ गया है, इस प्रकार यह सुधर जाएगा। सूर्य स्वर में की गई साधना अधिक फल प्रदान नहीं करती केवल मात्र उच्चाटन, संदीपन और प्रदीपन ही देने वाली होती है। जिस प्रकार एक कमरे में एक छोटा सा दीपक जला दो तो कमरे का अंधेरा तो दूर हो जाएगा परंतु दिखेगा कुछ नहीं, जब तक अनेक दीपक उस कमरे में नहीं जलेंगे। इसी प्रकार चंद्र स्वर में की गई साधना आत्मबोध कराते हुए आत्मा की शांति तो प्रदान करती है और अनेक प्रकार की सौम्य ऋद्धि–सिद्धि देकर तुझ तक और मुझ तक पहुंचने का मार्ग प्रशस्त करती है। हे उमा, इसलिए मेरा नाम चंद्रशेखर है। क्योंकि मैं अपने चंद्र स्वर को ही दुनिया के संचालन हेतु चलाता हूं और इसी द्वारा चिंतन करते हुए इस संसार की रचना भी करता हूं। जब मैं अपना सूर्य स्वर चलाता हूं उस समय भूतप्रेतों की उत्पत्ति करता हूं परन्तु हे उमा, मैं उन सबमें वायु तत्त्व इतना अधिक भर देता हूं, साथ में चंद्र स्वर का सम्पुट देते हुए चंचल वृत्ति का भी बना देता हूं। इससे वह संसार में उत्पात मचाते रहते हैं और मेरा बहुत सारा कार्य मृत्यु के देवता यमराज का हाथ बंटाकर करते रहते हैं। तो इस प्रकार हे महादेवी, मैं सभी साधकों के लिए यह मनोकामना रखता हूं कि वे सभी चंद्रशेखर हो जाएं, जिससे कि जीवन में उन्हें किसी प्रकार का संताप आदि न रहे और सौम्यता से अपना कष्टों रहित जीवन व्यतीत करें।

साधक साधना करते समय अपने स्वरों में तत्त्वों का भेदन न करे। यदि तत्त्वों का भेदन करेगा तो साधना सफल नहीं होगी। केवल अपना चंद्र स्वर और सूर्य स्वर प्रमुख रखे। साधना चाहे वामाचारी हो या दक्षिण मार्गी रात्रि को की गई साधनाएं यदि चंद्र स्वर में की जाएं तो शीघ्र फल प्रदान करने वाली होती हैं। यह साधनाएं अंतर्मुखी होकर किए

जाने से अधिक ऊर्जा का निर्माण करती हैं। साधक को चाहिए कि वह न अधिक बोले, न अधिक हंसे, न अधिक क्रोध करे, न ही वाचालता करे, न हास–परिहास करे, केवल मात्र अपनी सौम्य दृष्टि से अपने सौम्य विचारों द्वारा अपने मोक्ष का मार्ग प्रशस्त करे। **यह भौतिक जगत आलौकिक जगत से बड़ा भिन्न है। भौतिक में वैभव और अहं छिपा है, जहां अहं आया वहां त्वम् गया और जब त्वम् गया तो सब कुछ गया और सब कुछ जाने के बाद साधक केवल मात्र एक भिखारी बन कर रह जाता है** उसकी दुर्दशा तो याचक से भी बढ़ कर होती है। उसके पश्चात् वह साधक साधक न रहकर केवल मात्र अपना समय बर्बाद करने वाला संसार का वो फिजूली प्राणी हो जाता है, जो व्यर्थ ही बिखरे हुए कंकड़ों के ढ़ेर में इधर उधर लुढ़कता फिरता है। इस दुर्गति से बचने के लिए साधक को चाहिए कि वह अपनी अनुभूतियां कभी किसी को न बताए और जब भी बात करे किसी योग्य पात्र से बात करे। इन अनुभूतियों का क्रमवार इस प्रकार चिंतन मनन करे कि उसने अब तक क्या पाया है और आगामी क्या मिलने की संभावना है। आंतरिक चेतना को जाग्रत रखे और शनैः–शनैः भक्ति मार्ग में अपने को प्रशस्त करते हुए अपने आधारभूत लक्ष्य को प्राप्त करने की संपूर्ण चेष्टाएं करता चले।

मोह जब उत्पन्न होता है, तो वह वास्तविकता को भी झुठला देता है। भौतिकी केवल मात्र संचय करने की एक बहुत बड़ी लालसा है और यह लालसाएं असत्य की ओर प्रेरित करती हैं। जितना भी संचय किया होता है। वह सब इसी भौतिक जगत को ऐसा का ऐसा ही छोड़कर जाना पड़ता है। आलौकिक में छोड़ना तो कुछ नहीं पड़ता, उसमें तो संचय होता रहता है और ऐसा संचय कि जो कदापि न तो क्षीण होता है और न उसका क्षय होता है। **अक्षर जो कभी क्षरित नहीं होते, कभी नहीं मरते सदैव अजर अमर रहते हैं, इसी प्रकार आत्मा अजर–अमर है जो न कभी मरती और न जलती है और न ही गलती है।** कल्पना के बोध से जब अक्षर उत्पन्न होता है तो आत्मा उसे ही जपती है और यह जप ही जपते–जपते आवागमन के प्रपंचों से मुक्त कर देता है। पांच तत्त्वों की यह काया अपने–अपने तत्त्व में जब विलीन होने लगती है तो आत्मारूपी ओज अपने प्रभु से मिलने चल देती है। यदि जाप परिपूर्ण होगा तो संताप नहीं होगा। जहां संताप नहीं होगा वहां भगवान से मिलने का कोई भी बंधन नहीं होगा। भौतिकी बंधनों को देती है आलौकिक बंधनों से मुक्त करती है। इसलिए साधक शनैः–शनैः ऐसे मार्ग को प्रशस्त करे कि जिससे उसकी आत्मा का मार्ग निष्कंटक हो जाए और संसार की कोई बसंत ऋतु उसे लुभा न पाए।

इन बंधनो में घटबंधन करना ऐसा बंधन है जो बंधन होते हुए भी मुक्ति का मार्ग प्रशस्त करता है। इससे ओज और तेज की वृद्धि तो होती ही है साथ में प्रभु अनुकंपा प्राप्त करते हुए लक्ष्य की प्राप्ति भी होती है। चिंतन में जब प्रभु का वास हो और इन्द्रियां एकाग्र होकर संपूर्ण रूप से प्रभु के श्री चरणों में ध्यानलीन हो जाएं, उस समय सूर्य घटबंधन अथवा चंद्र घटबंधन करते हुए साधक अपनी साधना को चरम अवस्था तक ले जाने का प्रयास करे। इस प्रयास से वह स्वयं चमत्कृत हो जाएगा और उसके अंग संग वास्तव में प्रभु की संपूर्ण अनुकंपाएं रहने लगेंगी और वह उस प्रभु की अनुकम्पा का पात्र होते हुए अपने जीवन को तो सफल करेगा ही साथ में जो अल्प समय में उसे प्राप्त होगा वह अकल्पनीय होगा। स्वयं वह अपनी कथनी पर अचंभित होगा। शनैः–शनैः इस अभ्यास से जैसे कि आगे उल्लेख किया गया है साधक त्रिकालदर्शी होते हुए परम हंस अवस्था में भी पहुंच सकता है।

आगम हो अथवा निगम हो, किसी मार्ग में जब साधक साधना प्रवृत्तरत हो तो वह अपने घटबंधन द्वारा अपने गुरु के दिए बीज मंत्र से अथवा गुरु के द्वारा किए गए शक्तिपात से साधक प्रभु के समक्ष स्वयं को समर्पित करते हुए प्रभु से एकीकरण का महाआनंद प्राप्त कर सकता है। इस घटबंधन में जन्म जन्मांतरों के बंधनों को काटने की परिपूर्ण क्षमता होती है। यह वह अगाध प्रभु प्रेम का वात्सल्यपूर्ण उपहार है जिससे प्रभु शीघ्र ही अपने भगत पर सदैव–सदैव के लिए अपनी कल्याणकारी अनुकंपा कर देते हैं। इसी अनुकम्पा को प्राप्त करते हुए साधक तुच्छ और किंकर से महासिद्ध अवस्था में पहुंच जाता है। सहस्रदलों को बींधते हुए जब वह अपनी भंवर गुफा में आता है तो सहस्रंध्र के खुले हुए उल्लासित द्वार उसके स्वागत के लिए तत्पर रहते हैं। और भंवर गुफा का यह मायाजाल उसको भटकने से रोकता है और सहज एवं स्वाभाविक रूप से आत्मा का परमात्मा से मंगल मिलन होना प्रारंभ हो जाता है। **सहस्रंध्र के नवीन पराग जब साधना को पोषण देने लगते हैं तो साधक सभी बाधाओं को मुक्त कर लेता है और सामाजिक शोषण से बचते हुए वह आत्मा के पोषण का एक प्रारूप बन जाता है।**

घटबंधन सहज और सरल मार्ग है, इस सरल मार्ग द्वारा यह भवसागर तो पार होता ही है, अपितु आलौकिक मार्ग स्वयं प्रशस्त होते हुए लक्ष्य की पूर्ति करा देते हैं। इसके लिए न तो किसी दिशा निर्देशन की आवश्यकता है और न ही किसी मानचित्र का समीप होना। केवल मात्र साधक का उत्साह और उसकी लगन प्रभु से मिलने के लिए पर्याप्त होनी चाहिए। साधक को चाहिए कि वह घटबंधन के माध्यम से प्रभु का चिंतन

करता रहे और इस प्रकार की साधना करे कि उसको चहुँमुखी प्रतिभा प्राप्त हो जाए। यही उसका लक्ष्य होना चाहिए।

इतना कहकर भोले भंडारी शांत हो गए और माँ उमा ने उनकी ओर मुस्कराकर निहारा। लीलामयी माँ ने लीला करते हुए पूछा क्या प्रभु इसके पश्चात् साधक को साधना हेतु कुछ और भी करना पड़ता है, तब भोले भंडारी ने माता जगदम्बा से कहा हे प्रिया, हे देवी, साधक इतना ही करता रहे तो जीवन के लिए यही पर्याप्त है और उसे इसका फल अनेकों जन्मों तक मिलता रहेगा।

हे पारो, अब तू मुझे अपनी सौत लाकर दे। मैं भी अपने समाधिस्थ ध्यान में खो जाना चाहता हूँ और यह कहकर प्रभु शांत हो गए।

●●●

व्यक्तित्व विकास

अच्छा इंसान सफल विजेता कैसे बने
शशिकांत 'सदैव'
डेल कारनेगी
लोक व्यवहार
प्रभावशाली व्यक्तित्व की कला
HOW TO WIN FRIENDS & INFLUENCE PEOPLE
टॉपर्स के टॉप टिप्स
टॉपर बनना न तो मुश्किल है, न ही नामुमकिन
जे.पी.एस. जौली
डेल कारनेगी
चिंता छोड़ो सुख से जियो
HOW TO STOP WORRYING & START LIVING
कहानियाँ जो जीना सिखाएं
जे.पी.एस. जौली
कहानियाँ जो राह दिखाएं
सुख, समृद्धि और सफलता की पारसमणि
जे.पी.एस. जौली
मैनेजमेंट एवं कॉरपोरेट गुरु चाणक्य
चाणक्य द्वारा सिखाए गए यह सूत्र जो आज भी उतने ही प्रासंगिक हैं!
हिमांशु शेखर
डॉ. उज्जवल पाटनी
सफल वक्ता सफल व्यक्ति
आपके भीतर छिपी सफलता पाने की 8 शक्तियाँ
शिशिर श्रीवास्तव
सफलता की नई तकनीक
टाइम मैनेजमेंट
आप और आपका व्यवहार
सूर्या सिन्हा
सोच बदलो सफलता पाओ
जोगिन्दर सिंह
क्या है नेटवर्क मार्केटिंग जानिए
No.1 Bestseller
सूर्या सिन्हा
जीत लो ख्वाबों को
जोगिन्दर सिंह
हार के बाद ही जीत है
जोगिन्दर सिंह